話し手の意味の心理性と公共性

コミュニケーションの哲学へ

Psychological and Public Aspects of Speaker Meaning:
Toward a Philosophy of Communication

三木那由他
Miki Nayuta

勁草書房

はしがき

誰かが何かをすることで何ごとかを意味するとはどういうことなのか？　現在この分野で流通している哲学用語を用いるならば、この問題は「話し手の意味とは何なのか？」と語り直されることになる。これこそが本書の中心となるテーマである。コミュニケーションというものが誰かが何かを意味し、聞き手がそれを理解することで成立する営みであるとするならば、この問題はコミュニケーションの哲学に向けた第一歩として取り組むべきものと言えよう。

私が窓の外を指差すことで、雨が降っているということを意味するとき、素朴にはそれは、雨が降っているということを誰かに信じさせようと意図して、私が窓の外を指差すというのと同じことであるように思える。だが待ってほしい。それだけでは私が録音した雨の音を、録音だとばれないように誰かに聞かせ、本当に雨が降っているかのように思い込ませるような場合にも成り立つ。しかし実際には、こうした場合に私が何かを意味しているだとか、私とその誰かのあいだにコミュニケーションが成り立っているだとかとは言えそうにない。何が足りないのだろうか？

おそらく、何かを意味するためには、誰かに何かを信じさせようと意図するだけでなく、その誰かにそうした信念を抱かせようという意図を自分が持っているということもまた、相手に気づかせようと意図していなければならないのだろう。録音した雨音を本物の雨の音だと誤認させるような仕方で、雨が降っているという信念を誰かに抱かせる場合には、雨が降っているという信念を相手に抱かせようという意図を持っているということ自体は、相手に気づかせまいとしている。それでは何かを意味していることにはならないのだ。

このような道筋で思考を進めるならば、ある行為をすることによって何かを意味するということを、何らかの意図、あるいは意図に関する意図、さらなる意図に関する意図……を持ってその行為をすることと同一視できそうに思える。これは意図基盤意味論という、このトピックにおいてもっとも影響力のある立場へと続く道だ。

何かを意味するということを意図という概念から捉えようという立場は直観的にわかりやすく、いかにも正しそうに思える。だが、本当にそうなのだろうか？　本書ではそうした立場が間違っているということを主張する。意味と意図は、直観的にそう思われがちなほどには、密接に関わってはいないのである。

本書では、何かを意味するということを意図という概念によって捉える意図基盤意味論の立場を批判し、それに代わるよりよい立場を提案することを目指している。それは、何かを意味するということに含まれる公共的な側面に焦点を当てた立場であり、「共同性基盤意味論」と呼ばれることになる。

本書は大きく三部に分かれている。第Ⅰ部「意図基盤意味論」では、意図基盤意味論という立場の概要を示す。第Ⅱ部「意味と意図を切り離す」では、意図基盤意味論が問題をはらんでいるということを論証する。そして第Ⅲ部「公共性を基礎に据える」で、それに代わる新たな立場として、共同性基盤意味論を提唱する。以下、各章の概要を手短に紹介するので、本書を読むうえでのガイドにしてほしい。

本書には第Ⅰ部の前に序章が用意されている。序章では、本書全体の議論の出発点として、本書のテーマとなる話し手の意味とはどのようなものなのか、そしてそれにはどういった説明すべき特徴があるのかということを論じている。話し手の意味とは、何かをすることで何かを意味するという行為を指すが、序章において私は、この行為には心理性と公共性という一見すると相反する特徴がともに示されているということを論じる。すなわち、一方で話し手の意味は話し手の心理、とりわけ話し手の信念と他の行為には見られない仕方で結びついており、他方で話し手が何かを意味するときには、話し手はその何かに対するコミットメントをおおっぴらに引き受けなければならない。だが心理と深く結びつくということと公共的であるということとは、一見すると相反する方向を指し示しているように思える。それにもかかわらず、そのようなふたつの特徴がいかにして両立しているのか？　これが本書で掲げる問題だ。

第Ⅰ部「意図基盤意味論」には、第一章「意図基盤意味論という枠組み」と続く第二章「意図基盤意味論と意図の無限後退」というふたつの章が含まれる。

話し手の意味の分析というテーマは、ポール・グライスによって打ち立てられた。第一章では、グライスのもとの議論に立ち返りながら、そもそも話し手の意味を分析するとはいかなる営みなのか、意図基盤意味論とはそうした分析におけるいかなる立場なのか、そしてその立場にはどういった利点があるのかということを論じている。意図基盤意味論が話し手の意味の心理性を容易に説明するように見える立場だという点も、この章で指摘するその利点のひとつである。

意図基盤意味論の歴史には、意図の無限後退と呼ばれる問題が絶えず付きまとっている。第二章では、それがどのような問題であるのかをまず紹介したうえで、この問題を解決しようという試行錯誤とともに発展していく意図基盤意味論の歴史をたどる。しかしこの章ではまた、結局のところ意図基盤意味論に属すさまざまな立場はいずれも意図の無限後退問題の解決には至っていないということも論じる。この問題は、意図基盤意味論にとっての躓きの石なのだ。

意図の無限後退問題は、話し手の意味の公共性と関わっている。それゆえ意図基盤意味論の失敗が示すのは、意図基盤意味論からは話し手の意味の心理性を説明することはできても、公共性を説明することはこれまでできていないということである。

第Ⅱ部「意味と意図を切り離す」には、第三章「意図の無限後退はなぜ起きるのか？」と第四章「意味と意図の関係」が含まれており、意図基盤意味論がなぜ失敗に終わり、そしていかに失敗に終わらざるを得ないのかを論じている。

第三章では、意図基盤意味論の論者たちが採用する前提を洗い出し、そうした前提をすべて採用したならば不可避的に意図の無限後退問題かそれに類する問題が生じるということを論証している。それによってわかるのは、意図基盤意味論に立脚した立場の細部をどのように修正しようとも、意図基盤意味論をそもそも採用しているという時点で、すでに意図の無限後退問題から逃れることはできなくなっているということである。要するに、意図基盤意味論では話し手の意味の公共性を説明できないのだ。私たちは、意図基盤意味論とは異なる道を歩まなければならない。

それでも、話し手の意味と話し手の意図との密接な関係はあまりに明白で、意図基盤意味論以外の立場は考えがたく思われるかもしれない。しかし本当にそうなのだろうか？　第四章では、まず話し手の意味と意図に関する直観を整理したうえで、実は意図基盤意味論は直観によっても支持されてはいないということを示し、さらにいくつかの具体例を用いて、話し手の意味と話し手の意図は、素朴に想定されるほどには密に結びついてはいないということを論じる。その結果として私たちが見出すのは、話し手の意味に対する話し手の意図の関わり方を最小のものと見積もる「最小意図説」である。

第Ⅲ部「公共性を基礎に据える」では、意図基盤意味論に代わる立場として、共同性基盤意味論を提示している。

第Ⅲ部には第五章「共同性基盤意味論」と、続く第六章「話し手の意味の心理性を説明する」が含まれる。

第五章では、共同性基盤意味論という枠組みを構築している。手がかりとなるのは、テイラーによる意図基盤意味論批判だ。テイラーの批判とギルバートによる集合的信念の分析とを結びつけることで、話し手の意味が話し手と聞き手の集合的信念の形成に関わっているという発想を得ることができる。集合的信念を共同的コミットメントという規範的な概念から捉えるギルバートの立場を採用したならば、話し手の意味を共同的コミットメントという規範的な概念から捉える、意図基盤意味論とは異なる新しい立場が見出されることになる。それが共同性基盤意味論だ。

意図基盤意味論が話し手の意味の心理性を容易に説明しながらも話し手の意味の公共性を説明できないのと対照的に、共同性基盤意味論では話し手の意味の公共性の説明は容易でも、話の意味の心理性の説明は難しいように思われるかもしれない。第六章では、話し手の意味の心理性を改めて詳しく検討することで、それが一見したところとは異なる相貌を持っているということを示し、そしてそのように正体を見極めたならば、実は共同性基盤意味論こそが話し手の意味の心理性をよりよく説明するということを論じる。鍵となるのは、話し手の意味と話し手の心理との結びつきが、そもそも規範的なものであるという見方である。

本書の流れはおおむね以上のようなものだ。全体として本書では、話し手の意味というテーマをめぐって、意図基盤意味論という代表的なアプローチの棄却と、共同性基盤意味論というオリジナルなアプローチの提案とをおこなうことになる。結論では、共同性基盤意味論のもとで描かれる、意図基盤意味論とは異なる新たなコミュニケーション観についても解説している。それは、個々人の心理よりもむしろ、ひととひととの結びつきを重視するコミュニケーション観だ。そうした見方のシフトに同意してもらえるにせよそうでないにせよ、しばし私とのコミュニケーションに付き合っていただけると幸いである。

話し手の意味の心理性と公共性

コミュニケーションの哲学へ

目次

Ⅲ　公共性を基礎に据える

序章　話し手の意味の心理性と公共性

1　私たちはコミュニケーションをする

電車の窓越しに見た桜の花が、うっすらとした青い空を背に鮮やかで、ふと鞄からスマートフォンを取り出して、「桜がすっかりきれいに咲いているよ」と恋人へメッセージを送る。少しして恋人から、「こちらもいま桜を眺めていたところだよ。お花見でもしたい日和だね」と返事が来る。私たちは互いに何かを伝えあい、コミュニケーションをする。

人間の社会でもっともありふれたものを挙げるとするならば、ひとつの有力な候補はコミュニケーションではないだろうか。通り道で見かけた素敵なものについて恋人に報告をするとき、カフェでコーヒーを注文するとき、子供に何かを教えるとき、私たちはコミュニケーションをしている。コミュニケーションがない世の中というのは、もはや考えることも難しい。私たちの多くは食料や日用品などを自分で作ってもおらず、そうしたものを手に入れるにも何かしらのコミュニケーションを介するしかない。もちろんたまには誰ともコミュニケーションを取らない日もあるだろうが、しかしこの社会でずっと誰ともコミュニケーションを取ることなく何か月、何年と暮らしていくことは困難だ。コミュニケーションは私たちにとって当たり前の日常をなしており、私たちがこの社会で生きていくうえでなくてはならないものとなっている。私たち人間の生活にこれだけ深く根差している以上、コミュニケーションは哲学という営みにとってもとりわけ重要なトピックのひとつとなるだろう。

コミュニケーションというもの、とりわけ人間特有の形でのコミュニケーションを、話し手が何かを意味し、聞き手がそれを理解することで成立する営みと捉えることにしよう。「意味する」というのは日本語としては馴染みがないかもしれないが、英語の動詞「mean」に対応するものと考えることにする。また本書では、何かを意味したり意味されたことを理解したりすることを行為の一種として捉えることにする。つまり、コミュニケーションは意味するという行為と理解するという行為から構成される営みと見られることになる。これが広く「コミュニケーション」と呼ばれるもの全般を包括するような十分な記述だと主張するつもりはないが、しかし人間のコミュニケーションというものを直観的に捉えるための手がかりとしてはひとまず満足のいくものだろう。冒頭の例においては、私は話し手として「桜がすっかりきれいに咲いているよ」と言い、それによって何かを、例えば恋人にも桜をぜひ見てほしいと自分が思っているというようなことを意味し、恋人はそれを理解し、次に話し手と聞き手を入れ替えて同じようなことを繰り返し、私たちはコミュニケーションをしている。仮に「コミュニケーション」という言葉を人間以外の動物にも当てはめられるように広く解するならば、「8」の字に躍るミツバチや道標となるフェロモンを残すアリもまた仲間との「コミュニケーション」を取っていると言えはするだろう。しかし人間以外の動物にも見られるこうした振る舞いは、私が恋人に「桜がすっかりきれいに咲いているよ」と語りかけたときのコミュニケーションとは重要な点で異なっている。ミツバチやアリはおそらく自身のそうした振る舞いを意識的に制御できるわけではなく、それゆえ何かを意味するためにそれらを意図的におこなっているわけではない。また仲間のミツバチたちやアリたちもそれらを理解したうえで次の行動を決めているわけではなく、ただ機械的に反応しているにすぎない。しかし「桜がすっかりきれいに咲いているよ」と語りかける私は、それによって何かを意味するためにそのようなことを言っているのであり、また恋人が単にスマートフォンの画面を通じて与えられる視覚情報に反射的に反応するのではなく、私の意味したことを理解し、そうした理解をもとにしてさらなる発言や振る舞いをすることを私は期待している。私は何かを意味し、うまくいけば恋人はそれを理解し、そうして人間的なコミュニケーションが成り立つのである。

それにしても、誰かが何かを意味するとは果たしてどういうことなのだろうか？　これが本書のテーマである。このテーマに対して、本書では従来の論者たちが辿ったのとは異なる、新しい道を指し示したい。従来の論者たちはどのように考えてきたのか、なぜそれでは何かを意味するという現象を捉えられないのか、そしてどのような考え方をすればこの現象に接近できるのか、本書ではこうしたことを順に語っていく。

何かを意味するという行為に対し、これまでの論者は話し手の心理、とりわけ話し手の意図という観点からアプローチしてきた。これに対して私が提案する立場では、話し手個人の心理ではなく、むしろ話し手と聞き手が作り上げる共同体というものに目を向ける。すなわち本書で目指すのは、何かを意味するという行為を捉えるうえでの立脚点を、話し手個人の心理から話し手と聞き手による社会的な営みへと転換することである。しかしそうした議論に入る前に、まずは誰かが何かを意味するというありふれた行為が、実は不可思議ですぐには理解しがたい、それゆえ哲学的な思考を誘うものであるということを、具体例を挙げながら語っていこう。

ひとつの不可思議さは、あるひとが何かを言って何かを意味するとき、そのひとは単に音を発する以上の何かをしているということである。次のような場面を考えてみてほしい。子供が玄関で靴を履いている。どこかに出かけようとしているのだろう。それに気づいた親が「雨が降っているよ」と声をかける。子供はドアノブを摑もうとしていた手を止め、「わかった。ありがとう」などと言いながら、傘立てから傘を取り、改めてドアを開ける。ありふれた日常の一場面である。だがその実、このエピソードはある不可解な出来事を描き出しているのだ。親が発したのは一見すると「アメガフッテイルヨ」という音声でしかない。だがこの音声そのものが持つ音響的側面をどのように分析したところで、この音声と傘を取るという子供の行動とを結びつけるものは見出せないだろう。そこには何か単なる音響的性質以上のものがある。子供はその何かを容易に理解し、そしてそれに対して応答している。ひとが音声を発することで何かを意味し、相手がそれを理解するとき、ただ音を出し、相手がそれを聴覚的に受け取るという以上の交流が生じているのだ。もちろん、声以外の方法による場合も同様だ。手話で何かを言うときなどにも、明らかに手の物理的な運動以上の何かが生じている。だがその何かとは結局のところ何なのだろうか？　こうしたことこそが何かを意味するという行為に含まれるもっとも根本的な謎だ。ひとが何かを意味するとき、いったい何が起きているというのだろうか？

親の発したのはもちろんただの音ではない、それは日本語の表現なのだ、だから単なる音響的性質以上の何かが生じているのであり、それ以上の不思議などない、そう考えるひともいるかもしれない。だが、言語の意味というものがそもそも謎に満ちているということを脇に置いたとしても、こうした考え方では、何かを意味するという行為の実態は捉えきれない。確かに先の例において親が子供に発した音は、単なる音ではなく、日本語の文の発話となっている。だが、親が何かを意味したことになるのは、親の発したのが日本語の表現であるからでは（少なくともそれだけでは）ないのである。

そのことはふたつの方向から示すことができる。第一に、親の発した「雨が降っているよ」という日本語表現は確かに意味のある文であるが、しかしこの文が持つ意味によってだけではこれを受けて子供が理解した事柄を捉えきることはできない。実際、この日本語文そのものは発話の時点において雨が降っているということを表現しているにすぎない。しかし親が出かけようとしている子供に声をかけたとき、ただそれだけのことが伝えられ、子供に受け取られたわけではない。親は子供が傘を忘れないように気を配ったのであり、また親の発話を受け取った子供はそのことを理解し、傘を手に取ったのである。だが「雨が降っているよ」という日本語文そのものには「傘」などという言葉は出てこず、それゆえこの文自体が傘に関する意味を日本語として担っているわけではない。発話された日本語の文が持つ意味を挙げただけでは、この例で起きている不可解な出来事は説明できないのである。親が意味したのは、用いられた日本語文の意味そのものとは別のことなのだ。

第二に、実は日本語表現を用いることなく同様の例をつくることができる。出かけようとする子供のそばへと親が歩み寄り、無言で手を振って子供の注意を惹きつけ、そのうえで窓の外を指差したとしよう。その指の先には、雨が降りしきる光景が広がっている。この場合でも子供はやはり「わかった。ありがとう」などと言いながら傘を手に取るだろう。親はもはや日本語文を発話してさえいないが、それでもなお起きている現象に本質的な違いはない。だとすれば、この現象は、用いられた日本語文というものを持ち出すことなく説明され得るようなものであるはずなのだ。

要するに、親子のコミュニケーションの例では、言葉が持つ意味とは次元を異にする、別の種類の意味というものが関与しているのである。この例において、親は「雨が降っているよ」と言うことによって、子供が傘を持っていくべきであるということを意味した。そして子供はそれを理解して、その助言に従った。ただしここでの「意味した」は、親が用いた日本語がそうした意味を持っているというのとは異なる意味での「意味した」なのである。冒頭で定めた意味合いにおける人間的なコミュニケーションは、こうした独特な意味の概念が関与するものとして捉えられなければならない。しかし「言葉の意味について語るときの「意味」とは異なる意味での「意味」において、親があることを意味して子供がそれを理解したのだ」などと語るだけでは現象を記述しているだけであって、現象の説明とはならない。問題は、ここで起きているのは結局のところどういう現象であり、そしてなぜ親が「雨が降っているよ」

と言うことで、そのような現象が引き起こされたのかということである。これはつまり、「雨が降っているよ」と言うことで親が何を成し遂げたのか、つまりは「雨が降っているよ」と言うことで何かを意味するとは正確にはどういうことなのかを問わねばならないということだ。こうして、私たちは本書のテーマに直面することとなる。単に音やインクの染みといったものを生み出すということでは尽くされず、かといって単に有意味な言語表現を用いているということだけでも捉えきれない（しかも言語表現を用いなければならないわけでもない）、この「意味する」とは何なのか？

子供に「雨が降っているよ」と声をかけることで、子供が傘を持っていくべきであるということを親が意味するとき、親が発した音にも、用いた日本語表現にも、子供や傘に関するメッセージは含まれていないように思える。それにもかかわらず子供はそうした内容を理解する。これはいわば制限つきのテレパシーだ。もちろん一切の言語や身振りを介さずして意志疎通が成し遂げられているわけではないが、少なくとも意味されている内容に明白な対応を持つものは何も介在していないように見える。それにもかかわらず、確かに意志疎通が生じているのである。そしてそうしたことはこの例に限って起きている特殊な事態ではなく、それどころか私たちの日常のありふれたワンシーンでしかない。私たちは誰もがちょっとしたテレパシー能力者なのだ。相手が使った表現にも発した音や作ったインクの染みにもそれ自体としては含まれていないはずの内容を、当たり前のように理解する。また逆に、相手がそうした内容を容易に理解してくれると見込んで、何かを言ったり書いたり何らかの身振りをしたりする。あなたが何かを意味し、私がそれを理解し、私たちがコミュニケーションをするとき、私たちはこのような不可思議で、驚くべきことをいつだって成し遂げているのだ。

ここで改めて問おう。誰かが何かを意味するとはどういうことだろうか？　これが、すぐ手元に単純な答えが見つかる類の簡単な問題ではなく、哲学的な考察を要するだけの難しさを持った問題であるということが、いまなら納得できることだろう。

この問題に取り組むために、いくつかの用語を導入したい。まず、ひとがその発言や身振りによって何かを意味するという事柄を表す単純な言葉があると便利だ。そうした事態ないし行為を「話し手の意味（speaker meaning）」と呼ぶことにしよう。さらに（一部ここまでですでに使われている言葉もあるが）何かを意味する主体、もしくはそうした主体の候補と目されている存在のことを「話し手（speaker）」や「発話者（utterer）」と呼び、話し手が話し手の意味の場面（あるいはその候補となるもの）においておこなう振る舞いを「発話（utterance）」、発話が向けられている相手を「聞き手（hearer/audience）」と呼ぶことにする。「何かを意味する主体、もしくはそうした主体の候補と目されている存在」、「話し手の意味の場面（あるいはその候補となるもの）」といった迂遠な言い回しをしているのは、話し手の意味が不成立な場合や、話し手の意味が成立しているか否かがまさに問題となっている場合などでも「話し手」や「発話」といった用語を一貫して使うようにしたほうが、話が煩雑にならなくて済むからだ。例えば、話し手の意味が成立してはいないが考察に値する状況について語るときにも、「話し手は聞き手に向かってこうした発話をしているが、しかしこのときに話し手の意味は成立していない」といった語り方ができたほうが便利だろう。そうした語り方を許す形で、それぞれの用語を導入している。またさらに、単純化のために、本書で取り上げる話し手の意味の事例は、「陳述的」とでも言えるものに限ることにする。陳述的とは、言語における平叙文の標準的な使用に対応するものであり、冒頭の「桜がすっかりきれいに咲いているよ」という発話による話し手の意味はその例となる。実際のコミュニケーションの場面では、私たちは陳述的な発話だけでなく、聞き手に命令したり、何かを訊ねたりといったこともしており、話し手の意味の理論は最終的にはそうした事例も扱えるものでなければならないのだが、本書ではとりあえずそれは考察の範囲から外している（むろん、本書で展開する議論が、適当な修正のもとでそうした広汎な事例もカバーできるようになるという可能性を想定してはいるが）。それゆえ本書で与える話し手の意味に関する分析も、もっぱら陳述的な事例にのみ適用されるものとなる。

ここで導入した用語は私が独自に考案したものではない。話し手の意味を分析しようとする哲学者たちは、多少の異同はあるものの伝統的におおよそこうした用語で議論をしており、そのおおもとは意味という概念をめぐるポール・グライスの一連の論文に遡る（Grice 1957; 1968; 1969; 1982）。本書の用語法はグライスから続く議論の流れを踏襲したものである。ここで一点だけ注意が必要だ。それはグライスが（それゆえ私を含むそれ以降の論者も）「発話（utterance）」や「発話する（uttering）」といった表現を「人為的に拡張した仕方で」用いているということだ（Grice 1969, p. 92）。グライスやそれ以降の論者の用語法においては、「発話」や「発話する」という表現は、一般的にこの表現から想起されるような言語的な振る舞い（日本語で話したり、英語の文を書いたりといった振る舞い）のみならず、さまざまな非言語的振る舞いをも指し得る仕方で使われている。すでに私たちは、子供が傘を持っていくべきだということを意味するのに、親は「雨が降っているよ」と言うこともできるし、そうでなく代わりに外を指差すのでもよいということを確認した。「雨が降っているよ」と言うことは通常の意味でも「発話」と呼ばれるであろうが、指差しはそうではない。しかし話し手の意味に関する限り、これらはどちらも等しく用いられ得るという点で同等であるため、両者をともに「発話」と呼ぶのが便利である。こうした事情から、話し手の意味について議論する文脈では、「発話／発話する」という言葉が言語的振る舞いと非言語的振る舞いをまたぐ形で用いられることになっている（それに合わせて、「話し手」、「聞き手」という用語も拡張した仕方で用いられることになる）。

さて、本書の取り上げる問題は、話し手が何かを発話することで何かを意味するとはどういうことかというものである。本書ではこれを、話し手の意味がどのような条件で成立するのかという問題として読み替え、こうした読み替えに基づいて解答を探ることにする。現在のところ、この問題に対する標準的なアプローチは「意図基盤意味論（intention-based semantics）」と呼ばれる立場に基づいたものであり、その創始者であるグライスを皮切りに、この問題に取り組んできた論者たちの多くは意図基盤意味論を基礎的な立脚点として採用している。その中核にあるのは、何かを意味するとはある特有の意図を持って発話をすることにほかならないという考えだ。もちろん「ある特有の意図」とは具体的にどのような意図なのかという点については個々の論者によって意見が異なり、さまざまな意図基盤意味論者たちが互いに議論を戦わせながらよりよい答えを求め続けている。とはいえそうした差異はあるものの、それらの論者によって共有される、意図基盤意味論の中核にある発想そのものは、いまや話し手の意味という現象を捉えるためのパラダイムとなっており、哲学だけでなく、言語学や心理学といった関連する諸分野でもほとんど自明視されていると言ってよい。

だが私の考えでは、意図基盤意味論というアプローチは話し手の意味という現象を捉えるのに不適格である。なぜ意図基盤意味論では話し手の意味を捉え切れないのか、それはこれから本書の多くの部分を費やして論じていくテーマであるが、簡潔に述べるならば、話し手の意味が持つ、心理的であり公共的であるという一見すると矛盾しているようにも思われる不思議な特徴に、十分に向き合えていないからだ。それゆえ本書では、心理的であり公共的である話し手の意味というものについて、そのどちらの側面も捉えるための新しいアプローチを提案する。このアプローチは暫定的に「共同性基盤意味論（jointness-based semantics）」と名づけられることになる。

意図基盤意味論の詳細、なぜそれが誤っているのか、そして私たちにはいかなる発想の転換が求められているのか、それらはこれから本書全体を通して論じていくトピックであるが、ここでその骨子を述べておきたい。すでに述べたように、鍵となるのは話し手の意味が心理的であり、かつ公共的であるということである。

私は慌ただしく洗濯物を取り込んでいる。その様子を見た弟が「どうしたの？」と訊く。私は「お昼から降水確率九〇％だって」と答える。私が弟に「お昼から降水確率九〇％だって」と言ったとき、私はそれによって午後に雨が降るということを意味したとしよう。このとき、私が意味したことと私の心理とのあいだには何かの関係があるように思える。もっと言えば、私が意味した事柄は、直観的に言うならば、何か私の「心のうち」を表明したものに見える。これはいったいいかなる現象なのだろうか？

2　話し手の意味の心理性

いまの例をさらに検討してみよう。「お昼から降水確率九〇％だって」と言うことで午後に雨が降るということを私が意味したとき、それを受け取った弟には何が得られるだろうか？　午後に雨が降るという情報が得られる、と言いたくなるかもしれない。だがこれは実はそれほど確かではない。天気は予想に反して崩れず、午後になっても雨は降らないかもしれない。弟にわかるのは、実際に午後に雨が降るということではなく、せいぜい午後に雨が降ると少なくとも私は信じているということだろう。つまり私には自分が意味した内容と同じ内容を持つ信念がある、弟はそのように受け取るのではないだろうか。もちろんそうした受け取り方がなされない場合もある。ひょっとしたら私はあからさまな嘘をついており、そのことに弟は気づいているかもしれない。そのような場合には、弟は私が午後に雨が降ると信じているとは思わないだろう。しかしそうした事情がない限りは、弟は午後に雨が降るという信念を私に帰属するはずだ。

言うまでもなく、何かを意味するという行為に限らず、行為というものは一般的にその主体の心理と関係している。雨が降っているのに気づいて傘を差すひとを見れば、私たちにはそのひとの心理についていくらかのことがわかるはずだ。おそらくそのひとは傘を差せば濡れずに済むと信じていて、そして濡れずに済ませたいと欲しているのだろう。行為はその主体の信念と欲求によって説明される。その意味では、行為と心理とは一般的に結びついている。

だが話し手の意味と話し手の心理の関係の仕方は独特だ。傘を差すといった通常の行為と違い、何かを意味するというのはそれ自体が内容を伴った行為である。そして先に見た例からわかるように、話し手が意味する内容と話し手が持つとされる信念の内容は一致すると考えられる。傘を差すなどの行為はそのようなものではない。もちろん普通の状況ならば、傘を差すという行為は傘を差せば濡れずに済むという信念と結びつくものと思われるだろう。だがこれはあくまでその行為の主体が、濡れたくないという欲求を持っているという条件のもとでのことだ。常識的な状況では考えにくいことだが、もしかしたら傘を差すという行為の主体は、実際にはむしろ水に濡れたいという欲求を持っていて、どういうわけか傘を差せば効率よく濡れることができるという奇妙な信念を持っていたがゆえに、結果として傘を差したにすぎないということも、原理的にはあり得る。したがって、傘を差すという行為そのものが傘を差せば濡れずに済むという信念と対応しているとは言えず、どのような信念がこの行為と結びついているのかは、セットになっている欲求次第ということになり、ひとつに決定しきることはできない。話し手の意味はこれとは対照的だ。午後に雨が降るということを私が意味したならば、私に帰属される信念の候補として焦点が当たるのはあくまで午後に雨が降るという信念であって、別の信念ではない。そしてこの対応関係は、話し手が持つ他の心理状態、例えば話し手が持つ欲求には、傘を差すという行為の場合と同様の仕方では左右されない。傘を差すという行為はひとつのタイプの信念と対応しているわけではなく、行為者の他の心理状態次第でさまざまなタイプの信念と結びつき得る。だが話し手の意味は、意味された当の内容と同じ内容を持つ信念と対応関係を持っている。何かを意味するという行為は、通常の行為には見られないような仕方で話し手の心理と結びついているのである。だからこそ、何かを意味するとき、話し手はいわば対応する信念を「表明している」ように見えるのだ。

これに関連して、話し手の意味することを理解したとき、聞き手には話し手の行為に対する説明と予測が得られるということも指摘できる。弟はもしかしたら私が慌てて洗濯物を取り込んでいるのを怪訝に思っていたかもしれない。だが私が「お昼から降水確率九〇%だって」と言い、それによって午後から雨が降るということを私が意味しているということがわかったなら、そうした私の行為に対する説明が弟には利用可能となる。

普通に考えるならば、これは話し手が何かを意味し、聞き手がそれを理解したならば、聞き手は話し手に対応する信念を帰属できるという、先に述べた論点と関係しているように思える。午後から雨が降るということを私は意味したのだと弟は理解した、だから弟は私に午後から雨が降るという信念を帰属した、だから洗濯物を取り込むという私の行為への説明を弟は手にした、というように。

同様のことは、私のその後の行動に関する予測についても言える。私の発言を聞いた弟は、私の行動をさまざまに予測するだろう。例えば、これから出かけるとすると、私はきっと傘を持っていくはずだと弟は考える。こうしたこともまた、私に対する信念の帰属を介して理解できるように思える。私は午後から雨が降るということを意味した、だから私は午後から雨が降ると信じているのだ、だから私は外出時には傘を持っていくだろう、と。

こうした現象がより正確にはどのような現象であるのかということは、第六章で再考することになる。だが少なくとも次のことは説明を要する事柄だ。

1. 話し手がpということを意味し、聞き手がそれを理解するとき、話し手がpと信じていないということがすでに明らかであるなどといった特別な事情がない限りは、聞き手は話し手にpという信念を帰属することができる。
2. 話し手がpということを意味し、聞き手がそれを理解するとき、聞き手にはそれによって話し手のこれまでの行為に対する説明が利用可能となる。

3．話し手がpということを意味し、聞き手がそれを理解するとき、聞き手にはそれによって話し手のこれからの行為に対する予測が利用可能となる。

この三つの命題によって特徴づけられる話し手の意味の性質を、「話し手の意味の心理性」と呼ぼう。私はこれを、話し手の意味の分析が説明すべき第一の課題であると見なす。

話し手の意味をめぐる議論の歴史においては、話し手の意味の分析とは話し手の意味が成立する必要十分条件を与えることであるとされてきた。もちろんそのときに持ち出される必要十分条件はトリビアルなものであってはならない。例えば「話し手の意味が成立するのは話し手の意味が成立するとき、そのときに限る」などと言うことでも必要十分条件は与えられるのだが、それでは分析にならない。少なくとも、話し手の意味を持ち出すことなく話し手の意味が成立する必要十分条件を特定しなければならないということについては、誰もが認めることだろう。それだけでなく私は、話し手の意味が成立する必要十分条件は、それによって話し手の意味の心理性が生じる理由をよりよく理解できるようになるものでなければならないと考える。これは従来の研究において、少なくとも明示的には語られてこなかったことだ。しかし話し手の意味がここで見たような性質を示すことは明白であり、それが説明できない限り、話し手の意味の十分な説明が得られたとは言えないだろう[1]。

意図基盤意味論は、話し手の意味に対する話し手の心理からのアプローチだ。具体的にはそれは、話し手の意味の必要十分条件を話し手の意図によって与える。第一章と第六章で見るように、この立場においては話し手の意味の心理性に対する説明は容易に思える。話し手の意味の必要十分条件が話し手の意図によって与えられるのであれば、話し手が何かを意味していると理解した聞き手は、要するに話し手はそれに対応する意図を持っているのだと理解したということになる。すると少なくとも、聞き手は話し手が何かを意味したと理解したときにはすでに話し手に意図を帰属しているのであり、これを出発点にして聞き手から話し手への信念帰属を説明するという道筋が得られる。意図基盤意味論の論者自身がそうした仕方で自分たちの立場をサポートしているわけではないが、話し手の意味の心理性を容易に説明できるということは、意図基盤意味論にとってのアドバンテージのひとつとなるように見える。

だが心理性は話し手の意味が持つふたつの顔の一方でしかない。私たちは話し手の意味が持つもうひとつの顔、すなわちその公共性へも目を向けなければならない。

3 話し手の意味の公共性

本書で言う「話し手の意味の公共性」とは、話し手が何かを意味するとき、いわば話し手は聞き手の前に姿を現し、自らの意味したことをおおやけに引き受けなければならないとでもいったことである。これは話し手と聞き手が文脈を共有しながら会話を続けるということの基礎になる。具体例をもとに考えてみよう。

ふたつの状況を考えてみてほしい。第一の状況では、私はある映画を見たがっていて、たまたま読んでいた雑誌にその映画の特集記事があるのを見つけたところだ。私は恋人に雑誌を見せ、記事を指差しながら「いまから見に行きたい」と言う。これと似つつも異なる第二の状況において、私はやはりある映画を見たがっている。しかし自分からあからさまにそれに行きたがるよりは、その映画を見たがっていることを恋人に察してもらい、恋人のほうから映画に誘ってもらうほうが心地よいと考える。たまたま読んでいた雑誌にその映画の特集記事を見つけた私は、そのページの角を折り曲げたうえで、目当ての映画のタイトルが記載されている個所に蛍光マーカーで線を引き、そのページが目に入るように開いたままで雑誌をテーブルのうえに置く。そこにやって来た恋人は雑誌に目をとめて、私がその映画に行きたがっていることに気づく。

　このふたつの状況のうち、ひとつ目においては、私は恋人と一緒にこれからその映画を見に行きたいといったようなことを意味している。だがふたつ目の状況においてはそうではないだろう。この違いは、その後に恋人が「この映画、まだ公開されていないよ」と返した場合を考えればわかる。ひとつ目の状況では、そうした反応は適当であろう。だが第二の状況において恋人が「この映画、まだ公開されていないよ」と返してきた場合、私はとっさに「しるしをつけていただけで、いますぐに行きたいだなんてひとことも言ってないでしょ。勝手に決めつけないでよ」などと言い返すこともできる。もちろんそれは身勝手ではあるかもしれないが、第一の状況の場合に同様の仕方で言い返したなら、単に身勝手という以上に不合理となるだろう。言い換えるなら、第一の状況においては私にはそういった反応をする権利がないのである。だからこそ恋人には私の意味した内容を受け、それを正すという権利があるのだ。他方で第二の状況では、私はただ察して欲しがっているだけであり、何かを意味しているわけではなく、それゆえ私には言い抜けが可能となっている。

　この違いを、第一の例において私は自分がいまから恋人と問題の映画を見に行きたがっているということをおおやけに引き受けているのに対し、第二の例ではそうなっていないという形で捉えることができる。私が何かを意味し、それを恋人が理解したならば、何らかの意味においていわば私は言質を取られることになり、自分が意味したことに関して一定の責任を引き受けなければならないのだ。一般に、話し手は自分が意味したことをおおやけのものとして引き受けなければならない。話し手の意味に見られるこの特徴を、「話し手の意味の公共性」と呼ぼう。

　話し手の意味の公共性が重要なのは、これが会話における文脈の共有に関わっているように思えるからだ。私たちが会話をするときには、話し手は自分の意味したことを引き受けるはずだということを前提とし、やり取りを続ける。先ほどの例で言えば、私は自分が映画にいまから行きたがっているということを引き受けるだろうと恋人は想定し、だからこそそれに関するコメントをすることができる。しかしもしもそうした引き受けがなされず、私が自由に自分の意味したことへの責任を回避できるとしたら、その後の会話を続けることも難しいだろう。私が何を意味したとしても、それに関して恋人が何かを言うたびに、私が自分のかつて意味したことを無視して言い返したとしたら、そもそも会話になどならない。私たちが実際におこなっているコミュニケーションは、そういうものではないはずだ。話し手が何かを意味し、聞き手がそれを理解するたびに、共有される文脈が蓄積されていく。そうした実践の基礎には、そもそも話し手が何かを意味し、聞き手がそれを理解したならば、話し手は自分が意味したことを引き受けなければならないという、話し手の意味の公共性があるのだ。こうした現象を、テイラーは「我らのこと（entre nous）」という用語で言い表している（Taylor 1980）。後に私たちは、このテイラーの議論を導きの糸として、話し手の意味の公共性とは厳密にはいかなる現象なのかということを問うていくこととなるだろう。

話し手の意味の公共性とは区別されつつも、その前提となる別の特徴もある。これはこの後の議論において「話し手の意味の透明性」と呼ばれる特徴である。話し手の意味の透明性とは、およそ話し手が何かを意味するからには、話し手が何かを意味しているということ自体はあからさまになっていなければならないということである。先ほどの例では、第二の状況においてこれが成り立っていなかった。私は恋人に自分がいまから映画に一緒に行きたがっているということを知らせようとしながらも、自分自身で積極的に働きかけるのを避け、恋人に察してもらうことでそれを実現しようとしていた。いわばこれは、私が恋人にしようとしている働きかけと私自身とのあいだを幕で遮断し、自分の姿を隠しているようなものだ。こうした場合、先に述べた話し手の意味の公共性を満たすことは当然できない。そもそも表立って働きかけをしていないにもかかわらず、関連する内容についておおやけに引き受けるということはできないのだ。実のところ、第二の状況において、私はそのような引き受けを避けるためにこそ、遠回しに恋人に働きかけているのである。話し手の意味の公共性が成り立つためには、話し手は幕の後ろに隠れることなく、自分の姿をさらさなければならない。話し手の意味が成立するときには、話し手が何かを意味しているということは明らかとなっていなければならない。これを本書では「話し手の意味の透明性」と呼ぶ。

ここで論じた話し手の意味の公共性や透明性という特徴は、話し手の意味の心理性に比べて直観的には理解しづらいかもしれない。しかしこうした特徴に着目すべきだと言える理由がある。それは意図基盤意味論が辿ってきた歴史に関わっている。

すでに述べたように話し手の意味の解明のためにこれまでに提案されてきた影響力のある理論は、基本的に意図基盤意味論というアプローチのもとで展開されている。意図基盤意味論はグライスによって定式化されたのち、本書でも取り上げるシファー、ハーマン、デイヴィス、グリーンといった論者の手で発展してきた枠組みである。

厳密に言えば、話し手の意味を話し手が持つ特有の意図によって分析するというのは、意図基盤意味論というプログラムの全体をなしているわけではない。[2] このプログラムには大きく分けてふたつの段階があり、話し手の意味を話し手の意図という概念によって分析するというのはその第一段階にあたる。第二段階においては言語表現を含むさまざまな記号が規約によって何かを意味するという事態（「規約的意味（conventional meaning）」と呼ぶ）を、話し手の意味という概念によって分析することが目指される。このふたつの段階を経て、規約的意味は話し手の意味によって、ひいては話し手の意図によって説明されることとなる。要するに、話し手の意味を意図という概念によって分析するということ自体が目標のすべてなのではなく、それを介して意味というものを、もっと一般的に、言語表現やその他の規約的な記号が持つ意味まで射程に入れる形で、意図という概念によって分析するということを思い描いているのである。意味などという正体のはっきりしない概念をそれよりも身近と思しき意図という心理的な概念によって説明するというこの試みは、概念分析という営みを疑う者にとっては「ドン・キホーテ的」（野矢 1999, 二九九頁）に見えるかもしれないが、しかし他方で意味というものをそれ以上の分析が不可能な何かとしておくことに満足しない者にとっては魅力的に映るだろう。意図基盤意味論による話し手の意味の分析は、意図基盤意味論のこうした魅力に惹きつけられた論者たちによって、このプログラムを遂行するための不可欠な一歩として追求されてきた。話し手の意味の分析が少なからぬ研究者の関心を集めたのは、こうした背景があってのことであった。（とはいえ、本書で取り上げるのは話し手の意味の問題のみであるため、以下で「意図基盤意味論」と述べているときには、特に断りがない限りはもっぱら話し手の意味に対する意図基盤意味論からのアプローチを指している。）

こうした背景に照らしたなら、話し手の意味に対する話し手の意図による分析は、単に直観的にもっともらしい仮説といったものにとどまらず、もっと大きなプログラムの基礎を与えるものとして強く動機づけられていることがわかる。おそらくはこうした事情があってのことだろう、意図基盤意味論の論者たちは自分たちによる話し手の意味の分析に反例や反論が与えられても、あくまで意図基盤意味論の基本ラインを維持し続けた。結果的に話し手の意味の分析の歴史は、意図基盤意味論が次々と反例を受けては新しい形を取り、さらなる反例を与えられてはまた修正が試みられるという形で展開している。そしてこの歴史においては、あるひとつの問題が繰り返し生じることになる。解決が与えられたと思いきやすぐに再発するその問題とは、ストローソンやシファーの指摘に由来するいわゆる「意図の無限後退」問題である。そしてこの問題こそが、話し手の意味の公共性、および透明性と深く関わっているのだ。

意図の無限後退問題は、ある方法に従って作られる一連の反例から生じる。後に見るように、そうした反例の最初のものはストローソンによってグライスの最初期の分析（Grice 1957）に対して提起された（Strawson 1964）。ストローソン自身も論じているように、この具体的な反例そのものには分析を修正することで容易に対処することができる。問題は、ストローソンが反例を作ったのと同じ方法によって、その修正版の分析にも新たな反例が作れるということである（Schiffer 1972/1988）。そしてこの修正版の分析を、最初の反例に対処したのと同様の仕方でさらに修正したとしても、また同じ方法で反例が作られ、このいたちごっこは原理的には無限に続くことになる。最初の反例に対処する際にストローソンが与えた修正は、話し手の意味に対する分析項に、それまでに想定されていたのに加えて新たな話し手の意図を付け足すというものであった。それゆえ反例と修正との繰り返しによるそうしたいたちごっこをどこまでも辿って行くなら、話し手の意味の分析には話し手の無限に多くの意図が登場することになる。この問題が「意図の無限後退」と呼ばれる所以である。

意図の無限後退問題があぶり出すのは、話し手の意味は公共的なものでなければならないということである。実際、第二章で見るように、「意図の無限後退問題」に関連して提起された反例はいずれも、話し手の意味の公共性が成り立っていないがゆえに反例となっているものと捉えることができる。そしてシファーはこの問題の原因を探るなかで、「Sがxを発話することで何かを意味しようというのならば、彼が何かを意味するということのために必要となる意図のすべてが公然のものに（out in the open）なっていなければならない」（Schiffer 1972/1988, p. 39）と主張することになるのだが、これは、話し手の意味の透明性を意図基盤意味論特有の言い回しで語り直したものとなっている。それゆえ本書の言葉遣いで語るならば、意図の無限後退問題とは、話し手の意図という概念によって話し手の意味を分析する意図基盤意味論の立場において、その立場を維持しつついかにして話し手の意味の透明性を、ひいては話し手の意味の公共性を確保するかという問題なのだ。

こうして、話し手の意味の公共性とその前提としての透明性の確保が、意図基盤意味論に絶えず突きつけられる課題となる。この課題を果たすべく、グライス自身も、そしてそれ以降のシファーやハーマン、デイヴィス、グリーンといったさまざまな論者も意図基盤意味論の精緻化に取り組んできた。だが結局この課題が意図基盤意味論によって達成されることはなかった。こうして意図の無限後退問題は、意図基盤意味論の躓きの石となったのである。

話し手の意味の分析は、話し手の意味の公共性をも説明できるものでなくてはならない。これが話し手の意味の分析にとっての第二の課題である。そしてそのためには話し手の意味の透明性もその分析において確保されていなくてはならない。

4　心理的であり公共的である話し手の意味

日常的なコミュニケーションの例を見ながら、話し手の意味が話し手の心理と密接に関わっているということを確認した。こうした話し手の意味の心理性については、意図基盤意味論ならば容易に説明できるように思える。というのも、意図基盤意味論によれば、話し手の意味が成立する必要十分条件は、話し手が特有の意図を持って発話をすることなのであり、つまり一定の心理状態を伴って発話をすることとなるからである。だが他方で意図基盤意味論は、話し手の意味の公共性という特徴に関しては、その前提となる話し手の意味の透明性を確保するという段階において意図の無限後退問題という壁にぶつかることとなる。しかし話し手の意味の分析は、その心理性と公共性というふたつの特徴をともに捉えなければならない。

このことはある困惑を引き起こす。話し手の意味は話し手の心理と深く関係しながらも、しかし公共的なものである。だが、普通に考えるとひとの心理は公共的なものではない。むしろそれは個人的なものの典型であろう。実際、私が何かを信じたり欲したりするとき、それは基本的には私個人が勝手にすることであり、それに関して私はおおやけに責任を持ちはしないし、信じていたことを信じなくなるといったことも好きにおこなっていいはずだ。にもかかわらず、話し手の意味という現象においては、心理性と公共性が奇妙にも両立している。

この奇妙さについては、もっと素朴な語り口を採用したほうがわかりやすいかもしれない。何かを意味するというのは、素朴には話し手が自分の心のうちを表明する行為であると思えるし、それを聞き手が理解するというのは、表明された話し手の心理を聞き手が理解することであると思える。そしてそのように理解されたなら、話し手がその心理を抱いていることについて、話し手は隠し立てできなくなる。だがそもそも、「心理を表明する」とはいったいどういうことなのか？　個人の心理ほど、表に出ないものはないのではないか？　なぜコミュニケーションという場面において、普段はブラックボックスに隠されているかに思える話し手の心理などというものが表に現れ、聞き手に理解可能なものとなり、大っぴらなものとなるのか？　これは話し手の意味という現象をめぐる大きな謎である。

話し手の意味は心理的であり、かつ公共的だ。この一見すると反対を向いているふたつの側面をいかにしてともに説明することができるのだろうか？　本書で第一に論じるのは、意図基盤意味論はそうした説明を提供できないということである。意図基盤意味論はその出発点からして話し手の意味の心理性に肩入れしすぎている。そうした立場から話し手の意味の公共性へと目を向けても、それはすでに手の届かないところに行ってしまっているのだ。私が提案したいのは、それとは逆の道をたどることである。話し手の意味というのは話し手と聞き手が作り上げる共同体において生じる、根本的に公共的な現象なのだ。だがだとすると、話し手の意味の心理性はいかに説明されることになるのか。ここでもまた見方の転換が求められる。私の考えでは、鍵となるのはコミュニケーションが持つ規範的側面だ。話し手が何かを意味するとき、話し手は聞き手の前で自分の心理に関するあるコミットメントを公然と引き受けることとなる。そのとき話し手はある特定の仕方で振る舞うこと、ある特定の仕方でこれまでの振る舞いを理解されることを引き受けることになる。しかしそれはそのようにコミットされた心理を話し手が事実として抱いているということを含意しない。話し手はただ、そうした心理を持っているということに対して一定の規範を引き受けるだけなのである。

意図基盤意味論に代わって本書で提示する共同性基盤意味論は、「心理性から公共性へ」という転回によって特徴づけられる。本書では意図基盤意味論の展開と、意図基盤意味論が直面した話し手の意味の公共性という問題について論じたうえで、それが乗り越え困難であることを示し、意図基盤意味論に代わる立場としてこの共同性基盤意味論を打ち出す。

I 意図基盤意味論

第一章　意図基盤意味論という枠組み——グライスの「意味」論文から

はじめに——出発点としての「意味」論文

あるひとが何かをすることで何かを意味するとはどういうことか？　すなわち話し手の意味とは何なのか？　これが本書の中核をなす問題だ。この問題に対する代表的なアプローチは、意図基盤意味論と呼ばれる立場に依拠するものである。本書では意図基盤意味論が話し手の意味の分析にとって適当なものではあり得ないということを論じていくことになるが、しかしその前に意図基盤意味論による話し手の意味の分析というのがどういったものなのかを確認しなければならない。そのためにまずは意図基盤意味論が産声を上げた場所へと立ち返ろう。

話し手の意味の分析を重要な哲学的テーマと見なし、意図基盤意味論の立場からアプローチしようとした最初の哲学者がグライスである。グライスによる話し手の意味の分析は「意味」（'Meaning'）と題された一九五七年の論文に始まり、そこでは話し手の意味を話し手の意図によって分析するという意図基盤意味論のプログラムが大々的に展開されている。この論文で提出された分析そのものは、グライス自身によっても、そしてグライスのあとを継ぐ論者たちによっても不十分なものと見なされ、そのままの形ではもはや維持されていない。しかし「意味」論文が提示する分析をつぶさに見たならば、それが現代の意図基盤意味論にも通ずる核を持っていることがわかる。それはすなわち、話し手の意味にはそれに対応する形式の意図があり、かつそうした意図の内容によって話し手の意味する内容が決定されるというテーゼである。これを本書では「意図基盤意味論の基本テーゼ」、あるいは単に「基本テーゼ」と呼ぶことにする。[1] 意図基盤意味論の論者たちは具体的な分析の与え方については見解を異にしつつも、このテーゼを維持するという点では一致している。グライスの最初の分析に遡ることは、意図基盤意味論に受け継がれてきた基本テーゼを摑むための第一歩となる。

また、意図基盤意味論という理論の特徴を理解するためには、話し手の意味の分析にとって可能なさまざまなアプローチから成る空間のなかに意図基盤意味論を位置づけるというのも重要だ。話し手の意味をめぐる議論においては、意図基盤意味論の影響力の大きさゆえに、それ以外のアプローチの可能性というものは検討されないことが多い。だがそれでは、意図基盤意味論が持つ特徴も見えなくなってしまう。

本章では、意図基盤意味論という枠組みとはいったいどのようなものであるのかということを、「意味」論文でのグライスの議論を振り返ることで捉えていく。ただそのためにはグライス独自の議論の手法を理解する必要があるため、まず第1節ではグライスの哲学的方法論を紹介する。そのうえで第2節では「意味」論文の分析を具体的に確認していく。第3節では、グライス以降の論者へと引き継がれた意図基盤意味論の基本テーゼを「意味」論文の分析から抽出するとともに、話し手の意味を分析するための方法論を検討しながら、意図基盤意味論というものを他の可能なアプローチと対比可能な形で、可能な理論の空間のうちに位置づける。最後に第4節では、グライスの分析がなぜ多くのひとを惹きつける魅力を持っているのかを論じる。

1　グライスの哲学的方法論

グライスの分析はいわゆる日常言語学派の手法に基づいている。これはグライスの経歴からすれば当たり前のことだ。グライスは、日常言語学派の代表的哲学者として知られるオースティンの後輩として、その手法を学びながら哲学的なキャリアをスタートさせた哲学者なのである。(2) ではグライスが受け継いだ日常言語学派の手法とはどのようなものだったのだろうか。

日常言語学派の基本的な考え方は、何らかの概念の分析をするときには、その概念に関連する表現がどのように用いられるかを観察すべしというものである。「戦後オクスフォード哲学」と題された論文で、グライスは自らこの手法について具体例を挙げて解説している（Grice 1958）。そこで例として取り上げられているのは、原因（cause）という概念である。グライスによれば原因とは何かを分析するには「日常的な会話のなかで、あるものがほかの何かを引き起こす（causing）と述べたくなる（あるいは述べたくなくなる）はずなのはどのような状況であるかをまず考える」（Grice 1958, p. 172）ことになる。日常言語学派の哲学者たちに広く見られることだが、グライスはこうした分析の際に「原因（cause）」という名詞よりも「引き起こす（cause/causing）」という動詞に着目する。この点はのちに紹介する話し手の意味の分析にも引き継がれている。このように日常的な言葉遣いに着目することに加えて、グライスはさらに強い前提を採用している。「具体的に特定し得るタイプの状況において日常的になされ、真なるものとして受け入れられるような言明の何らかのクラスを、偽であるだとか、不合理であるだとか、言語として間違っているだとかとして拒絶するような哲学説は、それ自体がほぼ確実に（もしかしたらかなり確実に）偽である」（ibid.）と言うのだ。これはすなわち、哲学的な学説や理念といったものよりも、日常における言葉の用法こそが分析の基礎となるということである。のちに見るようにグライスは話し手の意味の分析において自身の説に対して提起される反例をほとんど退けず、あくまで反例として認めたうえで分析を修正しようとする。これは自身の哲学説を打ち立てたうえで、それに反する常識は誤解に基づいているなどとするタイプの論じ方の対極に当たる。日常における言葉遣いに着目し、しかも哲学的な理論と日常的な言葉遣いとが対立する場合には後者を維持して前者を退けるというこの方針は、話し手の意味の分析に携わる多くの論者が受け入れているものであり、こうした方法論が前提されているということを見落とすと、話し手の意味をめぐる議論は途端に要領を得ないものとなり得る。したがってこうした方法論に関しては本書を通じて念頭に置くように注意してほしい。

一見したところでは日常言語学派の手法が持つ独特のラディカルさはわかりにくいかもしれない。そうしたラディカルな側面はグライスの分析にも通じるものなのだが、この特徴を捉えるには、まずはオースティンの議論を見るのがわかりやすいだろう。例えば「実在（reality）とは何か」という伝統的な問題に対するオースティンの応答はこのようなものだった（Austin 1962, pp. 62-77）。まず「本物の（real）」という形容詞の用法をオースティンは列挙する。この際にオースティンが注目するのは、「あれは彼女の本物の髪色ではない（That isn't the real colour of her hair）」のような、伝統的な哲学の議論ではおよそ取り上げられることのなかった類の日常的な用法である。オースティンはこうした用法を観察することで、「本物の（real）」という形容詞は「本物の何？（A real what?）」という問いへの答えがある場合にしか用いられないということや、「本物でない（not real）」という場合を想定しない限り用いられないということを指摘する。オースティンによれば、あるものが本物のダイアモンドかどうか訊ねることには意味があるのだが、「本物の何か?」ということを想定することなしにあるものが端的に本物かどうかを問うことはできない。またダイアモンドが偽物であるさまざまな仕方（ガラスであるなど）との対比のもとでそれが本物であると言うことには意味があるが、偽物である仕方がわからないものを本物であると言うことは意味をなさない。これは「多くの哲学者が本物のアヒル、本物のクリーム、本物の進歩に共通する日常的な性質を感得できず、大文字の実在（Reality）は理性によってのみ捉えられるア・プリオリな概念だと取り決めてきた」（Austin 1962, p. 64）やり方とはまるで異なる。ここで試みられているのは、「実在（reality）」という名詞が指し示す存在をまず措定して、それについてテクニカルな議論を展開するという、多くの場合に私たちが「哲学」と聞いてイメージするような営みではなく、そうした営みに対するひとつのオルタナティブなのである。

グライスにもこれと共通する姿勢が見られる。「意味とは何か？」と問われたなら、つい「意味とはいかなる存在者なのか？」と考えたくなってしまう。そしてこの問いに対し、（語の）意味とは観念である、（文の）意味とは命題である、（固有名の）意味とは指示対象であるなどといったさまざまな答えが歴史上与えられてきた。しかしグライスはその道を取らない。グライスが目を向けるのは「意味する（mean）」という動詞がどのように使われるのかであり、意味なる存在者があるとあらかじめ決めたうえでその正体を知ろうとするなどということは試みられず、あくまで日常的な言語使用の条件を分析することが目標とされるのである。グライスに限らず、話し手の意味の分析に携わる論者たちは「意味とは何か？」という問題設定を直接的にはせず、むしろ「あるひとが何かを意味すると言われるのはどういうときか？」のように問う傾向がある。本書で紹介する論者も、そして私自身もこのスタイルを受け継いでいる点では一致している。このことを忘れると話し手の意味の分析という営みが何をしているのかを見失いかねないため、留意する必要がある。

とはいえグライスがオースティンの実践した日常言語学派の忠実な後継者であったかというと、必ずしもそうとは限らない面がある。それどころかある時期からグライスは、もっぱら日常の言語使用に基づいて概念の分析を与えようという日常言語学派の方法の限界を意識するようになり、言語の意味と使用の峻別を訴えるようにさえなっている（Grice 1967a）。実はグライスの功績としてよく知られ、のちに本書でも紹介する推意（implicature）の理論は、こうした文脈で登場する。[3] ごく簡単に述べるならば、推意の理論とは、ある文を発話することで伝達される事柄のうち(1)その文自体の意味に重なる部分と、(2)その文をその場面で発話することによって付加的に伝達される内容としての推意とを区別し、前者から後者を体系的に導出しようとする試みである。グライスの考えでは、論理言語と自然言語が乖離していると考える哲学者たちは、前者を重視するにせよ、オースティンのように後者に肩入れするにせよ、いずれも推意を文の意味と混同している。グライスによれば「そうした乖離が現にあるという、両陣営に共通する想定は、（おおざっぱに言って）共通の誤りであり、この誤りは会話を支配する条件の本性と重要性に十分な注意を払わないことから生じている」（Grice 1975, p. 24）のである。結果的にグライスは、文の意味とその真理条件とを同一視する見解に立つことになる。しばしば指摘される日常言語における非真理条件的な内容というものは、グライスによれば関連する文そのものの意味ではなく、その文を発話することで生じる推意として捉えるべきものなのだ（例えばGrice（1967b）は、英語における直説法条件文と論理学における実質含意に意味上の違いはないということを、推意の理論をもとに論じている）。

だが、そのように限界を意識しながらも、適切な仕方で用いる限りにおいては日常言語学派の方法は「正しい方角を向いていたように思われる」（Grice 1987a, p. 181）と、晩年においてさえ語られている。要するに、日常の言語使用のなかでもきちんと意味に、それゆえ概念分析に関わるようなものと、単に推意に関わるだけであるがゆえに惑わされないようにすべきものとがあるのだ。そして特に文に関しては、グライスはそのうちの前者をその真理条件と同一視する。こうしたことから見えてくるグライスの手法とは、概念分析に際して日常言語の振る舞いに目を向けること自体はオースティンと同様でありながらも、さまざまな用法を観察すること自体に拘るオースティンと異なり、分析対象となる語が含まれる文の真理条件を見出すことに特に焦点を当て、それからはみ出すような事柄は推意に起因すると見なし、脇に置くというものである。[4] 話し手の意味の分析においても、私たちの言語使用を反省しながらも、あくまで関心はターゲットとなる文の真理条件を与えることとなっている。

意味という概念の分析においてグライスが日常的な言語使用の例を挙げることに拘ったり、具体例の考察を議論の基礎として重要視したりしている点は、以上のようなグライスの哲学的方法論を背景にしてのことである。そしてその分析はオースティンが試みたような分析と異なり、真理条件を見出すことに重きを置くものとなっている。具体的な事例をもとにし、しかも真理条件に拘るというのは、話し手の意味の分析において受け継がれている手法であり、本書でも一貫して採用されている。(5) 次節ではこの方法を適用してグライスが意味という概念をいかに分析したかを見ていく。

2　「意味」論文における分析

1．さまざまな意味の区別

グライスは日常言語での「意味する（mean）」という動詞の用法をもとに、意味という概念に接近しようとする。しかし「意味する（mean）」の用法は、日本語でも英語でも多岐にわたる。グライスは「意味」論文において、まずそうした多岐にわたる「意味する（mean）」の用法を、前節の方法論に従って真理条件のもとで区別する。

「意味」論文の冒頭では次のような例文が挙げられている（Grice 1957, pp. 213-214）。ただし例文番号は本書で与え直した。

（1・1）a. Those spots mean (meant) measles.

その斑点は麻疹を意味する（意味した）。

b. Those spots didn't mean anything to me, but to the doctor they meant measles.
その斑点は私には何も意味しなかったが、医者には麻疹を意味した。

c. The recent budget means that we shall have a hard year.
最新の予算案は、これから厳しい一年が訪れることを意味する。

（1・2）a. Those three rings on the bell (of the bus) mean that the bus is full.
あの（バスの）三度のベルの音は、バスが満員だということを意味する。

b. That remark, 'Smith couldn't get on without his trouble and strife,' meant that Smith found his wife indispensable.
「スミスはカミさんなしにはやっていけない」というあの発言は、スミスにとって彼の妻が必要不可欠だということを意味した。

これらの例をもとにして、グライスは「意味する（mean）」には大きく二種類の用法があると論じる。前節で述べたグライスの方法論からするなら、これは要するに「意味する（mean）」を含む文の真理条件には、少なくともふたつの異なる種類のものがあるということである。ふたつの用法を区別するポイントを、グライスは五つ挙げている（ibid.）。

1．意味されている内容が事実であるという含意があるか。

2．「意味されている（された）もの（what is (was) meant）」に関する言明を推論できるか。

3．当該の文で何かを意味していると言われているものについて、それによって誰かが意味したということが推論できるか。

4．意味されている内容を引用符でくくった言い換えができるか。

5．「……という事実は……を意味する」という言い換えができるか。

ここでは比較的わかりやすい1と4に焦点を当てて例文を見てみよう。（1・1）に含まれる例文は、それが真であるならば意味されている事柄（もしくはそれに対応した事柄）が事実であるということが含意される。（1・1）aを取り上げると、「その斑点は麻疹を意味する」ということが真であるとしたならば、その斑点の持ち主が実際に麻疹に罹っているということが帰結する。実際、グライスが指摘するように、「その斑点は麻疹を意味したが、そのひとは麻疹に罹っていなかった（Those spots meant measles, but he hadn't got measles）」などと言うことはできない。これに対して、（1・2）の事例にはこうした事実性の含意がない。「あの三度のベルの音は、バスが満員だということを意味する」が真であるにもかかわらず、実際にはバスは満員ではないということは可能である。バスの運転手が本来は鳴らすべきでないにもかかわらず間違ってベルを三度鳴らしてしまったということもあり得るからだ。

次に引用符を用いた言い換えについて確認しよう。（1・1）aを「その斑点は「麻疹」を意味する（Those spots mean 'measles'）」と言い換えることはできない。このことについてグライスは明確な理由を述べていないのだが、引用符が一般的に引用されている言葉そのものについて何事かを語るというメタ言語的な働きをするということに着目すれば、グライスの判断に首肯できるだろう。斑点は麻疹そのものと何らかの関係を持っているのであって、「麻疹」という言葉やそれに類するものと関係を持っているわけではない。他方で（1・2）aでは、「あの三度のベルの音は、「バスが満員だ」を意味する（Those three rings on the bell mean 'the bus is full'）」と言い換えることができる。こうした根拠を挙げることで、グライスは（1・1）と（1・2）が同じ「意味する（mean）」という語を含む文でありながら、用法において異なるグループをなしていると主張する。

ここで指摘されているのは、大まかに言えば自然の因果関係に基づく意味と社会での取り決めや人間同士のやり取りに関係する意味との区別である。これらをグライスはそれぞれ「自然的意味（natural meaning）」、「非自然的意味（nonnatural meaning）」と呼んでいる。（1・1）は自然的意味の、（1・2）は非自然的意味の例である。これら二種類の意味のうち、言語やコミュニケーションを理解するうえで、それゆえ本書のテーマに取り組むうえで重要なのは、当然ながら非自然的意味のほうである。グライスが注目するのも非自然的意味であり、実際グライスは自然的意味についてはほとんど語らず、もっぱら非自然的意味を分析対象としている（ただしGrice（1982）では自然的意味と非自然的意味の統一的理解が試みられている）。

こうして自然的意味を分析対象から除外したうえで、続けてグライスは非自然的意味の内部でもさらなる区別を引こうとする。これはのちのGrice（1969）において「場面意味（occasion meaning）」と「無時間的意味（timeless meaning）」と呼ばれるものに対応する区別である。次の例はグライス自身が挙げているものではないが、この区別を理解する手助けとなるだろう。

（1・3）私は「（自分は）風邪を引いている」と言うことで、自分が遊びに行けないということを意味する。

（1・4）「風邪を引いている」は、急性の上気道炎を患っていることを意味する。

これらがともに非自然的意味に属すことは、先に述べた基準から明らかだろう。試みにこれらが事実性の含意を持つかどうかを確認してみよう。（1・3）が正しい場合であっても、私が実際には遊びに行くことができたということはあり得る。本当は元気であるにもかかわらず遊びに行く気になれないものだから、「風邪を引いている」と嘘をついただけかもしれないのだ。また（1・4）についても、この文は明らかに正しい日本語文であるが、だからと言って誰かが急性の上気道炎を患っているのでなければならないなどということはない。もちろん現実にはいつだって世界中を見れば誰かしら風邪を引いているひとはいるだろうが、それはあくまで偶然的な事実であり、（1・4）そのものが事実性の含意を持っているということではない。

このようにいずれも非自然的意味に属しながらも、しかしこれらの例には違いがある。（1・3）が真であるかどうかを確かめるためには、私という特定の人物や私による発話がなされた特定の場面というものを参照しなければならない。これに対し、（1・4）が正しいかどうかはそうした特定の場面に照らし合わせて判断されるようなことではなく、これはむしろ日本語という言語に関する知識に関わっている。この区別は、言語表現を用いて私たちが意味することと言語表現そのものの意味との区別におおよそ対応している。文には一定の意味があるが、私たちがそれを実際に用いるときには必ずしもその文の意味をそのまま提示しているわけではなく、それを用いることによってそのときの文脈を背景にその文自体の意味とは異なる何かを意味することもできる。のちにグライスは（1・3）のような特定の場面における非自然的意味の事例を「場面意味」と呼び、（1・4）のような特定の場面に限定されずに成り立つ非自然的意味の事例を「無時間的意味」と呼んでいる（Grice 1969, pp. 88-91）[6]。こうした用語は現在では見られないものだが、前者は本書のメインテーマをなす話し手の意味に対応し、また後者は一般的に「規約的意味（conventional meaning）」のような用語で言い表されるものに対応している。それゆえ以降では「場面意味」と「無時間的意味」といった用語を使わず、グライスがそうした用語を用いている場面でもグライス自身の言葉を引用する場合を除いて「話し手の意味」、「規約的意味」という表現を一貫して用いることにする。

ところで私は先ほど（1・3）と（1・4）の区別が言語表現を用いて私たちが意味することと言語表現そのものの意味との区別に「おおよそ」対応していると述べた。ここで「おおよそ」という言い方をしたのは、非自然的意味

意味		
自然的意味	非自然的意味	
	話し手の意味（場面意味）	規約的意味（無時間的意味）

表1－1　グライスによる意味の分類

の事例が必ずしも言語の関わるものに限られてはいないためだ。私は「（自分は）風邪を引いている」と言う代わりに、わざとらしく咳き込んだり、病院を指差したりすることによっても同じことを意味できたかもしれない。わざとらしい咳き込みや病院への指差しは言語的な振る舞いではない。だがそうしたものもまた話し手の意味の事例に含まれる。規約的意味についても同様で、以前に見たバスのベルの例はまさに非言語的な規約的意味の典型である。したがって、非自然的意味を取り上げる際に用いられる言葉には注意が必要となる。実際、グライスは「意味」論文において「私は「発話（utterance）」を〔非自然的意味の〕あらゆる候補に適用される中立的な言葉として用いる」（Grice 1957, p. 216）と述べ、また「発話者の意味と意図」と題されたのちの論文でも「私は「発話する（uttering）」や「発話（utterance）」という用語を人為的に拡張された仕方で用い、非自然的意味の候補であるか、もしくは候補となるかもしれないような任意の行為や振る舞いへと適用する」（Grice 1969, p. 92）と断っている。「話し手（speaker）」や「発話者（utterer）」、「聞き手（hearer, audience）」といった用語についても同様のことが前提とされている。前章でも述べたように、グライス以降の論者の議論においてもこうしたことは共有されており、また本書でもこれらの用語については同様の使い方をしている。

さて本項で見たグライスによる意味の分類をまとめると表1－1のようになる。グライスの考えでは、非自然的意味のうちでは話し手の意味こそが基礎的であり、その分析を通じて規約的意味についても理解できるようになるとされる（Grice 1957, p. 217）。そして次項で見るように、話し手の意味については、話し手の意図という概念を基礎に分析されることとなる。話し手の意味を話し手の意図によって分析し、さらに規約的意味を話し手の意味によって、そして究極的には意図によって分析するというこのプログラムこそ、現在「意図基盤意味論」と呼ばれる営みにほかならない。グライス自身が自分の立場をこの名前で称したことはないが、それでも「意味」論文が意図基盤意味論の出生の地であるということは見て取れただろう。次項では、こうした前提のもとで、「意味」論文において話し手の意味は具体的にどう分析されたのかということを見る。

2. 話し手の意味の分析

グライスが一九五七年の論文「意味」('Meaning')にて提示した話し手の意味の分析は、その後の意図基盤意味論すべての起点となっている。本項ではこの論文に見られる、話し手の意味に対するもっとも古い意図基盤意味論的な分析を振り返る。

グライスはまず、議論の出発点として、話し手が何かを発話することで何かを意味するということは、話し手が自身の発話によって聞き手にある信念を引き起こすよう意図しているときに成り立つと提案する。

> 最初の試みとして、「xは何かを意味$_{\mathrm{NN}}$した」はxが何らかの「聞き手」にある信念を引き起こすものであるとその発話者によって意図されているときに真となるはずで、かつその信念がどのようなものであるかを述べることが、xが何を意味$_{\mathrm{NN}}$したのかを述べることになるはずだと提案しよう。(Grice 1957, p. 217)

ここで「意味$_{\mathrm{NN}}$した」という見慣れない言い回しが用いられているが、これは非自然的意味(NonNatural meaning)であることを下付きの「NN」で示し、時間的位置を持つ出来事であることを過去形で示す、「意味」論文におけるグライスの用語である。要するに無時間的でない非自然的意味であるということであり、話し手の意味として

「意味する」が用いられていることを示している。またここでの「x」は話し手ではなく話し手による発話を指しており、グライスのこの最初の提案は厳密には「話し手が何かを意味する」ではなく「発話が何かを意味する」ということが成り立つ条件に関するものとなっている。そのため一見するとグライスのこの主張は話し手の意味に関するものではないのではないかという印象を受けるかもしれないが、これは単にのちのGrice（1968）やGrice（1969）におけるような用語法がまだ十分に出来上がっていなかったためにすぎない。実際、Grice（1969）でははっきりとこの「意味」論文が話し手の意味の分析のための参照点とされている。それゆえ上の引用を話し手の意味をめぐるものだと捉えることには何の問題もなく、意図基盤意味論の論者たちのあいだでも一般的にそのように理解されている。

ここでグライスの提案について、ひとつ注意を促しておきたい。実はこの提案について、グライスは何の正当化も与えてはいない。なぜ聞き手に信念を引き起こそうという話し手の意図がこの文脈で持ち出されるのか、その理由はここでは何も述べられていないのである。おそらく、そのもっともらしさは直観的に明らかだと考えたのだろう。本章ではこの点をこれ以上掘り下げることはしないが、先のような提案が実は直観によっては支えられないということを、のちに第四章で論じる。

さて、グライスによる先ほどの提案は、話し手が具体的に何を意味しているのかということを問わず、ともかくも何か（something）を意味するということに対する分析として持ち出されている。すなわちこれは命題非特定的な話し手の意味に関するものである。そして話し手が意味する内容を特定する場合、すなわち話し手がある特定の命題を意味するということに分析を与える際については、先ほどの引用の後半で、「〔発話者が聞き手に引き起こそうと意図した〕信念がどのようなものであるかを述べることが、xが何を意味$_{NN}$したのかを述べることになるはずだ」とされていた。このことを鑑みると、グライスの提案は要するに次のようにまとめられる。

（1・5）話し手Sがxを発話することでpということを意味するのは、Sがpという信念をある聞き手Aに引き起こそうと意図してxを発話するときである

この分析はもちろん十分ではなく、すぐに修正されることになるが、しかしこの分析にはすでに意図基盤意味論の重要な特徴が現れている。それは、話し手の意味にはそれに対応した特定のタイプの話し手の意図（の集合）があり、そしてそうした意図の内容によって話し手の意味する内容が決定されるというアイデアだ（詳しくは次節で論じる）。上記の分析では、話し手の意味は何らかの聞き手にある信念を引き起こそうという意図と対応づけられており、それがどのような信念を引き起こそうという意図なのかということが、話し手が意味することを決定するとされている（（1・5）で現れる聞き手の信念はそれ自体が話し手の意図のなかに埋め込まれているため、聞き手の信念の内容は話し手の意図の内容の一部をなしているという点に注意してほしい）。

さて、この分析に対してグライスは即座にひとつの反例を挙げている（Grice 1957, p. 217）。それはこのようなものだ。殺人犯が殺人現場に事件と無関係な人物Bのハンカチを置いたとする。殺人犯はそれによって、刑事にBが犯人だと信じさせようとしたのだ。すでに述べたように、ハンカチを置くというような非言語的な振る舞いもまた、ここでの意味においては発話として数えられる。するとこの場合、次のことが成り立っている。

（1・6）殺人犯は、Bが殺人犯だという信念を刑事に引き起こすことを意図して、事件現場にハンカチを置いた。

このとき分析（1・5）の条件が満たされている。したがって（1・5）が正しければ、殺人犯はハンカチを置く

ことでBが殺人犯だということを意味したということになる。しかしこれは奇妙だとグライスは言う。グライスによれば、この場合に話し手の意味は成立しておらず、それゆえ（1・5）は話し手の意味の十分条件を与えてはいないのだ。

だが、いったいこの奇妙さとは何なのだろうか？ グライスは単に「私たちは〔そのように〕言いたくない」(Grice 1957, p. 217) と述べるのみであり、その判断がどのようになされたのかを説明してはいない。

グライスが（1・6）における殺人犯の振る舞いを話し手の意味と認めない理由については、ストローソンがグライスの「意味」論文に対して与えている解説が参考になる。ストローソンによれば、グライスによる話し手の意味の分析とは次のような営みである。

> グライスの分析が、「コミュニケーションする (communicate)」という語が持つ、いかなる意味の理論にとっても根本的な語義において、一人の人物が別の人物とコミュニケーションしようとするような場面の分析として与えられているということは、疑いない。(Strawson 1964, p. 120)

つまりストローソンによれば、グライスが捉えようとしている話し手の意味とは、話し手による聞き手とのコミュニケーションの試みなのである（これは、コミュニケーションを、話し手が意味し聞き手が理解するということと見なす本書の方針とも一致している）。Grice (1969) においてストローソンのこの論文に言及する際にも、グライスはこの個所について何のコメントもしておらず、この解釈がグライス自身の思惑とずれていないということが示唆される。

さて、話し手の意味が話し手による聞き手とのコミュニケーションの試みだとするなら、（1・6）の殺人犯の例において、Bが犯人であるということを殺人犯が意味していると言い難いということの理由が見て取れるようになる。

というのも、この場合に話し手の意味が成立しているとしたなら、要するに殺人犯は刑事とコミュニケーションを取り、Bが犯人であるということを伝えようとしているということになってしまうのだ。しかし殺人犯はそのように刑事とのあいだに関係を取り持ち、自らの存在に気づかせようとはしていないだろう。グライスが殺人犯の例を分析（1・5）に対する反例と見なしたのは、こうした理解を前提としてのことだと考えられる。

（1・6）のような反例を排除するために、グライスはさらなる条件を付加することで分析を強めようとする。グライスによれば、話し手は単に聞き手に何らかの信念を引き起こそうという意図を持つだけでなく、それに加えてこの意図を聞き手に認識させようという意図をも持たなければならない。例（1・6）では、殺人犯は刑事にBが犯人だと信じさせようと意図してはいるが、自分が刑事にそうした信念を引き起こそうと意図しているということ自体を認識させようとは意図していない（そのようなことをしてしまうと、自分が偽物の証拠を置いたということを刑事に気づかれてしまうだろう）。したがって、この第二の意図を話し手の意味の必要条件のひとつとしたならば、例（1・6）は話し手の意味の事例に含まれないことになる。修正版の分析を簡潔にまとめるとこうなる。

（1・7）話し手Sがxを発話することでpということを意味するのは、Sが次のことを意図してxを発話するときである：
1. ある聞き手Aがpと信じること
2. Sが意図1を持っているとAが認識する（recognize）こと

こうした一連の議論で注目すべき点は、例（1・6）の殺人犯のように、話し手が聞き手から何らかの意味で「隠れようとする」と、話し手の意味の成立が阻害される、すなわちその場合の話し手の振る舞いはコミュニケーションの試みとはならないと見なされているということだ。それゆえに話し手には、自分自身の第一の意図を聞き手に認識させせようという意図を持つことが、つまりは「自分自身の姿は隠して」第一の意図を実現しようなどとはしていないということが要求されることになる。

例（1・6）は、本書で採用する用語で言えば、話し手の意味の公共性が成り立っていない事例に当たる。当然のことながら、話し手である殺人犯は、Bが犯人であるということを公然と引き受けてなどいない。それをしてしまったなら、逆に刑事から目を付けられることとなっていただろう。むしろ殺人犯はそれを避けたいがゆえにこそ、このような回りくどい形で刑事に信念を生じさせようとしたのである。そしてまたこの例は、本書で言う話し手の意味の透明性が成り立っていないがゆえに公共性が損なわれているという例でもある。仮に（1・6）が話し手の意味の事例になっていたとしたら、そのときこの殺人犯は自分が何かを意味しているということを隠しながらそれを意味することになってしまう。つまりこの例は、公共性が成り立たないがゆえにコミュニケーションの事例とはならず、そして公共性が成り立たない理由の少なくともひとつは透明性が成り立たないことに求められるという性質のものとなっている。

こうした理解はあくまで本書の用語に基づくものであり、グライス本人がこうした議論をしているわけではない。だがこのように理解したならば、なぜグライスが（1・6）を話し手の意味が成り立たない事例と考えたのかということに対する、グライス自身が明確化していない理由を、明示的に与えることができる。そして次章で見るように、シファー以降の議論においては、少なくとも話し手の意味の透明性への意識は表立って語られることとなるのである。こうしたことは、話し手の意味の公共性の成否が話し手の意味の成否に関与しているということ、そして話し手の意味の公共性にとって話し手の意味の透明性が必要であるということが、意図基盤意味論者たちにとっても、少なくとも暗黙の形では想定されていたという可能性を示唆する。(7)

さて、(1・7)のように分析を修正することで殺人犯の例(1・6)には対処できたわけだが、それでもまだ十分ではないとグライスは考えた。グライスは三つの反例を挙げてその理由を説明しているが、それらの例はいずれも話し手が(1・7)にあるふたつの意図を持ちながらも、しかしそれらの意図とは無関係に聞き手が所定の信念を獲得し得るようなものとなっている。そのうちのひとつは次のような例だ(Grice 1957, p. 218)。

(1・8)ヘロデは盆に載せた洗礼者ヨハネの首をサロメに差し出す。

この例においてヘロデはヨハネが死んだとサロメが信じるよう意図しているだろう。それに加えて、ヨハネの首を与えたのが自分であるということを隠し立てしていないのだから、自分がそうした意図を持っているということがサロメに認識されることもまた意図しているだろう。したがってこの例においてヘロデは(1・7)で言及されているふたつの意図を持ったうえでヨハネの首を差し出していると考えられる。では、ヘロデはヨハネの首を差し出すことによって、ヨハネが死んだということを意味したのだろうか? そうではないとグライスは考える。

ここでも先ほどのストローソンによるグライス解釈に従いながら、グライスの判断の理由を探ってみよう。注目すべきポイントは、ヨハネの首というのはあまりにあからさまにヨハネの死を示しているということだ。サロメはヘロデの思惑がどうであれ、ヨハネの首を見たならばヨハネの死を知るだろう。実際、サロメは仮にヘロデのことがまるで目に入っていなかったとしても、ヨハネの首がそこにあることからヨハネが死んだという信念を獲得できたであろう。この事例ではヨハネの首がそこにあるということ自体がサロメの信念への十分な理由を与えており、ヘロデの存在も、ヨハネの首を差し出したのがヘロデであるということも、サロメの信念にとって本質的なかかわりを持っていない。このようなやり取りは、確かに私たちが「コミュニケーション」と呼ぶものではないだろう。

このことを、再び話し手の意味の公共性という観点から見てみよう。ヘロデはサロメにヨハネの死を信じさせようと意図しただろうし、そのような意図を持っているということを認識させようとも意図しただろう。それでもなお、ヨハネの首を見てヨハネの死を知ったサロメにヨハネの死の状況を問われたヘロデが、「さあ、この首がヨハネという男のものだったかどうか、記憶にないな」などと言いかえしたとしても、それはあからさまな嘘ではあろうが、不合理ではない。少なくとも「ヨハネは死んだ」と言ったあとで「死んだのがヨハネかどうかわからない」と言うような状況とは違い、そうしたやり取りは可能ではある。これはまさに、ヘロデが、ヨハネが死んだということをおおっぴらに引き受けてはいないということ、すなわち公共性が成り立っていないことを示している。にもかかわらず、ヨハネの首がヨハネの死をあまりに明白に示すがゆえにサロメはヘロデが意図した通りの信念を形成する。これは公共性を成り立たせることなく、ヘロデが巧みにサロメの信念を操作する例となっているのだ。だからこそ、私たちはこの例をコミュニケーションの事例だとは見なさないのである。それゆえここでもまた、この例が反例となる理由は、グライス自身によっては明確化されていないものの、話し手の意味の公共性に着目することで与えることができる。

グライスはこの例に関連して、X氏の妻の浮気現場の写真をX氏に見せるという例とX氏の妻の浮気現場の絵をX氏に見せるという例とを比較し、後者のみが話し手の意味の事例だと論じている (ibid.)。この違いも、話し手の介在が聞き手の信念形成にとって本質的な役割を果たしているか否かという点にあり、ひいては公共性が成り立っているか否かという点にある。写真の例の場合、話し手の介在がなくともX氏は妻の浮気現場の写真を見さえすれば、妻が浮気しているという信念を抱くだろう。だがたまたま絵を見ただけではそうはなるまい。絵は写真ほどには強く事実を指し示さないのだ。だからこそ逆に、絵によってX氏が妻の浮気を信じるとすれば、その絵の描き手はX氏の信念形成に写真の場合とは違う形で、より積極的に関与していなければならない。

こうしてグライスは分析にさらに条件を付け加える。その結果をまとめると（1・9）になる。

(1・9) 話し手Sがxを発話することでpということを意味するのは、Sが次のことを意図してxを発話するときである：
1. ある聞き手Aがpと信じること
2. Sが意図1を持っているとAが認識すること
3. Sが意図1を持っていると認識することが、Aがpと信じる理由の一部となること

これが「意味」論文で最終的に提出される話し手の意味の分析である。ここまでは「意味」論文におけるグライスの表記に従って分析中では「ときである」という形で十分条件のみを記述しているように書いてきたが、グライスのこの分析は必要十分条件を目指したものであり、のちのGrice (1969) で分析をさらに改良する際には、そのことがはっきりわかるようになっている（実際、そこでは（1・9）が十分条件になっていないということを示す反例と、必要条件になっていないということを示す反例とが順に論じられている）。したがって正確には（1・9）の「ときである」を「とき、そのときに限る」と書き換えたものが「意味」論文の最終的な分析となるだろう（本書では「⇔」を用いることにする）。そしてこれが話し手の意味に対する意図基盤意味論の分析の出発点であり、その後の意図基盤意味論者がこぞってまず参照する分析である。

本節ではグライス自身の議論をもとに、話し手の意味に対するその最初の分析がどのようなものであるのかということを確認してきた。そしてこの分析には、意図基盤意味論という枠組みのパラダイムをなすような基本的な特徴がすでにはっきりと見て取れる。次節では意図基盤意味論の骨子をまとめる。

3　意図基盤意味論とは何なのか

前節のグライスの分析をもとに、その後の意図基盤意味論にも引き継がれる特徴を引き出しておきたい。本節ではまずそうした意図基盤意味論の基本的な特徴を示したうえで、さらに話し手の意味の分析というものを一般的にどのようにおこなうべきなのかということを整理し、さまざまな可能なオプションのなかに意図基盤意味論を位置づけることも試みよう。これにより、本書でこれから辿って行く意図基盤意味論という営みが、そもそもどのようなものなのかということが見て取れるようになるだろう。

1．意図基盤意味論の基本テーゼ

分析（1・9）に見られる明白な特徴のひとつは、被分析項に現れる「意味する」という言い回しが分析項には現れず、代わりに話し手の意図への言及が分析項においてなされているということである。言い換えれば、話し手が自身の発話によってあることを意味するということが、話し手がある特定の意図を持って発話をおこなうことと同値であると考えられている。すなわちここでは話し手の意味を心理的概念へと還元する形での分析が試みられているのであるが[8]、ここには次の三つの想定が見て取れる。

1．話し手の意味には、特定の構造の意図の集合（「意味意図集合」と呼ぶことにする）が対応する。

2．話し手が意味する内容は、意味意図集合に含まれるいずれかの意図の内容によって決定される。

3．意味意図集合に含まれ、かつ話し手が意味する内容を決定しない意図は、意味意図集合に含まれるいずれかの意図についての意図となっている。

分析（1・9）では、三つの意図が言及されており、それぞれがどのような構造を持つのかが指定されている。ゆえにこれらが意味意図集合を形成する。そのうえで、意図1はその内容にpという命題を含み、これは話し手が意味する内容と対応することになっている。したがって、意図1がどのように具体化されるかによって話し手の意味する内容が決定することとなっており、これが想定2で述べられている意図となる。Sperber & Wilson（1986/1995）の用語に従うなら、これは「情報意図（informative intention）」と呼ばれる。それ以外のふたつの意図は話し手が意味する内容の決定ではなく、むしろ意図1の実現のされ方に関わり、想定3で述べられている意図に該当する。これらはSperber & Wilson（1986/1995）の用語においては、「伝達意図（communicative intention）」に当たる。

　この三つの想定から見出される枠組みを十分に抽象的に捉えたなら、次のような図式が見出せる。

（1・10）話し手Sはxを発話することでpということを意味する

⇕Sは次の条件のもとでxを発話する：

1. ……p……ということをSは意図する、かつ、
2. （これまでの分析中で現れたいずれかの意図について）……ということをSは意図する、かつ、
3. （これまでの分析中で現れたいずれかの意図について）……ということをSは意図する、かつ、

……

意図1はその内容にpという命題を含む意図となっている。ふたつ目以降の意図は、分析中に現れたいずれかの意

図に関する意図となっている（次章で見るように、このような意図がいくつあるのかについてはさまざまな立場があり得る）。これらが具体的にどういう構造を備えた意図なのか、すなわち分析中の空隙部「……」がどのように埋まるのかを特定するということが、すなわち話し手の意味を分析することとなる。

次章で見ていくように、意図基盤意味論の論者たちは（1・10）を受け入れている（ただし単一の情報意図の内部に伝達意図に当たる下位意図を含めるバージョンや、自己言及的な意図を導入することで情報意図と伝達意図とを単一の意図へと合流させるバージョンもあり、（1・10）がそのままの形で分析に現れるとは限らない）。したがって（1・10）で表される立場こそが、意図基盤意味論による話し手の意味へのアプローチそのものである。これを意図基盤意味論の「基本テーゼ」と呼ぶことにする。

ここまでで私たちは、グライスの分析に見られる三つの想定と、それを抽象的に図式化して得られる意図基盤意味論の基本テーゼとを見てきた。これまでのところでは、話し手の意味の分析という営みに関して、意図基盤意味論以外のアプローチの可能性というものを想定してはこなかった。しかし、実際には意図基盤意味論は話し手の意味の分析において採用し得るさまざまな可能性のひとつでしかない。そこでここからは、話し手の意味の分析というものが一般的にどういう営みとなるのかを特徴づけたうえで、そうして得られる可能性の空間のなかへと意図基盤意味論を位置づけることを試みる。つまり、ここまでは意図基盤意味論を内側から特徴づけてきたが、次項では外側から特徴づけることになり、この両者を合わせることで、意図基盤意味論の姿が立体的に描かれることになる。

2. 話し手の意味の分析の方法論

話し手の意味の分析とは、話し手の意味の必要十分条件を与える試みである。だがそれはどのような方針のもとでなされることになるのだろうか？

まず押さえておくべきことは、話し手の意味の分析はその基本方針において広い意味で目的論的な説明を目指しているということだ。例えば話し手の意味を分析しようというときに、話し手の意味の成立にとって必要十分となるような物理的な条件の記述を目指そうという論者はいない。もちろんシファーのように、話し手の意味を意図によって分析したうえで、意図に対する物理主義的な分析を接続して、最終的に意味の物理主義的説明を求めるという方針を意図基盤意味論の重要なモチベーションとして語る論者はいるし、[9] ベネットのように実際に意味論的概念の行動主義的分析を、意図基盤意味論を介して展開する論者もいる（Schiffer 1972/1988; Bennett 1976/1990）。だがこうした論者も話し手の意味をまずは意図という概念によって分析するのであり、少なくとも直接的に話し手の意味の分析として物理的条件の抽出を目指すという方針は採られていない。

この理由は容易に推察できる。まったく同じ動作でも、状況次第でそれによって動作主が何かを意味していると言える場合と、そうでない場合とがあるということを思い起こしてほしい。例えば手を挙げることで自分がタクシーに乗りたいと思っているということを意味する場面もあるだろうが、たまたま体をほぐそうと背伸びをして同じように手を挙げることもあるだろう。少なくとも素朴に理解する限りでは、そうした行動や周囲の状況を単に物理的に記述しただけでは、この差異は捉えられない。それらは動作としては同じなのである。それゆえそうした物理的な記述ではなく、その行為が何のためのものであるのかに注目しようという方針がもっともらしくなる。そうした方針においては、物理的に記述する限りでは手を挙げるという同じ動作であったとしても、一方はタクシーに乗りたいという意思表示のためのものであり、他方は何のためでもないものとすることによって、それらをまるで別物として考えることができる。実際のところ、これは行為というものを考えるときの私たちの基本的な見方だろう。そして同じ方針を話し手の意味にも適用するというのは妥当な考え方だ。同じ「アメ」という音声を発するにしても、聞き手に天気について何事かを伝えるためになされた場合と、たまたま独特なくしゃみをした結果「アメ」という音が口から出た場合とではまったく異なり、前者だけが話し手の意味の事例を構成する。この違いは、その音声が何のために発せられたのかに注目することで捉えられるだろう。話し手の意味の分析は、一般的に言って話し手の意味に対する目的論的説明を志向するものとなる。

すると、話し手の意味の分析には大きくふたつのステップが要求されることになる。まず、話し手の意味という行為が一般的に言って何のためのものなのかということを特定しなければならない。話し手の意味がそのための行為となっているとされるその目的、すなわち話し手の意味がうまく遂行されることで成立する状況を、「実現状況」と呼ぶことにしよう。コミュニケーションにおいては、話し手が何かを意味すればそれで目的が達成されるというわけではなく、話し手はふつう聞き手の理解を予期して何かを意味している。それゆえ実現状況というのは厳密には話し手の意味が遂行されたときの状況ではなく、話し手が何かを意味し、聞き手がそれを理解したとき、そのときにのみ成り立つ状況である。実現状況が特定されたなら話し手の意味の事例において話し手が何のために発話をしているのかがわかる。実現状況とはどのようなものなのか、これを特定するという課題を「帰結問題」と呼ぶことにしよう。この解決が話し手の意味の分析における第一のステップとなる。

むろんこれだけでは話し手の意味の分析とはならない。なぜなら、目的と振る舞いとの繋がりは一通りではないからだ。私が図書館に行くとき、それは本を借りることを目的とした行為であるかもしれない。このときの目的と行為はふつう私の意図を介して結びつけられる。すなわち、私は本を借りようという意図を持って図書館に行くのである。他方で、私が「1-Click で今すぐ買う」ボタンを押すとき、それは何らかの意味で Kindle 書籍を私の持つ端末に配信させることを目的とした振る舞いだろうが、しかしもしかしたら私はそんなことを意図してはおらず、仕組みをよくわからないままにそのボタンを押しただけかもしれない。この場合、私の行為とその目的とは、意図ではなくむしろ私が押したボタンの機能によって結びついている。画面上のボタンが、そうした目的を果たすことをその機能とするように作られているということが、私の動作とKindle書籍の配信との結びつきを与える。話し手の発話と実現状況とがこうしたさまざまな可能な結びつきのうち、いずれによって実際に結びついているのか、それを特定しなければ話し手の意味に対する目的論的説明は与えられない。この課題を「接続問題」と呼ぶことにする。こうして話し手の意味の分析は、帰結問題と接続問題のそれぞれを解決するというふたつのステップを経て果たされることになる。

本項ではここまで、意図基盤意味論の語り口をあえて排除して話し手の意味の分析という営みを反省してきた。これは、話し手の意味の分析という営みを意図基盤意味論という特定の理論を前提としない形で捉えたうえで、可能な選択肢の空間のなかに意図基盤意味論を位置づけ直すためである。いまやそのための準備は終わり、意図基盤意味論に対する外側からの特徴づけを与えることができる。

先ほど導入した用語で言うならば、意図基盤意味論とは接続問題に意図という概念によって答えを与える立場の総称ということになる。すなわち、意図基盤意味論においては実現状況と発話との結びつきが話し手の意図によって与えられるのである。言い換えると、発話に伴う話し手の意図が、実現状況をその内容の一部として組み込んでいるとされているのだ。具体的に実現状況とされるのは、本章で見た「意味」論文であれば、聞き手が適当な認識に基づいて適当な信念を形成することとなるが、次章で見ていくように、ほかの意図基盤意味論者たちはその立場を採らないことが多い。だがいずれの論者も、それぞれが想定する実現状況を発話に結びつけるにあたっては、話し手の意図という概念を利用するという点で一致している。つまり、接続問題への答え方は意図基盤意味論者たちに共通しているのである。前節で挙げた意図基盤意味論の基本テーゼと照らし合わせながら確認してみよう。

（1・10）話し手Sはxを発話することでpということを意味する
⇕Sは次の条件のもとでxを発話する：

1. ……p……ということをSは意図する、かつ、
2. （これまでの分析中で現れたいずれかの意図について）……ということをSは意図する、かつ、
3. （これまでの分析中で現れたいずれかの意図について）……ということをSは意図する、かつ、
……

実現状況はこれらの意図すべてが成立した状況に当たる。それをどう具体化するかは論者によって変わる。そしてこの実現状況と話し手の発話とは、条件1における話し手の意図によってまずは結びつけられることとなる。しかしこの意図だけでは不十分であるがゆえに、ふたつ目以降の条件によって、発話と実現状況の結びつきをより適切に与えるべく、さらなる話し手の意図が導入されることになる。意図基盤意味論は、もっとも抽象的には、接続問題に話し手の意図という概念によって答える立場であり、帰結問題に関する答え方は論者によってまちまちだという先ほどの議論が、まさにこの意図基盤意味論の基本テーゼに表されていることが見て取れるだろう。

本項で述べたことを以下に要約しよう。話し手の意味の分析とは次のふたつの課題の解決を目指した、広い意味で目的論的な試みである。

帰結問題　話し手が意味し、聞き手が理解したとき、そのときに限り成り立つ実現状況を特定する。
接続問題　実現状況と話し手の発話を結びつけることで、話し手の意味の必要十分条件を与える。

そして意図基盤意味論は、接続問題に話し手の意図という概念を用いて答える立場として特徴づけられる。
「目的論的説明」、「実現状況」、「帰結問題」、「接続問題」といった用語によって話し手の意味の分析における方法

論上の整理をするというのは、私独自のものであり、ほかの論者がこれに類することをしているのを見たことはない。だがこうした整理はのちに意図基盤意味論がなぜ失敗するのかを論じるためにも、また意図基盤意味論以外のアプローチが論理的に可能であるということを理解するためにも重要だ。こうした整理抜きには、意図基盤意味論はあまりにも直観的に正しく、そしてほかに代わる立場のないものに見えかねないのである。

4　意図基盤意味論の利点

前節では意図基盤意味論が（1・10）で表される基本テーゼに基づく立場であり、それはまた話し手の意味の分析において、接続問題に話し手の意図という概念でもって解答する立場でもあるということを論じた。そのひとつの具体例であり、また代表例ともなっているのが、第2節で見たグライスの「意味」論文における分析である。「意味」論文以降、少なからぬ哲学者がその影響を受け、意図基盤意味論に則った話し手の意味の分析を試みた。また序章でも述べたように、話し手の意味の分析を自らおこなうわけではないにせよ、何らかの形での意図基盤意味論に当たる立場を暗黙の前提とする形でコミュニケーションを理解する論者も多い。だが意図基盤意味論の、あるいはグライスの「意味」論文における分析の、何がそこまで魅力的なのだろうか？　ここではいくつかの考えられる利点を挙げることで、意図基盤意味論の魅力を示したい。もちろんすでに述べているように、本書では最終的に意図基盤意味論を棄却する。だが、むしろそれゆえにこそ、なぜ私たちは意図基盤意味論が正しいと思いたくなってしまうのかということを示しておくことが重要である。

ここではグライスの理論の魅力として、1．直観との合致、2．物理主義との親和性、3．言語を超えた意味の取り扱い、4．推意の理論との関係、5．話し手の意味の心理性に対する説明の容易さを挙げる。

1．直観との合致

あるひとが何かをすることであることを意味するとは、相手にそのあることを信じさせようと意図してその何かをすることだ。グライスの分析の根幹にはこの直観がある。そのうえでいくつかの反例に基づき条件を付加するというのが、グライスの試みたことだった。

この直観は、日常的に私たちが抱く感覚に寄り添っている。私たちがあるひとの意味していることを理解できると言うのはどのような場面だろう？　それは、そのひとが私たちに何を信じさせようと意図しているのかを理解できる場面ではないだろうか。あるいは、あるひとが何を意味しているのかわからないというのはどういうときだろう？　それは、そのひとがいったい何を信じさせようとしているのかがわからないときではなかろうか。

グライスの分析は、まさにこうした私たちの素朴な直観を掬い上げ、そのうえで反例の検討を通じて理論的な精密化を試みたものである。言うまでもなく、直観に合致することはそれ自体で理論の正当性を保証するわけではない。私たちの直観が実は正しくなかったと判明するというのは、学問の歴史を通じてむしろありふれた事態である。しかし、直観が誤りであると判明していない事柄については、他の条件が同じである限り、直観に合致する理論は合致しない理論より望ましいというのもまた確かだろう。直観は正しいとは限らないが、それでも私たちが何かの問題を追及するうえで利用するデフォルトの出発点である。

ただし、実のところ綿密に反省したなら、意図基盤意味論が本当に直観に適っているのかどうかはそれほど明らかではない。このことについては第四章で改めて論じることになる。

2．物理主義との親和性

シファーの述懐によれば、意味を意図によって分析するという試みは、意図を物理的概念によって分析する立場（心理についての物理主義）と組み合わさることで、意味論的概念と心理的概念に関する物理主義を可能にするという点で魅力的であった（Schiffer 1987, p. xiv）。実際、認識論的にせよ存在論的にせよ物理主義を採用し、あらゆる現象について物理学的な説明が与えられる、あるいはあらゆる事物は物理的対象へと還元できると考える者にとっては、意味というものをいかに物理主義的に扱うかということがひとつの問題となるだろう。しかし意図基盤意味論が正しければ、意味論的概念は究極的には意図という概念によって説明されることになるため、残された課題は心理的概念をいかにして物理主義的に分析するかということに絞られることとなる。もちろんこの課題もまた困難なものには違いないが、心理的概念と意味論的概念を別個に扱わなければならないという状況より、少なくとも進展はしていると言えそうだ。

とはいえ、意図基盤意味論と物理主義の親和性に関しては留保も必要だ。シファーがこうした記述をしている『意味の残余』（*Remnants of Meaning*）では、物理主義の立場から見たグライスの分析の魅力は懐古的に語られているにすぎず、結局のところこの著作では意図基盤意味論は見込みがないものとして放棄されている。[10] またアヴラミデスは、シファーのような還元主義的な見方はグライスの分析を損なうものだと指摘している（Avramides 1989）。したがって、物理主義との親和性という魅力については、現状では手放しで受け入れられるものではない。[11]

3. 言語を超えた意味

グライスの意味の分析の特徴に、用いられている表現の言語的な意味を超えた意味、すなわち文脈的な意味を取り扱えるという点がある。これは、グライスによる話し手の意味の分析が、発話された文の意味とは独立に話し手が意味する事柄を特定するようになっていることから生じる。自然言語文の意味に着目するデイヴィドソンの真理条件的意味論などの場合、焦点となるのは自然言語文がそれ自体で持つ意味である（Davidson 1967）。そのような意味論は、文「雪は白い」が雪は白いということを意味するといった事象を扱うことはでき、そしてそうした理論は確かに有用だ。だが、文「雪は白い」が持つ意味という事象とは別に、「雪は白い」という同じひとつの文を用いて、私たちがときに雪はうまく撮影しづらいということを意味したり、ときに真っ白なコートがカモフラージュに利用し得ることを意味したりといった事象も存在する。グライスの理論は、そうした文脈ごとに異なる意味、すなわち用いられている言語表現そのものを超え出す意味という概念をうまく捉えるのである。これはひとえに、話し手の意味という概念を表現の意味とは別個のものとして焦点化したことの結果である。

この点に関連する別の特徴として、グライスの理論が言語的発話だけに特化したものではないということも挙げられる。グライスは、非言語的な発話というものを認めており、その理論は、身振り手振りによるコミュニケーションと言語を用いたコミュニケーションとに共通する特徴を捉えることを目指すものとなっている。この特徴のゆえに、グライスの理論は、例えば言語を身につけていない幼児や言語を持たない動物に見られる相互交流と、成人した人間のコミュニケーションとの比較研究といったものをも可能にする。実際、トマセロのような論者は、グライスの理論に言及しつつ、意図に関連する認知的能力の発達という観点から、類人猿や幼児のコミュニケーション様式と成人した人間のコミュニケーション様式の比較をしたり、言語のない状態からいかに言語が生じるかを探究したりしている（Tomasello 2003; 2008）。言語というものにもっぱら注目する限り、言語を身につけていない幼児や言語を持たない動物は言語を持つ成熟した人間と切り離されたものとして扱われざるを得ない。それに対して、言語から距離を置いて話し手の意味という現象に目を向けるグライスの理論は、非言語的な主体によるコミュニケーションを研究するためのより柔軟な視点を与えるのである。

4. 推意の理論の基礎

「意味」論文では説明されていないことだが、グライスによる意味の分析は、実は彼のもうひとつの有名な業績である推意（implicature）の理論の基礎を与えるものと目されていた（Grice 1969, pp. 86-88）。推意の理論とは、ひとが会話において発話する言語表現の規約的意味と、そのひとがそれを発話することで伝達する言外の内容（推意）との関係を、会話における合理性という観点から体系的に説明する理論である。この理論は、グライス自身にとっては日常言語学派の哲学者が言語表現の意味とその使用における推意を混同していることを戒め、それらを峻別するための哲学的方法論であったが[12]（Grice 1967a; 1975）、現在ではむしろ主に言語学、特に語用論での会話分析の基本的手法として流通している[13]。

推意の理論では、例えば次のようなやり取りが扱われる（Grice 1975, p. 32）。

（1・11）a.「ガソリンが切れてしまった」
　　　　b.「角のあたりにガソリンスタンドがあるよ」

（1・11）bは、文字通りには単に角のあたりにガソリンスタンドがあるという内容しか持たず、そのガソリンスタンドが開いているかどうか、そこにガソリンがあるかどうかについては何も述べていない。しかし、私たちは通常この発言をした人物は、この発言によって角のガソリンスタンドが開いており、そこでガソリンが手に入ることを言外で伝えていると解釈する。こうした言外の内容が推意と呼ばれる。グライスの推意の理論は、発言の文字通りの内容とその発言によってもたらされる推意との関係を説明するものとなっており[14]、グライスはこうした推意の理論の基礎として、文字通りの内容と推意とのそれぞれに明確な特徴づけを与えようとした（Grice 1968; 1969）。文字通りの内容は、用いられる表現の規約的意味と密接に関わるが、規約的意味は話し手の意味の概念を基礎にして分析されることとなる。そして推意は話し手が意味することの一部、すなわち話し手が意味しつつも文字通りの内容を逸脱する内容として特徴づけることができる[15]。このようにして推意の理論と話し手の意味の分析はグライスにおいて接続されており、話し手の意味に対する意図基盤意味論的分析は結果的に推意の理論の基礎を提供することとなるのである。

先に述べたように、グライスの推意の理論は会話分析の手法としていまでも用いられる大きな影響力を持った理論であるが、実のところ推意の理論の発想を何らかの仕方で採用する論者はしばしば意図基盤意味論の発想をもまた受け入れている(e.g. Sperber & Wilson 1995; Levinson 2000; Carston 2002)。大枠を述べるならば、推意は話し手の意味のレベルにおいて、したがって話し手の当該の場面における意図において捉えられることになり、推意を扱う理論の目標は、発話された文の特徴と文脈の特徴から、話し手が意図した内容を(聞き手が)復元するメカニズムの探究であると見なされることとなる。こうした見方はわかりやすく、推意の理論が魅力的である分だけ、グライス的な意図基盤意味論もまた魅力的に思わせる。

5. 話し手の意味の心理性への説明

本書では、話し手の意味の分析によって説明されるべき現象のひとつとして、話し手の意味の心理性を挙げていた。これについて意図基盤意味論の論者たち自身が語っているわけではないのだが、意図基盤意味論においてこの現象の説明がいかに容易に思われるかということはこの理論の利点のひとつとして挙げられるべきだろう。

話し手の意味の心理性とは、話し手がpということを意味し、聞き手がそれを理解したなら、標準的に聞き手は話し手にpという信念を帰属できるようになり、また話し手の行為に対する予測や説明が聞き手に利用可能になるということであった。「意味」論文の分析によれば、話し手がpということを意味するというのは、聞き手にpと信じさせようと意図し、そのような意図を持っていると聞き手に認識させようと意図し、さらにそうした認識が、聞き手がpと信じることの理由となることを意図して発話をするということであった。話し手がpということを意味していると聞き手が理解するということは、要するに話し手がこうした三つの意図を持って発話をしたということを聞き手が理解するということである。すると聞き手はこう自問することができる。なぜ話し手はそのような意図を持ったのだろうか？　このことへのひとつの説明の仕方は、話し手自身がpと信じており、聞き手にもそれを信じさせたかったから、となるだろう。もちろん、常にそうした説明が成り立つわけではなく、ときには話し手自身がpと信じてはいないということが明らかな場合もあるだろう。しかし多くの場面において、聞き手は話し手が問題の三つの意図を持って発話をしたという事実を前提とするアブダクション、すなわち最善の説明への推論によって、まさに話し手が意味した内容と同じ内容を持つ信念を話し手に帰属できる。すると、この信念帰属をもとにして、聞き手は話し手の行為に対する予測や説明が得られるようになる。このようにして、「意味」論文の分析からは話し手の意味の心理性が容易に説明できるのである。

＊

グライスの分析が持つ魅力を、本節では1．直観との合致、2．物理主義との親和性（留保つきだが）、3．言語を超えた意味の取り扱いの可能性、4．推意の理論の基礎理論としての働き、5．話し手の意味の心理性の説明しやすさという五つの点から説明した。実際にどのような点で意図基盤意味論に惹きつけられたかというのはもちろん論者によってまちまちだろうが、そうした論者を惹きつけるグライスの分析の魅力のいくらかは示すことができただろう。こうして、グライスの分析をもとにして話し手の意味の分析を遂行しようという意図基盤意味論の一連の運動の源流が生じたのである。

本章のまとめ

本章では、意図基盤意味論の出発点となった「意味」論文を手掛かりに、意図基盤意味論における話し手の意味の分析の最初のバージョンを紹介し、そのうえでこの分析にすでに見られる意図基盤意味論の基本的な特徴を指摘した。それはひとつには下に再掲する（1・10）で表される意図基盤意味論の基本テーゼの採用であった。

（1・10）話し手Sはxを発話することでpということを意味する
⇔Sは次の条件のもとでxを発話する：
1. ……p……ということをSは意図する、かつ、
2. （これまでの分析中で現れたいずれかの意図について）……ということをSは意図する、かつ、
3. （これまでの分析中で現れたいずれかの意図について）……ということをSは意図する、かつ、
……

また話し手の意味の分析の方法論を反省し、それが話し手の意味に対する広い意味で目的論的な説明を求める営みであることを確認した。それゆえ、話し手の意味の分析には、(1)話し手が何かを意味し、聞き手がそれを理解したときに成立する事柄、すなわち実現状況（つまりは話し手の意味における発話の目的となるもの）の特徴づけ、そして(2)実現状況と話し手の意味の結びつき方の特定というふたつの課題が含まれるということを指摘し、前者を「帰結問題」、後者を「接続問題」と呼んだ。この理解のもとで、意図基盤意味論は接続問題に話し手の意図という概念によ

って答える立場として特徴づけられることとなった。

グライスの分析、ひいては意図基盤意味論全般は、それが直観的にもっともらしく思われ、しかも（留保つきだが）物理主義のプログラムと親和的であるという魅力を持つとともに、言語を超えた意味の取り扱いを可能にし、かつ推意の理論の基礎理論を提供し、そのうえ話し手の意味の心理性を容易に説明できそうに思えるという長所を持つものでもあった。

ではこのような特徴と魅力を持つ意図基盤意味論は、グライスの最初の分析以降はどのように進展したのだろうか？　そしてそのプロジェクトはうまくいっているのだろうか？　次章では「意味」論文以降の意図基盤意味論の展開を、特に意図の無限後退問題という意図基盤意味論にとって最大の問題に注目しながら追いかける。そこで見えてくるのは、上記のような魅力を備えた意図基盤意味論が、それにもかかわらずまるで成功していないということである。

第二章　意図基盤意味論と意図の無限後退

はじめに——躓きの石としての意図の無限後退問題

「意味」論文でのグライスもそうであったが、話し手の意味の分析に携わる意図基盤意味論の論者たちは、自ら反例を構築してはそれに対処するという手順を通じて自身の分析を洗練させるという方針を基本的に採用している。実際、「意味」論文以後、ストローソンやシファーといった論者はグライスによる話し手の意味の分析に対する反例を次々と構築し、それを検討するというやり方で意図基盤意味論を展開してきた。ではその展開はどのような軌跡を残したのだろうか？　これから見るように、結局のところ意図基盤意味論の歴史は輝かしいものではなかった。ストローソンが懸念を表明し、シファーが定式化したある問題が意図基盤意味論の躓きの石として残り続け、この問題を克服しようとさまざまな提案がなされたにもかかわらず、新たな提案がなされるごとに繰り返し発生したのである。その「ある問題」とは、現在「意図の無限後退」として知られる問題だ。話し手が自分の意図のすべてを聞き手に十分に知らせることなく、しかしその一部は知らせることで、聞き手に何かを信じさせようと仕向ける、そうした構造を持つ一群の反例から意図の無限後退は生じる。

この章では、主にこの意図の無限後退の問題に焦点を当てて、意図基盤意味論における話し手の意味の分析に生じた困難を振り返りながら、意図基盤意味論が「意味」論文以降に見せた進展を追っていく。まず第1節で意図の無限後退問題のあらましを示す。第2節では主に意図の無限後退問題への応答という観点から「意味」論文以降の意図基盤意味論の流れを紹介する。ただし第2節の終わりでは、意図の無限後退問題には直接的には関わらないものの、話し手の意味の分析にとっては重要となる反例を取り上げ、それに関する意図基盤意味論者たちの議論も紹介する。また補論として、ハーマンと同様の立場を取りつつ、意図という概念の読み替えによって話し手の意味の分析を与えようと試みる柏端の独自の見解についても論じる。

1　意図の無限後退

意図の無限後退の問題は、グライスの分析が話し手の意味の十分条件を与えていないということを示す反例から生じた。最初にこの問題に気づいたのはストローソンである。ストローソンは、偽物の証拠をあえて相手に目撃させる人物を考えると、そうした人物がグライスの分析において話し手の意味の条件とされる意図をすべて持っていると仮定した場合でも、話し手の意味が成立しているとは言えなくなると指摘した（Strawson 1964, p. 120）。そうした反例が生じる条件をストローソンは挙げているが、箇条書き形式でまとめると以下のようになる。

1．話し手Sは、聞き手Aがpと信じるよう意図して、pということを示す「証拠」をAの目につく場所ででっち上げる。

2．Sは自分が「証拠」をでっち上げているのをAに目撃されているということを知っている。

3．Sが条件2の知識を持っているとAが知らないということをSは知っている。

4．でっち上げられた「証拠」については、それがでっち上げであるがゆえに、pということの根拠とはならないとAが思うとSは思う。

5．しかし、「証拠」をSがでっち上げたというまさにそのことが、SがAにpと信じさせようと意図していると考える根拠となるとAが思うものとSは考え、そのように意図している。

6．SがAにpと信じさせようと意図していると考えたことが理由となり、Aがpと信じることを、Sは意図している。

条件1、5、6より、Sはグライスが話し手の意味の条件として挙げる意図をすべて備えている。しかしこのような場合に、Sが何かを意味しているとは言い難いとストローソンは指摘する。すなわち「これは明らかに、グライスが解明しようとしている（と想定して構わないと思われる）意味でのコミュニケーションの試みの事例ではない」(Strawson 1964, p. 120, 強調は原著者）のである。[1]

ストローソンの反例は抽象的なものであり、直観的に理解することは難しい。そこで、より具体的な事例をもとにその主張の妥当性を確かめたい。次のような状況を考えよう。

（2・1）同僚が私を夕食に誘う。私はその場では返事を保留にするものの、自分が忙しいということを同僚に信じさせようと意図して、同僚の目につく場所で山のような書類を机の上に置く（意図1）。私が書類を積み重ねる現場を同僚が目撃していることを私は知っているが、私に気づかれていることを同僚は知らないということもまた私は知っている。要するに同僚は、私がこっそり書類の山を築いているところを私に気づかれることなく目撃したと思い込んでいるのであるが、しかし実は私はそれを見越しており、同僚は私の計画通りに動いているにすぎないのである。書類の山は私がわざと築き上げたものなのだから、それ自体は私が忙しいということの証拠とはならないだろう、そのように同僚が考えるよう私は意図している。だが私の計画では、私が書類の山を築いたという事実は、私が自分は忙しいと同僚に信じさせたがっていることの証拠にはなると同僚は考える（意図2）。つまりは、同僚はこう考えるのだ。「いまわざと書類の山をつくったのだから、書類の山はあのひとが現に忙しいということを示す証拠にはならない。忙しすぎて手つかずの書類が自然と溜まってしまったのとは違うのだ。しかし、自分は忙しいとこちらに信じさせようとしているということの証拠にはなるだろう。そうでないとそんなことをわざわざするはずがないのだ」。さらに、私がわざわざ自分は忙しいと同僚に信じさせようとしているからには、実際に忙しいのだろう、同僚がそう信じるように私は意図している（意図3）。私の考えでは、同僚は私を誠実な人間だと信じており、書類の山を築いたのは、私は実際に忙しいにもかかわらず一見するとそれがわかりにくいため、書類の山を築くことでそれをわかりやすくしているのだろうと推測するのである。「あの正直なひとが、本当は忙しくなんてないのに忙しいと思わせようなどとするはずがない。だとすれば、自分は忙しいのだとこちらに思わせようとしている以上は、あのひとは本当に忙しいに違いない」、同僚はそう考えるのだ（と私は計画している）。

ややこしい例だが、要するに、私はそれ自体としては自身の多忙の証拠とはならない「でっち上げ」の書類の山を机につくりながらも、それをわざと同僚に目撃させ、しかも同僚が「このひとがわざわざ「でっち上げ」をする以上は、本当に忙しいのだろう」と察してもらおうとしているのである。すると、この例において私は次のことを意図して書類の山を築いていることになる（書類の山を作るという振る舞いもまた発話の一種となることに注意してほしい）。

1．私が忙しいと同僚が信じること
2．私が意図1を持っていると同僚が認識すること
3．私が意図1を持っていると同僚が認識することが、私が忙しいと同僚が信じる理由の一部となること

これと前章で見たグライスの分析を照らし合わせてみよう。以下に前章の（1・9）を、「意味」論文の最終的な分析にあわせて書き換えたものを示す。

（2・2）話し手Sがxを発話することでpということを意味する
⇔Sが次のことを意図してxを発話する：
1．ある聞き手Aがpと信じること
2．Sが意図1を持っているとAが認識すること
3．Sが意図1を持っていると認識することが、Aがpと信じる理由の一部となること

先の例における私が、（2・2）において要求されている三つの意図のすべてを備えているということは明らかだろう。それゆえ、グライスの分析が正しければ、私は書類の山を築くことによって自分が忙しいということを意味しているということが帰結する。しかし、本当にそのようなことが言えるのだろうか？　この事例においては、私は書

類の山を築くことで何かを意味したというよりも、むしろ自分が忙しいということをはっきり意味するのを避けつつ、けれども遠回しに自分が忙しいと同僚に信じさせようと、言い換えればそのように察してもらおうとしていると言うべきだろう。

前章の反例と同様、ここでも鍵となるのは話し手の意味の公共性だ。実際のところ、グライスもストローソンも、なぜこうした例が反例となるのかについてはほとんど何も言っていないのだが、公共性に着目したならば確かにこの例は話し手の意味に該当しないということがわかるのである。

先の例の代わりに、私が同僚にはっきりと「ごめんなさい、忙しいんです」と言った場合を考えてみよう。このとき、私は自分が忙しいということをおおっぴらに引き受けることになる。それゆえもしも私が実際には忙しくなかった、あるいは忙しくないように思える振る舞いをしたなら、私は同僚から非難を受けるに値するだろう。要するに、この場合には私には言い逃れができなくなっているのである。これに対し、(2・1)の例において同僚が私の意図した通りに振る舞ったとしよう。そのうえで同僚が実際には私が忙しくしていないということを発見したとき、もちろん私に対して腹を立てることはあるかもしれないが、しかし同僚に私を責める権利は、少なくとも私が「忙しいんです」と明言した場合と同様には認められない。「忙しいんじゃなかったの？　その書類は何なの？」と責め立てられても、私は「ただ整理のために置いただけです。勝手に勘違いしてそんなことを言われても困ります」などと言い抜け、同僚は「勝手に勘違い」しただけであり、非難する権利などないのだと抗弁することができよう。そのように言い抜けられるということはすなわち、この事例においては、話し手の意味の公共性が成り立っていないということである。[2]このことはまさに、(2・1)がコミュニケーションの試みとしての話し手の意味の事例に当たらないということを示している。

では、(2・1)の何が話し手の意味の成立を阻害しているのだろうか？　ストローソンの診断に従うならば、問題は、私が意図2を持っているという事実自体は隠そうとしているという点にある。つまり私は自分が忙しいと同僚に信じさせようと意図しているということを同僚に認識させようとは意図しているのだが、そのように認識させようという意図そのものは同僚に知られないようにしているのである。ここでは、私が持っている実際の意図と、同僚が認識する限りでの私の意図とのあいだにズレが生じている。このズレが、私ははっきり何かを意味することなく遠回しに相手にその何かを信じさせようとしているのだという上述の印象を生み出している。

この診断に従うならば、解決は容易だ。すでに分析中にある三つの意図に加えて、話し手が第二の意図を持っていると聞き手に認識させようという意図もまた話し手に要求すればよい。実際にストローソンが与えたのもそうした提案だった（Strawson 1964, p. 120）。この提案を採用したなら、結果的に話し手の意味の分析は次のように修正される。

（2・3）話し手Sがxを発話することでpということを意味する
⇕Sは次のことを意図してxを発話する
1. ある聞き手Aがpと信じること
2. Sが意図1を持っているとAが認識すること
3. Sが意図1を持っていると認識することが、Aがpと信じる理由の一部となること
4. Sが意図2を持っているとAが認識すること

これで先の反例は排除できる。しかしこのステップがすでに無限後退への一歩であるのは容易に見て取れる。この分析では、聞き手に意図1を認識させようという意図2、さらに意図2を認識させようという意図4が話し手に求められている。だが意図3や意図4については、それを聞き手に認識させようという意図は話し手に要求されていない。

この点を突いて先のものと同様の反例を構築できるのではないか。これは（2・3）を見た多くのひとが抱く疑問だろう。

ストローソンもまたこの分析に対してさらなる反例が構築可能ではないかという懸念を表明しつつも、しかしそれ以上の追及はしていなかった（Strawson 1964, p. 121）。だが、のちにこの懸念はシファーの手によって具体化されることとなる（Schiffer 1972/1988）。シファーは、上記の意図3を持っているということを聞き手に認識させようという意図や、この新たな意図を持っているということを聞き手に認識させようというさらなる意図を話し手が持っていない場合を考えることで、具体的に分析（2・3）への反例を作ってみせたのである。

シファーの例を見ていくためには、ひとつ注意が必要だ。これまでの議論では、話し手が意味する内容が特定されている場合の話し手の意味を扱ってきた。すなわち「話し手が発話によってpということを意味する」の必要十分条件について論じてきたのだった。しかしシファーの例は内容が特定されていない話し手の意味の事例に関わるものとなっている。それゆえ、話し手が聞き手に引き起こそうと意図するのも、信念の形成ではなく、単に「何らかの反応」と想定されており、シファーの例においては聞き手が部屋を出ることとして具体化されている。だがこのことはシファーが挙げている反例の力には影響しない（またこの点を修正したバージョンも容易に作れるだろう）。

シファーが挙げている例のひとつを、本書の議論に関わらない細部を削って再構成したなら、次のようになる(Schiffer 1972/1988, pp. 18–19)。

（2・4）Sはひどい歌声の持ち主であり、『マイアミの月』を歌うことでAが部屋から出るよう仕向けようと意図する（意図1）。さらにSは、自分が意図1を持って『マイアミの月』を歌っているとAに認識させようと意図し（意図2）、そのうえ意図2を自分が持っているということも認識させようと意図している（意図4）。

加えて、Sは、Aが「Sは自分をひどい歌声によって追い出そうと計画しているのだ」と信じるように意図しながらも、しかしAが部屋を出る実際の理由はSが意図1を持っているとAが認識することになるようにも意図している（意図3）。要するにSが意図しているのは、Aがこう考えることである。「Sはひどい声で歌うことによって私を追い出そうとしている。けれど私はそんな声なんて気にしない。それよりも、Sが私を追い出そうとしている、そのことゆえに私はこの部屋から出ていくのだ」。

この例では、Sは分析（2・3）の四つの意図をすべて備えながらも、意図3を聞き手Aに認識させようとはしていない。シファーが挙げるさらなる例は、これをさらに複雑にしたものであり、同様に再構成すると次のようになる(Schiffer 1972/1988, p. 22)。

（2・5）SはAを部屋から追い出そうという意図（意図1）を持って『ティペラリー』を歌う。さらにSは、自分が意図1を持って『ティペラリー』を歌っているとAに認識させようと意図し（意図2）、そのうえ意図2を自分が持っているということも認識させようと意図している（意図4）。さらにSは、Sの意図1を認識することが、Aが部屋を出る理由となることも意図している（意図3）。しかしこれに加えて、Sがひどい歌声によってAを追い払おうと意図しているのだとAが考えるようSは意図しているものとAが誤って考え、そのうえでAがSの意図3をも認識するようにもSは意図している。つまりSの計画ではAはこう考えるのだ。「Sは自分がひどい歌声によって私を追い出そうとしているのだと私に思い込ませようと意図している。だが私にはわかっている。Sが本当に意図しているのは、Sが私を追い出したがっているという事実が理由となって私が出ていくことなのだ」。ここでは、Aは自分がSの予想を超えて、S自身がわからせるつもりのなかったSの真意に気づいたのだと誤って思い込むよう意図されているのである。

こちらの例では、Sは意図1〜4をすべて備え、しかも先ほどの（2・4）とは異なり、自分が意図3を持っているとAに認識させようという意図さえSは抱いている。ただし今回は、Sが意図3を持っているとAに認識させようというまさにこの意図については、SはAに認識させようとは意図していないのである。

どちらも一読して理解するのは困難な複雑な例だが、話し手の意味の公共性という観点から見たなら、これらを分析（2・3）への反例と見なすシファーの判断を裏づけることができる（グライスと同様、シファーもまた明確な理由を自分では述べていないのであるが）。上記のふたつの例のいずれにおいても、Aから「なぜそんな権利もないのに私を追い出そうとするのか」と責められたところで、Sは「私は歌っていただけなのに、勝手にそんなふうに考えられては困る」と言い抜け、相手に非難の権利はないのだと主張することができるだろう。これは「出ていきなさい」と明示的に命令する場合や、「きみはここにいるのにふさわしい人間ではない」と、明示的ではないにせよ、実質的に命令しているような場合とは異なる。それゆえ、これらは話し手の意味の例とはならないのだ。とすると、ストローソンの提案と同様の仕方で分析を修正するならば、話し手が意図3を持っていると聞き手に認識させようという意図や、そのような意図を持っていると聞き手に認識させようという意図を、話し手に要求しなければならなくなる。

ところが、さらにシファーは「**原理的には**この種の反例はどこまでも作り続けることが可能であり、そのたびごとに私たちは〔話し手は、すでに分析中にあるいずれかの意図について、自分がそれを持っていると聞き手に認識させようと意図しているという〕これまでに見たのと同様の特徴を持つ条件を加えなければならなくなる」（Schiffer 1972/1988, p. 23, 強調は原著者）と主張する。とすれば、上記の反例を排除するために新たに話し手に意図を課したところで、さらに同様の反例が作り得ることになる。そのためにはただ、新たに導入された話し手の意図に注目し、話し手がそれを持ってはいるものの、しかしその意図を持っていると聞き手に認識させようとは意図していない例を作ればよいだけなのだ（もちろん実際上は、そのように作られる反例はすぐに私たちの理解の限界を超えるだろうが）。原理的に反例の構築が常に可能なのであれば、いくら条件を付け加えても同じように反例が作られ得ることになり、反例構築と条件追加のサイクルが永久に続くことになる。その結果として、話し手の意味の分析においては話し手に際限なく多くの意図が帰せられることになる。シファーの言葉では「意図を認識させようという意図から成る無限に、すなわち限りなく後退する系列」（ibid.）が話し手の意味の分析に生じることになるのである。これが「意図の無限後退」という問題である。

意図の無限後退問題の概要はこれまで述べてきた通りなのだが、それではこれは具体的にどのような無限後退なのだろうか？　ここまでで見てきたのは、反例がいつまでも作られ続けるから新たな意図がどこまでも要求され続けるというだけであり、シファーの言う無限後退の系列を具体的に構成する手法は提示されていない。だがグライスも後年の「意味再訪」（'Meaning revisited'）で主張するように、「無限後退があると言い張る者は、後退の次の段階を前の段階から作り出す一般的な方法を与えるべきであるに違いない」（Grice 1982, p. 299）。そしてSchiffer（1972/1988）ではそのような方法は紹介されておらず、グライスは「シファーの議論を見ながら後退と言われているものがなんであるのかを正確に解きほぐそうとしたのだが、それはほとんど不可能に思えた」（ibid.）と困惑を語っている。

意図の無限後退問題が確かに問題であるということを示すためにも、ここで問題となっている無限後退を生み出す手続きを実際に構成してみよう。ここで注意すべきなのは、ストローソンとシファーが挙げている例は実際にはそれぞれ異なる無限後退の系列を指し示しているのだが、そのことがシファーの議論では明示されていないということである。

ストローソンが論じたのは、「意味」論文による分析（2・2）における意図2、すなわち自分が意図1（ある聞き手Aにpと信じさせようという意図）を持っているということを聞き手Aに認識させようという意図を持ちながらも、この意図2を自分が持っているとAに認識させようとは意図していない話し手の例を考えるとき、分析（2・2）への反例が生じるということであった。この反例を排除するために要請される意図は「話し手Sが意図2を持っていると聞き手Aに認識させようという意図」であった。この第四の意図が意図2と同じ形式を備えていることは明らかだ。そしてここから想定される意図の無限後退系列は、「Sが意図4を持っていると聞き手に認識させようという意図5」、「Sが意図5を持っていると聞き手に認識させようという意図6」、……と続いていくことになる。これは「話し手の意味が成立するためには、話し手は意図1を持たねばならず、また話し手が任意の意図iを持たなければならないとしたら、自分が意図iを持っていると聞き手に認識させようという意図i'もまた話し手は持たなければならない」という形で表される系列となるだろう。またこれは一九八二年の「意味再訪」（'Meaning revisted'）においてグライスがシファーの議論の再構成として与えている無限後退に当たる（Grice 1982, p. 300）。

グライス自身も意識していたように、この無限後退の系列はシファーが実際に指し示しているものとは異なっている（それゆえグライスは自身の再構成を「シファーもどき後退（pseudo-Schiffer regress）」（ibid.）と呼んでいた）。というのもシファーが挙げているのは、意図3（意図1を持っていると認識することが、聞き手がpと信じることの理由になるようにしようという意図）を話し手が持ちながらも、自分が意図3を持っているとは聞き手に認識させようと意図していないという話し手や、自分が意図3を持っていると聞き手に認識させようとは意図しているが、まさにこの意図を自分が持っていると聞き手に認識させようとは意図していない話し手の例なのだ。ゆえにこちらで示唆されるのは意図1ではなく意図3を出発点にしたものであり、「話し手の意味が成立するためには、話し手は意図3を持たねばならず、また話し手が任意の意図iを持たなければならないとしたら、自分が意図iを持っていると聞き手に認識させようという意図i'もまた話し手は持たなければならない」という形で表される系列となる。ふたつの系列はそれぞれが前のステップから次のステップへと一般的な方法に則って展開される無限後退をなしているのだが、相互にまじりあいはせず、意図2と意図3がともに意図1に関する意図であるという点を除けば、それぞれが独立のものとなっている。シファーがこれらを明示的に区別していなかったことが、グライスに「段階同士の繋がり方がその都度ばらばらであるように思われた」(Grice 1982, p. 299)と言わせたのだろう。ふたつの系列を区別すれば、それぞれが一般的な方法のもとで次々とステップを続け、無限に続いていくのだということが容易に見て取れ、困惑は解消される。

さてこうなると、話し手がpということを意味するためには、話し手は聞き手にpと信じさせようと意図し、そのように意図しているということを聞き手に認識させようと意図し、そのように意図しているということを聞き手に認識させようと意図し、……と無限に続く意図のすべてを持ち、さらに聞き手にpと信じさせようと話し手が意図しているのだと聞き手が認識することが、聞き手がpと信じる理由となるよう意図し、そのように意図しているということを聞き手に認識させようと意図し、そのように意図しているということを聞き手に認識させようと意図し、……と無限に続く意図のすべてを持たないとならないことになる。どこまで行っても話し手に要求される意図は尽きることがなく、有限の存在である話し手にそのような意図のすべてを持つということはできない。したがって、私たちには発話によって何かを意味するなどということは不可能だということになる。だが現に私たちは何かを意味し、それを理解し、コミュニケーションをしているのであって、話し手の意味が不可能だなどという結論は不合理だ。では、どこで間違いが起きているのだろうか？

そもそも本当は無限後退など起きていないのではないかという考え方もある。つまり、無限後退が起きると思ってしまったことが間違いだったのだという立場だ。例えば一九六八年の「発話者の意味と意図」(‘Utterer's meaning and intentions’)でのグライスは、意図の無限後退問題について、ストローソンやシファーの示唆する方針に則った反例構築はあまりに複雑なため、現実にはいずれかの段階でそれ以上の反例を作ることが不可能となり、意図の無限後退はそもそも生じないのではないかというコメントを与えている（Grice 1968, pp. 98–99）。あまりに複雑な反例においては、話し手の意図を実現するために聞き手がしなければならない計算が実質的に不可能なものとなってしまい、実現が不可能な意図を話し手が持つということもできないのだから、そのような例は成り立たなくなるだろう。これがグライスの指摘したことである。確かにストローソンやシファーが挙げている例はすでにおそらく多くのひとにとって理解が困難なほどに複雑であり、そのなかで聞き手に要求されている計算を聞き手は実際にいかにしておこなうのか、話し手はいかにして聞き手にそのようなことをさせようという意図を形成し得るのかがはっきりしないものとなっている。同じ方針に則ってそれよりも複雑な反例を構築したなら、このことはさらに顕著になっていくだろう。

しかしグライスも認めているように、話し手や聞き手の理解力の限界という観点から無限後退を止めたならば、話し手や聞き手の理解力次第で話し手の意味の成立条件が変わるなどということになってしまい、それでは話し手の意味という概念の分析とはならない（Grice 1968, p. 99）。話し手や聞き手の理解力の限界ゆえに現実的な反例の構築には限界があったとしても、それと話し手の意味の分析という課題とは別の問題なのである。この点については、シファーの指摘が明快だ。シファーによれば、「仮に後退が起きないというグライスの議論が正しかったとしても、想定される停止点は論理的十分条件の集合を与えるようなものではなく、そしてグライスの提示する分析項が与えることになっているのは論理的十分条件の集合なのである」（Schiffer 1972/1988, p. 25）。それゆえ、話し手の意味に対する分析を与えるためには、無限後退は実際には起きないはずだと言って済ませるのではなく、無限後退の種子を取り除く形で分析を修正するのでなければならない。

意図の無限後退など起きていないと考えるのでは不十分である以上、意図の無限後退の問題は、グライスの分析やそれに対するストローソンの修正（及びそれと同じ方針に基づく修正）に何か重大な欠陥があることを示しているのだとするしかない。では、グライスらの分析には何が欠けているのであろうか？　これについては、飯野の表現がわかりやすいだろう。飯野は意図の無限後退問題の核心を、「知るようにしむけること」と「公然と知らせること」の違いに見出している（飯野 2007, 一三〇頁）。誰かが何かを意味するためには、そのひとはその何かを公然と知らせるのでなければならない。（2・1）の例で書類の山を築いていた私のように、相手が何かを知るようにしむけつつも、そのようにしむけていることは隠しているというのでは、話し手の意味の事例にはならないのである。

飯野が指摘しているポイントは、私たちが「話し手の意味の透明性」と呼んできたものと等しい。すなわち、およそ話し手が何かを意味するならば、話し手が何かを意味しているということ自体はあからさまになっていなければならないのである。何かを意味しているならば何かを意味しているということ自体は隠されてはおらず、もしも隠れているように見えるならば、それはそもそも話し手の意味の事例には当たらないのだ。

詳しくは次章で論じるが、意図の無限後退問題は話し手の意味の透明性と関わっている。要するに、話し手の意味の分析は話し手の意味の透明性を確保するものでなければならないものと想定されているのだが、「意味」論文に見られるような分析方法では「話し手がしかじかという意図を持っていると聞き手に認識させようということも話し手は意図している」という条件を加えることでしかそれを試みることができず、しかしそのような意図をどれだけ積み重ねても透明性の十全な確保には不十分となり、それゆえ意図の積み重ねがいつまでも続いてしまう。これが意図の無限後退を生むのだ。

話し手の意味の透明性を確保することの必要性は、意図基盤意味論の論者たちによっても理解されていた。事実、序章でも言及したように、シファーは意図の無限後退問題に関して次のようなコメントを与えている。

Sがxを発話することで何かを意味しようというのならば、彼が何かを意味するということのために必要となる意図のすべてが公然のものに（out in the open）なっていなければならない。何かを意味するという行為を構成しながらも「隠されている」意図などという可能性はあってはならないのだ。(Schiffer 1972/1988, p. 39)

さらにシファーへの書評において、ハーマンはこれを「Sが何かを意味したならば、Sが何かを意味したということを聞き手Aが認識することをSは意図したのだ」と言い換えている(Harman 1974, p. 227)。シファーにせよハーマンにせよ、依拠している用語がすでに意図基盤意味論を前提としたものになってはいるが、しかし彼らが着目しているのがここで導入した話し手の意味の透明性であるということは明らかだろう。

いまや、意図基盤意味論の課題はこのようになる。意図基盤意味論の基本テーゼを維持しつつ、いかにして話し手の意味の透明性を確保するか。[3] さまざまな論者が、それぞれの仕方でこの課題に取り組んできた。次節では、話し手の意味の透明性をそれぞれの仕方で取り込み、無限後退問題を解決しようとしてきた意図基盤意味論の努力の歴史を追う。

2 「意味」論文以後の意図基盤意味論

本節では主に意図の無限後退問題との関連のもとで意図基盤意味論の展開を辿って行く。そこで見えてくるのは、意図の無限後退問題がいかに意図基盤意味論にとって困難であるかということだ。また意図の無限後退問題との関係で目を向けるべき四つの代表的な意図基盤意味論の立場とその問題点を振り返ったのち、意図の無限後退問題とは別に提起された問題についても見ることにする。

1. 話し手の意味の透明性へ向かって

意図の無限後退問題は、意図基盤意味論の変革を要求する。グライスによるもともとの話し手の意味の分析や、それに対する前節で見たような単純な修正では、意図の無限後退問題に対処することはできず、話し手の意味の十分条件となるような分析は得られないことがわかった。意図の無限後退が明らかにしているのは、話し手の意味の透明性を確保しない限り、話し手の意味の十分な分析は得られないということであった。

では、意図基盤意味論者たちはいかにして話し手の意味の透明性を分析に取り込み、意図の無限後退問題を解決しようとしてきたのか。本節では、話し手の意味の透明性を確保するためにこれまでなされてきた提案を大きくA．姑息な意図の禁止説、B．相互知識説、C．自己言及的意図説、D．表現説に区別し、順に検討していく。本章で論じていきたいのは、これらの立場はすべて、意図の無限後退問題に再びさらされることになるか、さもなければ内容を決定することのできない意図という不合理なものを持ち出すことになるかのいずれかとなるしかないということだ。それゆえ本書で取り上げる意図基盤意味論の諸理論は袋小路に陥っているのである。結局のところ、意図基盤意味論は意図の無限後退問題の解決に関して進展を見せていないというのが、本章での主張だ。

A．姑息な意図の禁止説

この陣営に属するのはグライスとニールである。姑息な意図の禁止説とは、ストローソンやシファーが提示したタイプの反例を避けるには、聞き手の裏をかこうという意図（これをグライスはのちに「姑息な意図」(sneaky intention) と呼んでいる (Grice 1982, p. 302)）を話し手が持つことを禁じれば十分であるとする考えである。本書の表現を用いるなら、グライスらは話し手の意味の透明性を確保するために、その透明性を損なう意図を禁じるという方策を採用したのである。

前節で見た例を振り返ってみよう。以下に例を再掲する。

（2・1）同僚が私を夕食に誘う。私はその場では返事を保留にするものの、自分が忙しいということを同僚に信じさせようと意図して、同僚の目につく場所で山のような書類を机の上に置く（意図1）。私が書類を積み重ねる現場を同僚が目撃していることを私は知っているが、私に気づかれていることを同僚は知らないということもまた私は知っている。要するに同僚は、私がこっそり書類の山を築いているところを私に気づかれることなく目撃したと思い込んでいるのであるが、しかし実は私はそれを見越しており、同僚は私の計画通りに動いていいるにすぎないのである。書類の山は私がわざと築き上げたものなのだから、それ自体は私が忙しいということの証拠とはならないだろう、そのように同僚が考えるよう私は意図している。だが私の計画では、私が書類の山を築いたという事実は、私が自分は忙しいと同僚に信じさせたがっていることの証拠にはなると同僚は考える（意図2）。つまりは、同僚はこう考えるのだ。「いまわざと書類の山をつくったのだから、書類の山はあのひとが現に忙しいということを示す証拠にはならない。忙しすぎて手つかずの書類が自然と溜まってしまったのとは違うのだ。しかし、自分は忙しいとこちらに信じさせようとしているということの証拠にはなるだろう。そうでないとそんなことをわざわざするはずがないのだ」。さらに、私がわざわざ自分は忙しいと同僚に信じさせようとしているからには、実際に忙しいのだろう、同僚がそう信じるように私は意図している（意図3）。私の考えでは、同僚は私を誠実な人間だと信じており、書類の山を築いたのは、私は実際に忙しいにもかかわらず一見するとそれがわかりにくいため、書類の山を築くことでそれをわかりやすくしているのだろうと推測するのである。「あの正直なひとが、本当は忙しくなんてないのに忙しいと思わせようなどとするはずがない。だとすれば、自分は忙しいのだとこちらに思わせようとしている以上は、あのひとは本当に忙しいに違いない」、同僚はそう考えるのだ（と私は計画している）。

私は、自分が忙しいということを同僚に信じさせようと意図しつつ、そのように意図していることを同僚に認識させようとは意図していなかった。この例で、私が書類の山を築いたという事実がどういった役割を果たしているかを考えてみよう。同僚は、その事実をもとに私が忙しいということを信じるものとされていた。しかし同時に、同僚は自分のそうした反応が私の意図したことではないと誤認することになっていた。同僚が問題の信念に至るのは、私が書類の山を築いているという事実によってではなく、書類の山そのものによってであるよう私は意図しているのだろう、そう同僚は誤解することになっていたのである。それゆえ、ここではふたつの事柄が成り立っている。第一に、私は自分が書類の山を築いたという事実が、同僚の推論の根拠として働くよう意図している。しかし第二に、自分が書類の山を築いたという事実が同僚の推論の根拠とはならないように私は意図しているものと同僚が誤って思い込むということもまた私は意図している。要するに、私の実際の意図と、私の計画のもとで同僚が私に誤って帰属する意図とがズレており、その意味で私は同僚の裏をかこうとしているのだ。

グライスの提案は、こうしたズレを排除する条件を分析に加えることで、話し手が聞き手の裏をかこうとするような意図を持つことを禁じ、意図の無限後退問題を引き起こすような反例を一掃しようというものである。グライスによる分析の修正は次のようなものだ[4]（Grice 1969, pp. 99-100）。

（2・6）話し手Sがxを発話することでpということを意味する
⇕次の(a)と(b)がともに成り立つ：
(a) Sは次のことを意図してxを発する
1. ある聞き手Aがpと信じること

2. Sが意図1を持っているとAが認識すること

3. Sが意図1を持っていると認識することが、Aがpと信じる理由の一部となること

(b)Sが以下の双方を意図するような推論要素Eは存在しない

1'. AがEに基づいてpと信じること、

2'. Sは1'が偽であるよう意図しているとAが思うこと

(2・1)においては、私が築いた書類の山が(b)で言及されている推論要素となる。その書類の山を見ることで、私が忙しいのだと同僚が信じるよう私は意図している。したがって条件1'が満たされる。また私の計画では、書類の山が同僚の信念の根拠とならないよう私が意図していると同僚は誤って思い込むことになっており、条件2'が満たされる。すると書類の山は(b)で排除されている推論要素に該当することになり、(2・1)はこの分析のもとでは話し手の意味と見なされないこととなる。

ここで(b)において記述されている話し手の意図こそ、「姑息な意図」と呼ばれるものである。語り方のうえでは、この分析で禁じられているのは話し手が姑息な意図を持って聞き手に与えるような推論要素が存在しないということであるが、この推論要素という概念は姑息な意図の内容説明に使われているだけであるから、(b)全体を話し手が姑息な意図を持つことを禁じる条件として理解することができる。それゆえグライスの採用したこうした方針を「姑息な意図の禁止説」と呼ぶことができる。後のニールも、意図(a)3を導入するに至ったグライスの直観(ヘロデの例などに基づくもの)には疑念を呈するものの、それ以外の点ではグライスの分析をほとんどそのまま支持しており、姑息な意図禁止説を採用している[5](Neale 1992)。

だが果たしてこの解決策は成功するだろうか? 成功しないとシファーは指摘する。シファーによれば、グライス

の方法は「それが排除するべく設計されているはずの反例のすべてをいかに排除するのかわからない」(Schiffer 1972/1988, p. 26) ようなものでしかない。というのも、ストローソンやシファーの反例における人物が、条件(b)で禁じられているような意図を持っている必要はないからだ。

先の私と同僚の例を考えてみよう。私は、私が書類の山を築いているという事実をもとに同僚が所定の信念を持つよう意図している。先ほどの例では、書類の山そのものが同僚の信念の理由となるよう私は意図しているのだと同僚は思うはずだ、そう私は計画していたのであった。それゆえ、確かに条件(b)によってこの事例は話し手の意味に当たらないことになる。だが、先の例における私の計画を修正することができる。同僚は察しのいい人間であり、私が書類の山を築くところを同僚が目撃するとき、それに私が気づいているということを同僚が気づくかもしれないと私は考えたとしよう。ただ、気づかせようと積極的には意図してはおらず、気づいても気づかなくても構わないと考え、そのうえで私が忙しいと同僚が信じること、書類を積むくらいだからそのように信じさせようと私が意図しているのだろうと同僚が認識すること、そしてそのように認識したことによって同僚が私は忙しいのだと信じることを意図するということに不整合はない。しかしこの場合、書類の山そのもの(私がそれを築いたという事実ではなく)が同僚の信念の根拠となるように私が意図していると同僚が認識するようにと、私は積極的に意図しているわけではない。私が同僚の視線に気づいていると同僚が気づいたならば、場合によっては、同僚は私の計画を見破り、私が書類の山を築いたという事実が同僚の信念の根拠となるということが私の真の計画であると認識するかもしれない。その場合はそれでもよいのだが、そのように気づかないならばそれもそれで構わない。そのいずれに落ち着くかに関しては、私はどちらへ向けた意図も持っておらず、単になるがままに任せているのである。この場合、条件(b)で禁止されているような意図を私は持ってはいないが、反例は相変わらず反例のままだ。

ここで鍵となるのは、「しかじかでないように意図する」ということと「しかじかであるように意図しない」というのが同値ではないということだ。「しかじかであるように意図しない」が成り立ち、かつ「しかじかでないように意図する」が成り立たない場合として、しかじかであるかどうかについてそもそも意図を持っていないということがあり得る。そして「意味」論文の分析への反例を構成するには、その前者で十分なのである。シファーもまた、『マイアミの月』の例に言及しながら、同様の反論をしている（ibid.）。

以上の議論をもう少しわかりやすく語り直してみよう。前節で見たように、意図の無限後退問題は話し手の意味の透明性に関わっていた。話し手の意味の透明性とは、話し手がおよそ何かを意味するならば、話し手が何かを意味するということ自体はあからさまになっていなければならないということであった。この観点から述べ直すならば、姑息な意図とは、何かを意味していながら、聞き手には自分が何かを意味してなどいないと認識させようという意図に当たる。そのような意図を持ってはならないと条件に加えたなら透明性を確保できる、グライスの提案をこのように再解釈することができる。問題は、話し手が何かを意味していながら、同時に自分が何かを意味していると聞き手が認識するかどうかについては明確な意図を持っていないということが、この提案ではまだ許されてしまうということである。それゆえ、話し手が「意味」論文の分析における三つの意図を持ちながらも、自分がそれらの意図すべてを持っていると聞き手が認識するかどうかについては明確な意図を持っていない場合を考えたならば、結局のところ相変わらず反例が生じることになる。問題は、話し手が透明性を損なおうという意図を積極的に持たない場合でも、透明性が損なわれることがあるということなのだ。

最終的にグライスは意図の無限後退問題に対して譲歩する道を選んでいる（Grice 1982）。グライスの最終的な見解は、意図の無限後退は避けようがなく、理想的には何かを意味している話し手は無限個の意図を持っていなければならないというものだ。しかし、そうした無限個の意図を持つ話し手というのは現実的にはあり得ないため、厳密に言えば私たちが何かを意味するということはあり得ないことになる。

第一に、話し手がある場面において自分の言うことによってpということを意味する、これによって私たちが意味していることに対する最初の近似として、ここでの話し手の意味の説明は、伝達するということ、あるいはそう言いたければpと伝達するということに対し、話し手は最適な状態にあるのだ、というものになる。第二に、そうした最適な状態とは話し手が意図の無限の集合を持つという状態なのである以上、それは原理的に実現不可能であり、ゆえに話し手は厳密にはpと意味してはいないということになる。(Grice 1982, p. 302)

だが、話し手の意味という概念が何らかの実現不可能な理想的事態に適用されるものであったとしても、私たちはときにその理想に十分に近い現実的な事態に対して、この概念をいわば緩めた形で適用することができる。先の引用は以下のように続く。

しかし、話し手がこの実現し得ない条件を満たしていると見なすのが正当である、ことによってはそう見なすべきであるとまで言えるような状況に、話し手は置かれているのである。(ibid.)

グライスの考えでは、姑息な意図は話し手をそうした状況から引きずりおろすことになる(Grice 1982, pp. 302-303)。厳密には話し手の意味とは言えないさまざまな状況を私たちは近似的に話し手の意味の事例と見なしているが、姑息な意図が介在してしまうともはやそのような「見なし」さえ成り立たないのである。だが厳密には話し手の意味は実現し得ない以上、姑息な意図を持っていないからといって十全に話し手の意味の事例であることはあり得ない。これが晩年にグライスが到達した立場である。

理想への近似というアイデアは、円という概念にたとえて説明されている（Grice 1982, p. 301）。円の厳密な定義に基づけば、現実世界に円など存在しない。しかし、私たちは円に十分に近似したものがあれば、たとえそれが厳密には円の定義を満たさなくとも、それを円と見なす。これと同様のことが話し手の意味にも生じているとグライスは言うのだ。厳密には円ではないものを円と見なせるように、厳密には話し手の意味ではないものを私たちは話し手の意味と見なしているというわけだ。

野矢と同様、私もこれをグライスの事実上の敗北宣言であると考える（野矢 1999, 二九五頁）。というのも、私たちは（グライスも）そもそも現実において「話し手がpと意味する」と呼ばれる事態の特徴づけを求めていたはずなのだが、ここではもはや話し手の意味の分析は実現不可能な理想的状況を特徴づけるものとされているのだ。それだけでなく、グライスの立場にはさらなる問題が残っている。話し手が何かを意味するとき、話し手は無限に多くの意図を理想的には持つ、そうグライスは主張していた。だがそのような理想的状況を指す概念には、いったいどのような意義があるのだろうか？ それは心の哲学や行為論、あるいは哲学を超えて語用論や心理学といった隣接する学問領域の議論と、何かしら結びつくものなのだろうか？ 幾何学的に定義された円は確かに現実には存在しない理想であるだろうが、その定義は数学や物理学の理論において役割を果たしている。だからこそ有意義な理想化として用いられているのだ。翻って話し手の意味に関しては、無限後退を起こす分析は、理論上の役割を認められたがゆえに有意義な理想化として導入されたというようなものではなく、単に反例によって認めざるを得なくなっただけの代物である。しかしストローソンやシファーが挙げているような種類の反例を起こさせないということがそうした分析を採用する唯一の利点であるならば、それは単にアドホックな解決策にすぎない。現実とは異なる理想を捉えるものとして分析を採用するにしても、それには相応の理由づけが必要であるはずなのだが、話し手の意味に関してはそれが語られていないのである。結局のところ、グライスによる譲歩もまた、十分な解決策とは見なせない[6]。

以上で見てきたように、グライスは姑息な意図の禁止という観点から意図の無限後退問題を解決しようとした。しかしそれでは反例を排除することはできず、意図の無限後退問題は残り続けることになる。話し手の意味の透明性は、姑息な意図の禁止という形では確保できないのである。

B．相互知識説

相互知識（mutual knowledge）[7]説は、シファーによって提出された（Schiffer 1972/1988）。相互知識説の基本的な想定は、話し手と聞き手のあいだで相互的に成り立つ知識が、話し手の意味の透明性の確保に利用できるというものである。

シファーの言う相互知識とは、どのようなものだろうか？ シファーに従って「Xがpということを知っている」を「$K_{X}p$」と書くことにすると、相互知識は次のように定義される（Schiffer 1972/1988, pp. 30-31）。

SとAがpということを相互に知っている⇕

$K_{S}p$

$K_{A}p$

$K_{S}K_{A}p$

$K_{A}K_{S}p$

$K_{S}K_{A}K_{S}p$

$K_{A}K_{S}K_{A}p$

$K_{S}K_{A}K_{S}K_{A}p$

$K_AK_SK_AK_Sp$

…

つまり、SとAのあいだにpという相互知識が成り立つというのは、Sがpと知っていて、Aもpと知っていて、それだけでなくAがpと知っているとSが知っており、Sがpと知っているとAも知っており、Sがpと知っているとAが知っているとSが知っており、……と無限に続く連言が成り立つということである。果たしてそのようなことが成り立ち得るのかと訝しむ者もあるだろうが、シファーは相互知識が「私たちの日々の生活における非常にありふれた、平凡な特徴」(Schiffer 1972/1988, p. 30)であると言う。相互知識の例としてシファーが挙げるのは、蠟燭を挟んで二人の人物が向かい合っているという場面だ(Schiffer 1972/1988, p. 31)。この二人が正常な知覚能力や知性を持っている限り、二人は目の前に蠟燭があるということを知っているし、相手が目を開いてその蠟燭の方を向いているとわかりさえすれば、目の前に蠟燭があるということを相手が知っていることも知ることができるし、同様にして相互知識に必要な知識はすべて得られるはずだ、シファーはそのように主張する。

蠟燭の例では、正常な知覚能力や知性というものが相互知識の鍵になっている。目の前に蠟燭があると知っているひとは、それとともに自分が正常な知覚能力や知性を持って蠟燭に向かっていること、そして正常な知覚能力や知性を持って蠟燭に向かっていることが目の前に蠟燭があると知るために十分であるということを知っている。それゆえに、自分以外の人間についても、そのひとが正常な知覚能力や知性を持って蠟燭に向かっているとわかったならば、そのひとが目の前に蠟燭があると知っているはずだと知ることができる。正常な知覚能力と知性を持って蠟燭に向かっているということは、それさえ満たせば問題の知識を持つのに十分となる条件となっている。シファーによると、そうした条件があれば私たちは相互知識を獲得することができる。

相互知識は話し手の意味の分析にいかに関わるのであろうか？　簡潔に言えば、シファーはこの相互知識という概念こそが話し手の意味の透明性を確保すると考えている。「意味」論文におけるグライスの分析（2・2）が抱える問題は、分析中のある意図について、それを持ちつつも、自分がそれを持っているということを聞き手に認識させようとは意図していない話し手を想定することで、反例が構築できるということであった。しかし、もしも話し手の意味が成立するためには、単に話し手が聞き手に信念を生じさせようという意図や、そうした意図を聞き手の信念形成の理由にさせようという意図を持つのみならず、これらの意図を話し手と聞き手のあいだで相互知識にしようという意図まで持たなければならないとしたらどうだろうか？　そうしたことが実現される状況、すなわちこの相互知識が成り立つ状況では、聞き手に信念を生じさせようという意図を話し手が持っているということや、そうした意図を聞き手の信念形成の理由にさせようという意図を話し手が持っているということが話し手と聞き手のあいだでの相互知識となる。これは結果的に、先に見た話し手の意図のふたつの無限後退の系列を生み出すこととなるだろう。しかしシファーはそれを、相互知識という日常的にも成り立つ、害のない概念によって実現したのである（と、少なくとも一九七二年時点でのシファーは考えていた）。相互知識はそれ自体が無限後退の要素を持つ概念ではあるのだが、いわば有害に見えた無限後退を、害のない形で無限後退を含む概念によって説明することによって、無害化するという方針である。このように話し手の意味を理解し直したなら、何かを意味する話し手は、もはや自らの意図を隠すことができないように思える。相互知識は目の前に蠟燭があるというようなあからさまに共有されている知識を捉える概念であるが、シファーは相互知識の持つこの働きを、話し手の意味の分析に利用し、それによって話し手の意味の透明性を確保しようとしたのである。

こうした企図に基づき、シファーはグライスの分析を修正する（Schiffer 1972/1988, p. 39）。本書の議論と関わらない部分を省略しつつシファーの分析を再構成すると、次のようになる（シファーは聞き手に意図される反応を単にrとしているが、ここまでの分析と対応させるため、聞き手に意図される反応はpという信念の形成だとする）。

（2・7）話し手Sはxを発話することでpということを意味する
⇔Sは以下の条件(E)を満たすある事態Eが成り立つよう意図してxを発話する：
(E)Eは、その成立が、Sとある聞き手Aが相互に次のことを知るのに十分となるようなものである：
(a)Eが成り立っている
(b)Eが、Sが次のことを意図してxを発話したという決定的証拠となる：
1．Aにpと信じさせること
2．Sの意図1をAが認識することが、Aがpと信じる理由の一部となること
3．Eを実現すること

条件(b)内で言及されている話し手の意図1と意図2は、「意味」論文におけるグライスの分析での話し手の意図1と意図3に対応している（このふたつの意図が意図の無限後退問題におけるふたつの無限後退系列の出発点だったということを思い出してほしい）。したがってシファーの分析の要点は、「意味」論文の分析で言及されていた話し手の意図に対し、それを話し手と聞き手のあいだの相互知識にしようというさらに高階の意図を考え、これを話し手に要求することによって話し手の意味を定義するというところにある。

意図を隠そうと意図しないことという消極的な形で話し手の意味の透明性を捉えていたグライスとは異なり、シファーは相互知識という概念を用いて積極的に話し手の意味の透明性を分析に取り込もうとしている。このシファーの試みの是非を評価するには、相互知識という概念そのものが適当なものなのかという点と、相互知識を用いた話し手

の意味の分析が本当に話し手の意味の透明性を確保するのかという点を考えなければならない。

実のところ、このいずれの点においても相互知識という概念がうまく行かないということは、後年のシファー自身が認めている（Schiffer 1987）。第一の点については、実際に二人の人間が相互知識を持つという可能性について、「心理的な現実性という観点からすると、よくても問題含みだ」とシファーは述べる[8]（Schiffer 1987, p. 246）。実際のところ、シファーは相互知識が日常的な現象であるということを蠟燭の例を挙げて主張してはいるのだが、その例においてなぜ相互知識の定義となる無限に多くの知識を二人の人間に帰属することができるのか、あるいはより一般的に、有限の認知能力しか持たない私たちがなぜそもそも相互知識の定義となるような無限に多くの知識を持ち得るのかということを説明してはいない。そうした説明が与えられない限り、問題含みな無限後退を無害な無限後退で置き換えたというシファーの主張の正しさは示されず、単に問題含みな無限後退を別の問題含みな無限後退で置き換えただけではないかという疑いは晴れないのである。

しかしそれ以上に問題なのは、相互知識という概念をもってしても話し手の意味の透明性を確保するには不十分であるということだ。このことは、シファーの著作を取り上げた書評のなかでハーマンによって指摘された（Harman 1974, pp. 226–227）。

ハーマンが着目するのは、シファーの分析において相互知識が話し手の意図の内側に埋め込まれているという点だ（これは意図基盤意味論の基本テーゼを維持する限り、避けがたい帰結である）。シファーの分析は一見すると複雑だが、もっとも外側の枠だけを取り出したなら次のような形式になっている。

（2・8）Sはxを発話することでpということを意味する

⇕Sはある事態Eが成り立つよう意図して、xを発話する分析の残りの部分は、この分析項における事態Eの特徴づけを与えるものとなっている。事態Eは傍点を付した話し手の意図の内容の記述に現れている。それゆえシファーの分析の残りの部分はすべて、この話し手の意図の内容に包含されていることになる。相互知識の概念が顔を出すのも事態Eの特徴づけのなかでのことであり、それゆえこれもまた（2・8）で傍点を付した話し手の意図の内容の一部となっている。これはつまり、シファーの分析にはひとつだけ相互知識よりもスコープの広い話し手の意図が含まれているということである。ハーマンが突きつけたのは、このスコープの広い意図について、ストローソンやシファーが与えたのと同様の反例が構築できるのではないかということだ。

相互知識よりもスコープの狭い話し手の意図については、相互知識を介して無限後退の系列が生成される以上、そうした反例を免れていると言える。だが相互知識よりもスコープの広い意図についてはそうではない。ハーマンが注目するのはこの点である。要するに、シファーは話し手のふたつの意図を相互知識にしようというより高階の意図を持ち出すことによって話し手の意味の分析を与えようとしたが、この高階の意図を持ちながらも、この高階の意図を持っていると聞き手に認識させようとは意図していない話し手というものを考えることはなお可能であり、結果的に意図の無限後退問題が再発してしまうのである。

ハーマンは実際に具体的な反例を提示したわけではない。しかし、意図の無限後退問題がシファーの言うように「何かを意味するという行為を構成しながらも「隠されている」意図などという可能性はあってはならない」(Schiffer 1972/1988, p. 39) ということを示しているのだとしたら、ハーマンの指摘はまさにシファーの分析における最大スコープの話し手の意図が「隠され得る」ということを明らかにしているのであり、シファーの分析では話し手の意味が捉えられないということになる。これは私の導入した用語で言い換えるならば、仮に相互知識が話し手の意味の透明性を捉える適当な概念であったとしても、話し手が話し手の意味の透明性を実現しようと意図しているだけでは、話し手の意味の透明性を実際に実現することはできないということでもある。（ハーマンはシファーの分析がこうした反論を許さない解釈を持ち得ることを指摘するが、ただしその場合のシファーの分析は実質的に自身の提案する自己言及的意図を利用した分析と変わらないものとなると主張している（Harman 1974, p. 227)。自己言及的意図を利用した分析については、Cで述べる。）

ハーマンの反論がシファーの分析に限定されず幅広く適用可能であるということは、注目に値する。というのも意図基盤意味論の基本テーゼを遵守する限り、話し手の意味の分析項では常に何らかの話し手の意図が最大のスコープを取ることになるのだ。意図基盤意味論の基本テーゼは次のような図式で表されていた（（1・10）を再掲する）。

（2・9）話し手Sはxを発話することでpということを意味する
⇔Sは次の条件のもとでxを発話する：
1. ……p……ということをSは意図する、かつ、
2. （これまでの分析中で現れたいずれかの意図について）……ということをSは意図する、かつ、
3. （これまでの分析中で現れたいずれかの意図について）……ということをSは意図する、かつ、
……

シファーの分析は、この図式に従って整理するなら、情報意図に当たる意図1のみを残し、この意図1の内容の一部として相互知識が現れ、さらにその相互知識のなかで記述される下位意図として伝達意図に対応する話し手の意図が現れるというものとなっている。そしてハーマンの反論は、このもっともスコープの広い意図1に対してストロー

ソンが提示したのと同じタイプの反例が構築可能だとするものであった。
シファーの分析に限らず、意図基盤意味論には、その基本テーゼを守る限り、少なくとも（2・9）の意図1に当たるものが必要となり、そして話し手の意味の透明性を取り込むための概念は意図1の空隙部において導入されることになる（グライスの姑息な意図の禁止説はそうではなかったが、これが透明性の確保に寄与しないということはすでに見た）。そうすると、意図基盤意味論者がいかに話し手の意味の透明性を反映しようとしても、このままでは意図1に関して常にハーマンが与えたのと同様の反論が許されることになる。ハーマンの反論は、それ自体としてはシファーが与えた一個の分析に対してなされたものであるが、それ以上に広い射程を持つ強力なものとなっている。では、そのような強力な反論を提起したハーマン自身はどのようなアイデアを出していたのだろうか？　ハーマンが提案するのは、自己言及的な意図の利用である。

C．自己言及的意図説

ハーマン自身が意図基盤意味論に与していたかどうかは定かではないが、それでもハーマンはグライスやシファーが受け入れるべき方針として、自己言及的意図を認めることを推奨している。ハーマンの診断によれば、ストローソンやシファーの反例は、話し手の意味の分析中に現れる各々の話し手の意図nについて、次のような意図n＋1が要求されることを示している[9]（Harman 1974, p. 225）。

（2・10）意図n＋1：話し手Sの意図nが少なくとも部分的に聞き手AがSの意図nを認識することによって実現される

このとき、話し手の意味が成立するためには、話し手に限りなく多くの意図が要求されることとなる。グライスやシファーは、このような仕方で無限個の意図が話し手に要求されない仕方で話し手の意味の分析を与えようとして、姑息な意図を禁じる条件を導入したり、相互知識という概念を用いたりしていたのだった。

ハーマンの提案は、要するに上記の意図n＋1に当たる内容を意図nに埋め込めばストローソンらの反例は生じないというものだ。これはすなわち、自己言及的な意図を使うことで、話し手の意味の分析を与えるという考えである。Harman（1974）の実際の記述では、聞き手に生じるよう意図されているのはpという信念ではなく単に「ある反応」とされているが、これまでの分析と比較を容易にするため、ここではpという信念が聞き手に生じるよう意図されているとしよう（このことはここでの議論に影響しない）。そのように述べ直すと、ハーマンの分析は次のようになる（ibid.)。

（2・11）話し手Sはxを発話することでpということを意味する
⇔まさにこの意図を聞き手Aが認識するがゆえにAがpと信じるということを意図して、Sはxを発話する

「まさにこの意図を聞き手Aが認識するがゆえにAがpと信じるということ」の全体が話し手の意図の内容であり、このなかで言及されている「まさにこの意図」はこの話し手の意図そのものを指す。

さて、ストローソンやシファーが挙げたタイプの反例は、話し手の意味の分析中に登場する話し手の意図について、話し手がその意図を持ちながら、しかしその意図を持っているということを聞き手に認識させようとは意図していないという場合を考えることで構築されるのだった。ハーマンの分析がこの方法に基づく反例構築を防ぐことができて

いるのは明らかだ。というのも、ハーマンの分析中に現れる話し手の意図はただひとつだが、その意図の内容そのものに、その意図を聞き手に認識させようと話し手が意図していることが含み込まれているからである。

これまでに見てきた論者の分析が、さまざまな工夫を凝らしつつも意図の無限後退を引き起こすような反例を防ぐことに成功していなかったのに対し、ハーマンはシンプルな分析ではっきりと同様の反例を防ぐことに成功している。しかもハーマンの分析は、他の論者と同様に意図基盤意味論の基本テーゼを維持したものとなっている。情報意図がそのうちに含まれた自己言及的要素によって同時に伝達意図ともなっているという形で、単一の意図によって基本テーゼを具体化したのが、ハーマンの分析となる。ハーマンの考えでは、グライスやシファーが困難に直面したのは、ひとえに自己言及的意図というものを分析に取り入れるのを避けようとしながら意図の無限後退も避けるという無理をしようとしたがためなのだ（ibid.）。

意図の無限後退の問題に対して、ハーマンの分析は一応の解決を与えたと見てもよいだろう。その限りで、ハーマンの分析は本章で紹介している立場のなかで一歩先を行くものとなっている。残る問題は、私たちがこのような意図を持ち得るのかということである。

まずひとつのことをはっきりさせておこう。意図が自己言及的であるということそのものは、私たちがそうした意図を持つことを妨げはしない。実際、サールは具体例を挙げつつ意図が基本的に自己言及的な性質を持つということを論じている（Searle 1980）。私が腕を挙げようと意図して、腕を実際に挙げたとする。しかし腕上げの遂行が私の意図と無関係に生じたとしたら、私の意図が実現されたとは言い難いだろう。したがって、腕を挙げようという私の意図は、実際には単に腕を挙げるという内容ではなく、まさにその意図を実行することによって腕を挙げるという行為を遂行するという内容をも持つはずである（Searle 1980, p. 53）。すなわち、そうした意図は自己言及的でなければならない。それゆえサールの議論が正しければ、意図というのはもとより自己言及的なのであり、だとすれば、ハーマンが依拠している意図が自己言及性を持っているということそれ自体は、そうした意図を私たちが持ち得ないということを示しはしない。

問題は、サールが想定している意図の自己言及性とハーマンのそれとには違いがあるということだ。[10] 前者を「サール的自己言及性」、後者を「ハーマン的自己言及性」と呼ぼう。実のところそれぞれの自己言及性を引き起こしている自己言及的要素は、互いに異なる振る舞いをしている。

サール的自己言及性とは、例えば手を挙げようという意図の内容が「この意図の達成によって私の手を挙げるという行為を遂行する」と記述されるという形で示される（Searle 1980, p.53）。この意図に含まれる自己言及的要素は「この意図」と述べられている部分であるが、これは果たしてどのような役割をしているのだろうか？　ここでは私の手が挙がるという結果に対して当該の意図の達成という原因が結びつけられているということが重要だ。こうした原因を特定するには、「この意図」が、「この意図の達成によって私の手を挙げるという行為を遂行する」によって内容が記述されている当の意図、すなわちそのときに生じている心的出来事を指示しているものと理解されれば十分である。つまりここで意図の記述に用いられている内容を理解するためには、「この意図」を命題的内容へと展開する必要はなく、ただそれが何（どの心的出来事）を指示しているかさえわかればよい。これはちょうどノートにペンで「この文を書いたのは太郎である」と書かれているときの「この文」が命題的内容を表しているのではなく、単に特定の物理的対象（すなわち特定のインクの染み）を指示していると理解すれば十分だというのと変わらない。サール的自己言及性は対象指示的な自己言及性であり、意図を記述する内容にその意図そのものを対象として指示する表現が含まれているということなのである。

ハーマン的自己言及性はこれとは異なる振る舞いをする。というのもハーマンの分析（2・11）において、「この意図」という自己言及的要素は聞き手の認識の内容を与えるものとなっているからだ。一般的に言って、あるひとが別の誰かの心理状態（信念であれ欲求であれ意図であれ）を認識するというのは、その心理状態の内容を認識するということである。私がおやつを食べたいと思っていて、恋人が私のその欲求を認識しているとき、恋人は私の欲求がまさにおやつを食べるという内容を持っているということもまた認識していなければならない。そうでないならば、恋人はそもそも私の欲求を認識できてなどいないのだ。要するに、サールが例に挙げたような意図においては、自己言及的要素は意図とそれによって引き起こされる振る舞いとのあいだの因果関係を記述するのに用いられていたために、対象指示的に理解するので十分であったのだが、ハーマンの分析においてはそれが聞き手の認識の記述に用いられているため、当の自己言及的意図の命題的内容に踏み込まざるを得ないのである。ハーマン的自己言及性はこの意味において、命題的な自己言及性なのだ。だが「この意図」という要素をその命題的内容へと展開しなければならないとしたら、その命題的内容には再び「この意図」という要素が含まれることになり、同じことが限りなく続くことになる。それゆえハーマン的自己言及性はサールのそれとは違い、単なる自己言及性ではなく、循環を招く自己言及性なのだ。

それゆえ自己言及性そのものがただちに問題となるわけではないにしても、だからと言ってハーマン的自己言及性が無害であるとはまだ言えない。問うべきは、果たして私たちは、無限に展開される文で記述されるような内容を備えた意図を持つことができるのかということだ。ハーマンの分析に対して、デイヴィスは次のように困惑を表明している。

〔ハーマンの言うような〕意図は文字通り理解不能に思える。そうした意図を持つためには、「まさにこの事態（この文全体で表現されている事態）を私が意図していると〔聞き手〕Aが認識することでAにある反応を私は生じさせるだろう」と表現されるような事態（ないし命題）を意図しなければならない。そうしたことを意図するということ、そうした文で表現される命題を信じたり欲したりするということが何なのか私にはわからない。そうした文で表現される思考を考えることさえできない。「この文で表現される事態」は文が与えられることで初めて事態の記述となるのだから、その意義は指示対象を決定しない。それゆえ、自分がそうした意図を持っていると認識することはないし、他人にそうしたものを帰属することもできない。そうした意図を表現するひとというのも聞いたことがない。ただグライスの理論に取り組む学者がそうしたものの話をするのを聞いたことがあるだけである。(Davis 2003, p. 88)

デイヴィスはほとんどハーマンの分析を頭から拒絶しているかのように見えるが、重要なのはハーマン的自己言及性を含む意図がどのような内容を持っているのかを理解することはできないという指摘だ。実際のところハーマン的自己言及性を含む意図を記述する文については、合成性に基づく限り、その内容の計算を始めることさえできないのだ。

試しに「この意図をAに認識させようとBは意図する」を考えてほしい。さしあたり「意図する」を個体と命題のあいだの関係を示すものと見なすなら、この例においてそれはB(「B」の指示対象)と「この意図をAが認識する」という文で表される命題との関係となる。では「この意図をAが認識する」という文はいかなる命題を表しているのか? それは「この意図をAに認識させようとBは意図しているとAが認識する」という文で表される命題である。この文の内容を計算するには、Bの意図の内容を記述する「この意図をAが認識する」という文の内容を特定しなければならない。しかしこれはすでに循環である。「この意図をAに認識させようとBは意図する」という文が表す内容が合成的に決定されるとしたら、その計算はどこかでそれ以上遡れない出発点に到達しなければならない。しかしハーマン的自己言及性は対象指示的なサール的自己言及性とは違って循環を含むため、それを含む意図を記述する文を計算しようにも、私たちはその計算の出発点には決して到達できない。ゆえにハーマン的自己言及性を含む意図を誰かに帰属するような文は、その内容を合成的に決定し得ないのである。[11] もしもそれを帰属する文の内容が合成的に決定可能であるということが命題的態度の必要条件となるとしたら、ハーマン的自己言及性を含む意図は、厳密には意図でさえない「意図もどき」なのだということになる。

ハーマンの分析には、確かに意図の無限後退を引き起こすタイプの反例は生じない。しかしそれと引き換えにハーマンは、その意図を帰属する文の内容を合成的に特定しようとすると循環を起こしてしまう（ゆえにそれを帰属する文の内容を決定し得ない）ような意図という奇妙なものを導入することになっている。その奇妙さは、結局のところ無限後退を起こす意図の系列と大差ない。というよりもそれは単に、問題含みの概念を最初から分析に導入することで、それと引き換えに意図の無限後退という問題を表向きは見えなくしたというだけであると言うべきだろう。（ハーマンと似た形で自己言及的意図を採用しながら、しかし心理状態というものに関して独自の見解を提示することで問題を回避しようとした論者に、柏端がいる。柏端の議論の詳細な検討については、本章の補論とした。）

ハーマンの整理によれば、意図基盤意味論による話し手の意味の分析は、自己言及的意図を採用しないならば意図の無限後退を引き起こすしかない（Harman 1974, p. 225）。しかしハーマンが依拠するような自己言及的意図は、ここで論じてきたように、それ自体が問題含みの概念であった。そうすると、意図基盤意味論はもはや袋小路に陥っているように見える（ハーマン的自己言及性を示す意図か意図の無限後退かという袋小路を、「ハーマンの袋小路」と呼ぶことにする）。

結局、ハーマンの反論を受けたシファーは相互知識による話し手の意味の分析を断念し、かといって自己言及的意図を用いたハーマン流の分析を採用することもなく、意図基盤意味論そのものを放棄するに至る（Schiffer 1987, pp. 245–248）。そしてこれ以降、長期にわたって話し手の意味の分析をめぐる議論に大きな進展はなかった。ようやく状況が変わるのは、新たな世紀が始まってからのことである。ではそうした新世代の論者たちはどのような立場を作り上げたのか？　ここからは二〇〇〇年代に起きた新たな潮流について見ていこう。

D．表現説

シファーが意図基盤意味論の破綻を宣言して以来、意図基盤意味論は長い停滞期に入る。しかし近年、従来の論者とはまったく異なる仕方で話し手の意味の分析を与えようとする論者が登場するようになった。これらの論者に共通するのは、実現状況を話し手や聞き手の心理状態ではなく、発話それ自体が持つ情報的性質という側面から捉えるという点である。本書でそうした新世代の論者として取り上げるのは、デイヴィスとグリーンである[12]。

まずはデイヴィスの立場を見てみよう。デイヴィスは話し手の意味を指標（indication）という概念を用いて分析する（Davis 2003, p. 57）。ただし以下では本書の記述に合わせて表記を修正している。

（2・12）話し手Sはxによってpということを意味する
⇔Sは、自分がそのときにpと信じているということの直接的（direct）かつ偽装のない（undisguised）指標として、xを産出する

ここで「直接的」というのは、発話がpという信念の指標となり、しかもそれは発話が他の信念の指標となることを介してではないということだ（Davis 2003, p. 29）。また「偽装のない」というのは、意図せずしてpという信念の指標となる発話を産出したかのようなふりがなされていないということである[13]（Davis 2003, pp. 54-56）。

指標という概念について明確な定義は与えられていないが、おおよその特徴づけは与えられている。それによると、

「「AがBの指標となる（A indicate B）」はおおよそ、AとBとのあいだに因果的な関係ないし統計上の関係があり、その関係のゆえにAは適当な位置にいる観察者に、Bと期待する理由を与えるということだ」（Davis 2003, p. 69）とされている。指標は別の個所で「証拠的徴表（evidential sign）」とも言い換えられている（Davis 2003, p. 45）。つまりデイヴィスにとって、指標とは話し手や聞き手の心理を離れて、客観的に成り立つ関係である。

意図の無限後退問題を解決するために、グライスは姑息な意図の禁止を導入し、シファーは話し手と聞き手のあいだの相互知識を持ち出し、ハーマンは話し手が持つ意図の特殊な自己言及性について語っていた。それらはいずれも、話し手や聞き手が持つ心理状態という観点から実現状況を特徴づけようという試みである。そしてそうしたアプローチでは、結局のところ話し手の意味の透明性を確保し、意図の無限後退問題を解決するというには至っていないのであった。

デイヴィスはそうした道を取らない。デイヴィスが注目するのは話し手と聞き手の心理状態ではなく、発話がなされたという事態と話し手が特定の信念を持つという事態とのあいだに成り立つ客観的な情報関係なのである。このことは、デイヴィスが発話[14]は公的に観察可能でなければならないと主張していることからも見て取れる（Davis 2003, p. 46）。デイヴィスの考えはこのように整理することができる。発話は公的に観察可能な行為であり、それは話し手や聞き手の心理状態を超えて、外界において何かをすることである。そしてその行為は、因果的な関係ないし統計上の関係を通じて話し手の信念と結びついている（これがデイヴィスの言う「指標となる」ということだった）。これもまた、話し手や聞き手の心理状態の内部ではなく、外的に成り立っている事態である。外的に成り立っているがゆえに、発話と話し手の信念との結びつきは、もはや話し手と聞き手の相互知識にさえ収まらず、現に世界の側において成り立っているのであり、それゆえにそうした結びつきはそれを観察する話し手と聞き手のあいだであからさまなものとなる。これから見るように、デイヴィス自身の実際の分析は必ずしもこのような形にはなっておらず、そこに問題の芽があるのではあるが、デイヴィスの提唱する指標という概念にはこうした新たな立脚点が伴われている。

デイヴィスの立場に対するこうした理解は、彼がグライスの分析の問題点を「聞き手指向の意図を強調したこと」(Davis 2003, p. 7) に見て取ることとも整合的だ。デイヴィスによれば、話し手の意味にとって本質的なのは話し手が聞き手に対してどのようなことを意図しているかではないのである。自身のこうした立場をデイヴィスは「意味の表現説 (expression theory of meaning)」と呼んでいる (Davis 2003, p. 1)。発話をする際の話し手の心理や、発話に対する聞き手の心理的反応を超えて、その外部で起きていることに目を向けるデイヴィスの立場は、従来の意図基盤意味論よりもうまく話し手の意味の透明性を確保できるのではないかという期待を抱かせるものだろう。

指標という概念に依拠するデイヴィスの分析は、一見すると意図基盤意味論とは異なる立場であるように見えるかもしれない。だが実際にはデイヴィスは意図基盤意味論の基本テーゼを堅持している。というのも、デイヴィスは「AとしてBする (doing B as A)」を意図という概念をもとに定義するのである。(2・12) に掲げたデイヴィスによる話し手の意味の定義は、Sがxによってpということを意味するということを、Sが自身のpという信念の指標としてxを産出するということとして分析していた。この「指標としてxを産出する」は、「AとしてBする」ということの一例となる。この後者についてデイヴィスは次のように述べている。

> SがE*として*Aをしたことになるのは、SがEを与えるためにAをしたとき、さらには自分がAをすることがEとなることを意図したとき、かつそのときに限るとしておこう。私の考えでは、これはSがAをすることによって、またAをするときにEを与えようと意図したということを含意する。(Davis 2003, p. 49, 強調は原著者)

したがって「指標としてxを産出する」は「指標を与えるためにxを産出し、しかも自分がxを産出することが指標となることを意図する」と言い換えられることとなる。グライスと自身の分析を比較する個所でデイヴィスは、「〔聞き手〕にある反応を生み出そうという〔グライスの分析における〕意図に代えて、自分がある心的状態を持っているという指標を生み出そうという意図を私は用いる」(Davis 2003, p. 8) とも述べていることから、これを単純に「自分がxを産出することを指標としようという意図」のように述べ直してもよいだろう。すると結局のところデイヴィスの分析 (2・12) は次のような内実を持つことになる。

(2・13) 話し手Sはxによってpということを意味する
⇔Sは、自分がxを産出することが、そのときにpと自分が信じているということの直接的かつ偽装のない指標となることを意図して、xを産出する

こうして、指標という新しい概念を用いるデイヴィスの分析は、それでもなお意図基盤意味論の枠内に位置づけられることとなる。シファーの分析が話し手の意図に関する相互知識が話し手と聞き手のあいだに成り立つこととして実現状況を捉え、そうした相互知識の成立を意図することとして話し手の意味を分析していたのに対し、デイヴィスは話し手の発話が話し手の信念に対するあからさまな指標となることとして実現状況を捉え直し、そうした指標関係の成立を意図することとして話し手の意味を分析しているのである。

これはある面では優れた提案だ。というのも、あくまで心理的な概念にこだわったシファーと違い、デイヴィスは因果的な関係ないし統計上の関係に依拠しているため、シファーの相互知識という概念が陥った心理的な現実性の問題には直面しないのだ。

だが、肝心の話し手の意味の透明性についてはどうだろうか？　シファーは話し手個人に局限されない相互知識と

いう概念を持ち出しながらも、それを話し手の意図の内部に置くことで、再び意図の無限後退問題へと巻き込まれてしまっていた。それと同様に、本来は客観的な情報的関係を捉えるものであったはずの指標という概念を用いながらも、デイヴィスはそれを話し手の意図のなかへと埋め込んでしまっているがために、その分析はやはりハーマンの袋小路に陥ることとなる。

問題となるのは「偽装のない指標となることを意図する」という言い回しだ。デイヴィス自身は、これを話し手がまるで意図せぬ身体反応を示したかのような振る舞いをするということを禁じるものと理解している（p. 73）。しかしそれでは意図の無限後退問題に関わる例は排除できない。意図の無限後退問題との関連で取り上げたいずれの例においても、話し手は自身の発話が意図せぬ動作であるふりなどしていなかったのだ。それゆえ、これによって意図の無限後退問題を排除するには、さらに強く「偽装のない」を読み込む必要がある。

もともと「偽装のない指標となる」は「意図せずしてそのような指標となっているというふりがなされていないこと」と言い換えられることになっていたが、意図の無限後退問題に関連する反例を排除することを念頭に強く読んだならば、「それを意図しているということがあからさまになっていること」ということになるだろう（「あからさまになっている」を指標という概念によって捉えるか、相互知識という概念によって捉えるか、その他の仕方で捉えるかは問わず、中立的に考えることとする）。これは二通りの仕方で理解することができる。第一の理解の仕方では、（2・13）の分析項は「話し手はxの産出が話し手のpという信念の指標となることを意図し、かつxの産出が話し手のpという信念の指標となることを話し手が意図しているということがあからさまになるよう意図している」となる。第二の理解の仕方では、（2・13）の分析項は「話し手はxの産出が話し手のpという信念の指標となり、そしてまさにこの意図があからさまになる、ということを意図している」となる。

だがこのように言い換えたところで、ハーマンの袋小路に再び迷い込むしかないということは明らかだ。第一の理解においては、最後に言及される意図に対し、ハーマンがシファーに提示したのと同様の反論が与えられることになる。要するに、その意図についてはあからさまになるよう意図していない話し手の例が問題となるのだ。第二の理解においては、意図があからさまになるというのは、「あからさまになる」をどのように解したにせよ、その命題的内容があからさまになるということを含意するだろう。実際、例えば私がアイスクリームを食べようと意図していて、そうした私の意図があからさまになっているときに、それにもかかわらずその私の意図の命題的内容が、私がアイスクリームを食べるということであるという点についてはあからさまになっていないとすれば不合理である。すると、ここで語られている意図には、ハーマンの自己言及的意図と同様の循環が生じることになる。デイヴィスの言う「偽装のない指標」は、デイヴィス自身が用いているような仕方で理解したならば意図の無限後退問題にまつわる反例をそもそも排除することができず、意図の無限後退問題に対処できそうな程度に強く読もうとしても、今度は再びハーマンの袋小路に陥ることとなり、結局のところ意図の無限後退問題を解決する役には立たないのである。

デイヴィスの指標概念は話し手や聞き手の心理状態によっては特徴づけられない客観的な概念であるがために心理的現実性の問題を免れ、しかもその客観性ゆえにハーマン的自己言及性も組み込むことなく話し手の意味の透明性に接近することを可能にしてくれそうに見える。だがそれを話し手の意図の内側に入れてしまったならば（しかしそれは意図基盤意味論の基本テーゼを採用する限り不可避なのだ）、まさにその意図について、結局は従来の論者たちが直面したのと同じ問題に出くわさざるを得ない。すなわち、その意図をいかにしてあからさまなものとするのかという問題である。デイヴィスは「偽装のない」という文言でそれを解決できると思ったのかもしれない。しかしそれは実際には問題を解決したというより、問題を言い換えたにすぎない。これまでの論者においても、問題は常に「偽装がないこと」、すなわち「あからさまであること」をどのように意図基盤意味論の枠内で特徴づけるのかということだったのである。

話し手や聞き手の心理状態ではなく外界において成り立つ事態間の関係に目を向けるという着想も、それにもかかわらず意図基盤意味論の立場に留まる態度も、グリーンにも同様に見られる。グリーンは、デイヴィスの指標に類似する概念として「顕在性（manifestness）」を用いる。グリーンによると何かを顕在化すること（何かを示す（show）こととも言い換えられている）とは、その何かを「公的にアクセス可能にする」（Green 2007, p. 65）ことである。

だが、私たちはいかにして何かを顕在化することができるのであろうか？　グリーンは、シグナルを用いることで私たちはさまざまなものを顕在化することができているのだと考える。シグナルとは、「存在物が持つ、（誤情報を含む）情報を担い、かつその情報を担えるべく設計された特徴」（Green 2007, p. 49）と定義される。シグナルの設計は、知的な行為者によってなされることもあれば、人為的選択や自然選択によって進化することもあるとされている。デイヴィスが因果関係や統計的関係に言及していたのとは異なり、グリーンはここでシグナルの設計に着目し、より生物学と親和的な方向へと舵を切っている。とはいえ、話し手や聞き手の心理状態ではなく、そうしたものの外部で成立する事物間の関係に着目するという点で、グリーンはデイヴィスと同じ表現説の立場に立つ。グリーンによれば、「私たちは話し手の意味をシグナリングの一種として理解することができる」（Green 2007, p. 75）のである。

しかしグリーンは話し手の意味の分析を与えるときに、厳密には話し手の意味をシグナリングの一種ではなく意図の一種として理解し、意図基盤意味論の枠内に収まることを選ぶ。すなわちグリーンの実際の分析では、話し手の意味はシグナリングをすることではなく、シグナリングを与えようと意図することと同一視されている。グリーンによる分析は次のようなものである[15]（Green 2007, p. 67）。ただし、これまでに取り上げた分析と比較しやすいように表記に修正を加えている。

（2・14）話し手Sはxをすることでpということを意味する

⇕Sは次のことを意図してxをする：

1. xを遂行する際に、pということが顕在化されること、およびSが1を意図しているということが顕在化されること

グリーンの分析は、意図基盤意味論の基本テーゼを守りつつ、話し手の意図を自己言及的にしたうえで、その内容の特徴づけに顕在性という概念を用いたものとなっている。

グリーンは「「自己言及的な」思考はそれ自体としては不整合とは思えない」(Green 2007, p.67) とし、明示的に Harman (1974) に依拠し、ハーマン的自己言及性を利用している。しかし私たちはすでに、自己言及性そのものは問題ではなかったとしても、ハーマン的自己言及性にはそれ特有の問題があるということを見た。サール的自己言及性であれば循環の恐れはないのだが、ハーマン的自己言及性は循環を引き起こし、それを含む意図の内容を決定不能にしてしまうのであった。それゆえそれをそのまま採用するグリーンの分析は、顕在性という新しい概念の採用にもかかわらず、結局のところハーマンの袋小路に陥ってしまう。Sが1を意図しているということが顕在化されるというのは、Sの意図の命題的内容が顕在化されるということを含意する形以外には理解しがたい。すると、この意図の内容を決定しようとすれば循環が生じることになり、この意図は内容をいつまでも得られないことになる。

意図の無限後退問題をめぐる議論の展開から、私たちはひとつの教訓を得ることができる。それは私的なものから公的なものへと向かうような道はないということだ。話し手の意味の透明性は、話し手が何かを意味するときには、話し手が何かを意味しているということ自体はあからさまでなければならないという前提であった。これはすなわち、話し手の意味がそうした仕方において公的であるということを求める前提だ。他方で話し手の意図というのは、それが話し手個人において完結しているという意味で私的な事柄である（ここでの「私的である」を「他者からアクセスし

得ない」などという強い意味で理解する必要はない)。

シファーの相互知識やデイヴィスの指標といった概念は、それ自体としては少なくとも個人において完結してはいないような公的な現象を捉えるためのものだろう。それゆえそうした概念自体は確かに話し手の意味の透明性を捉えるための手がかりとしての候補となり得るようなものなのだ。だがシファーもデイヴィスも、そうした公的な概念を実際に分析に用いる際には、それを話し手の意図という私的なものの内側に埋め込んでしまい、その公的なありようをいわばブロックしてしまう。せっかく公的な概念を導入しつつも、その公的なありようが十分に活用されないような形で分析を構築しているのだ。そしてそうすると、意図の無限後退問題はすでに芽生えてしまっている。

他方でハーマンやグリーンによる自己言及的意図を用いた分析は、本来ならば私的であるはずの意図というものを、自己言及性の導入によって同時に公的なものにもしようとする試みである。だがそれにはやはり無理があるということが、そうした意図は内容を決定することができないという事実に現れている。

この教訓からは、意図基盤意味論という枠組み自体に話し手の意味を捉えるのに適さない特徴が含まれているのではないかという疑いさえ引き起こされるだろう。次章ではその疑いが現実のものであるということを示すことになる。

さて、ここまでで「意味」論文以降の意図基盤意味論の展開を追いながら、それがいかに意図の無限後退問題に付きまとわれ続けているかということを見てきた。意図の無限後退問題と意図基盤意味論の関係についてまとめる前に、「意味」論文の分析に提起された、意図の無限後退問題とは関わらない反例についても見ておこう。

2. 話し手の意味における聞き手

「意味」論文における話し手の意味の分析に対して提起され、本章で紹介した論者たちに注目された問題には、意図の無限後退問題以外のものも存在する。それらは大きく、A. 話し手が聞き手に生み出そうとする心理状態の種類に関するもの、B．聞き手の存在に関するもの、C．発話された表現の意味に関するものに分類される。AとBの問題は意図の無限後退問題とは異なり、意図基盤意味論の立場からの解決策にも一見してわかるような欠陥は見つからず、意図基盤意味論を揺るがすようなものではないと考えられる。とはいえAやBに関する反例が話し手の意味を分析するうえで考慮しなければならない事例であるということは確かである。そこで本項ではAとBに関連して提出された反例と、意図基盤意味論の論者たちによる解決策を見る。Cについては本書の中心的な論点にもかかわるため、第四章で改めて取り上げる。

A．聞き手が持つべく意図される心理状態

「意味」論文の分析では、聞き手に引き起こそうと意図される反応は信念の形成であるとされていた。だが実際には、聞き手に生じさせられるよう意図されている心理状態とは信念であるとする分析には問題が知られており、グライスやシファーらはこの点においても分析の修正を試みている。いったいどのような問題があり、そして意図基盤意味論の論者たちはどのような応答をしたのだろうか？

聞き手に意図される心理状態に関する問題として、グライスはいくつかの事例を紹介している（Grice 1969）。いずれの事例においても、聞き手が所定の信念を持つように意図されてはいないにもかかわらず、話し手は何事かを意味している。

グライスが挙げている例のひとつは、口頭試験の受験者が試験官の問いかけへの正しい回答をするというものである（Grice 1969, p. 106）。試験官は当然正しい答えを知ったうえで問題を出しているし、受験者もそのことは承知している。したがって、このような場面で受験者は試験官に回答内容に当たる信念を生じさせようと意図してはいない。試験官がそうした信念をすでに抱いていることが受験者にも明らかである以上、受験者が改めてそうした信念を試験

官に抱かせようと意図することはできないのである。一般的に、私たちはすでに実現しているとわかっている事柄を実現させようと意図することはないのだ。それでも受験者は回答によって何かを意味しているには違いない。ほかにも、子供が窓ガラスを割ったと知って問い詰める母親に、子供が罪を認めるという例（ibid.）、すでに知っているはずの誰かの名前を度忘れしたひとにその名前を思い出させる例（ibid.）、すでにわかっている事実を確認する人々の例（Grice 1969, p. 107）が、同種のものとして挙げられている。こうした事例では、話し手は確かに何かを意味しているのだが、その何かを聞き手はすでに信じており、話し手も聞き手がすでにそれを信じていると知っており、それゆえ聞き手に改めてその信念を生じさせようと話し手が意図することはできないようになっている。それゆえ「意味」論文の分析ではこのような事例をうまく扱うことはできない。

またグライスは、上記のものとやや毛色は異なるが類似の問題を引き起こす例も挙げている。例えばすでに述べられた前提から結論を引き出す場合だ（ibid.）。話し手が結論を口に出すとき、話し手は確かに聞き手がそれを信じるように意図してはいるだろうが、しかし話し手がそう意図しているということではなく、むしろ前提を受け入れたことが理由となって聞き手が結論を信じるということを意図しているだろう。それでもなお話し手は結論に当たる内容を意味しているはずだ。それともまた異なる例として、逆暗示にかかりやすいひとの例も挙げられている（ibid.）。聞き手は話し手のことを間違った信念ばかり抱いているひとだと思い込んでいて、それゆえ話し手の言葉を聞くと必ず逆の信念を抱くようになっている。話し手は聞き手のそうした傾向を理解したうえで、聞き手に信じさせようと実際に意図していることと反対のことをあえて言う。そのような場合である。具体的には、「うちの母はきみをとても気に入っているよ」と言うことで、話し手の母が聞き手を低く評価していると聞き手に信じさせようとする話し手の例をグライスは紹介している。このとき、聞き手が実際に抱くよう話し手が意図している信念自体は話し手の母が聞き手を低く評価しているということであるにもかかわらず、それでも話し手が意味していることは話し手の母が聞き手を気に入っているということだと言いたくなる。聞き手がすでに所定の信念を持っているという例とは正確には異なるが、それでもこれらの例は、聞き手に対応する信念を抱かせようと意図するということが話し手の意味の必要条件であるということを疑わせるという点では同種の事例となっている。

さらにデイヴィスはこうした反例のリストにいくつかの例を付け加えている。信じてもらえないとわかったうえでそれでも何かを言う場合や、話し手が嘘つきだと思われている場面で何かを伝える場合、そして修辞的疑問文に答える場合である（Davis 2003, p. 65）。最後のものはわかりにくいかもしれないが、試みに次のような場面を考えてみてほしい（デイヴィスではなく私による例である）。「白ワインを買ってきてって私言わなかった？」と私が恋人に向かって問い、恋人が「言いました」と答えたとする。むろん私は自分がそのように言ったか言わなかったかを真剣に訊ねているわけではなく、自分が確かに言ったということを確信して問いかけているのである。答えはすでにわかっている。私が答えをすでに知っているということを恋人もまた知っている。それでもなお恋人が「言いました」と答えたなら、恋人は白ワインを買ってきてほしいと私が言ったということを意味しているだろう。

こうした一連の問題に対して、意図基盤意味論の論者たちは聞き手が持つべく意図されている心理状態を変更することで応じている。グライスによると、pということを意味する話し手が聞き手に生じさせようと意図しているのは、pという信念ではなく、話し手がpという「活性化信念（activated belief）」を持っているという信念である（Grice 1969, pp. 108–111）。あるひとがpという活性化信念を持つというのは、そのひとがpと信じ、かつpということを現に心に抱いている場合だとされている。ここには二段階の修正が見られる。第一に、意図された効果は聞き手自身がpと信じることでなく、話し手がpと信じていると聞き手が信じるということだとされる。これによって口頭試験の例など、聞き手はすでに所定の信念を持っているが、話し手が所定の信念を持っているかどうかを聞き手は知らないという場合をうまく扱えるようになる。第二に、話し手が抱いていると聞き手に信じさせるよう意図されている信念が、単なる信念ではなく活性化信念であるとされる。それによって、事実の確認のような例に対処するのである。すでにわかっているような事実を確認する場合には、所定の信念を話し手が持っているということもまた聞き手はすでに知っていて、聞き手がそれをすでに知っているということを話し手も理解しているかもしれない。しかし、話し手がその信念をいままさに心のうちに浮かべている（うっかり意識の外に置いたりはしていない）ということは聞き手もわかっていないだろうから、話し手は事実の確認のための発話をおこなうのである。

シファーもまた活性化信念というグライスのアイデアを利用して同じ問題に取り組んでいる（Schiffer 1972, p. 45）。ただしシファーは、話し手の意味の場面において、聞き手は話し手が対応する活性化信念を持っていると信じるよう意図されるのではなく、聞き手自身が対応する活性化信念を持つよう意図されていると分析している。他方でニールは活性化信念というアイデアを用いたとしてもまだ問題があると考え、分析においては聞き手に意図されている反応をそこまで特定するべきではなく、「pという信念／思考／命題を活性的に心に抱く」という形に弱めるべきだと主張している（Neale 1992, pp. 545-547）。こうした違いはあれど、聞き手が持つよう意図されている心理を修正することで上記の問題に対処するという方針は、これらの論者に共有されている。

B. 聞き手の存在

聞き手に何らかの心理状態を持たせようという話し手の意図を基礎に据えて話し手の意味を分析する場合、聞き手がそもそも存在しない場面での発話の例が当然のごとく問題となる。

グライス自身もこの問題を扱っている。グライスはいくつかの例を挙げているが、そのなかには日記を書く場合や、一人でスピーチの練習をする場合、頭のなかで何かを言葉にして考える場合といったものが含まれる（Grice 1969, p. 113）。これらの例に対処するため、グライスは反事実的条件文を利用している。グライスによると話し手の意味が成立するときに話し手が意図しているのは、もしも適当な性質φを備えた誰かがいたとしたらその誰かに何らかの信念を与えようということであり、それはこれらの事例においても成り立っている（Grice 1969, pp. 114-115）。グライスは問題の例についてこう主張する。日記の場合、執筆者はのちに自分自身が日記を読むときのことを想定しているだろう。スピーチの練習をする人物は、もしも聞き手がいたとしたらその聞き手に何らかの心理状態をもたらすようなものとなることを意図して発話をしているだろう。頭のなかで何かを考えているひとも、もしも何らかの仕方で自分の思考がおおやけのものとなり誰かに聞かれるとしたら、その誰かに何らかの心理状態を引き起こすということを意図して、頭のなかで言葉を並べているだろう。

だがこうした方針では扱えないものとして、シファーは自分の考えをまとめるためにメモをする人物や、正しい文のみを書こうとタイプライターに向かって練習する人物の例を挙げている（Schiffer 1972, pp. 72-80）。シファーによると、こうした例では、話し手が聞き手に向けられた意図を持っているとは考え難い。これらの事例における話し手は、仮定的にさえ聞き手を想定してはいないだろうからだ。この問題に対してシファーは明確な解決策を与えてはいないが、こうした場合の発話は「話し手自身に何らかの認知的反応を生じさせることへ向けた何らかの活動の一部となっており、標準的事例とのこうした重大な類似のゆえに〔話し手の意味の〕事例に分類されている」（Schiffer 1972, p. 80）のではないかと述べている。この見解が正しければ、話し手の意味の事例における聞き手は発話時点での話し手自身であってもよいとすることで、シファーの挙げている例を扱うことができるかもしれない。

反事実的条件文を用いるグライスの方針や、話し手が自分自身に与える認知的効果に着目するシファーの考えが、問題の対処にうまく働くかどうかは検討を要する問題だろう。デイヴィスはこの点を疑っている。グライスの提案では、話し手が何かを意味するとき、適当な性質を持った聞き手がいたとしたらその聞き手はある信念を抱くであろうということを話し手は意図しているとされる。しかし、各々の適当な聞き手がみな同じ心理状態を抱くことを意図することなく話し手が何かを意味する場合があると、デイヴィスは指摘する（Davis 2003, p. 68）。彼によると、ふたつの政党のそれぞれに良い顔をしようとして故意にあいまいな発言をする政治家は、それらの政党に所属する政治家たちがそれぞれ異なることを信じるように意図しているだろう。それでも、その政治家は何かを意味しているには違いない。デイヴィスはシファーに対しても反論している。苛立ちのゆえに誰も聞いていないのを確認して侮蔑語を叫ぶようなひとは、それによって何かを意味しているだろうが、自分自身をさえ聞き手としては想定していないのではないかと言うのである（Davis 2003, p. 67）。

前項のものを含め、本節で見た反例がいずれもデイヴィスとグリーンの分析には成り立たないということは注目に値する。彼らの分析では、話し手の意味の条件に聞き手についての言及は含まれていない。それゆえ、聞き手に関してグライスやシファーにとって問題となった事例が、デイヴィスとグリーンにはそもそも問題とはならないのである。実際、デイヴィスはこのことが自身の理論の長所であると考えている。すでに述べたように、デイヴィスは聞き手のいない例に対するグライスとシファーの応答が不十分だと見なす。デイヴィスによると、グライスらの分析の根本的な欠陥は、聞き手に向けられる話し手の意図というものを強調しすぎたところにあるのである（Davis 2003, p. 7）。

とはいえ、デイヴィスの反論は決定的な困難を突き付けるものではなく、グライスやシファーの見解に沿った分析の修正が何らかの仕方でなされ得るという可能性は残っている。しかしデイヴィスやグリーンの分析のように、聞き手への言及を含まない分析が可能なのであれば、本節で見た問題は初めから生じず、それに対処するために反事実的条件文や自分自身への認知的影響といったアイデアを用いて分析を複雑化する必要もないということは確かである。

本書では意図の無限後退問題を中心に据え、主にその観点から意図基盤意味論の問題点を洗い出し、新たなアプローチを見出すことを目標としている。それゆえここで論じた問題については、中心的には扱わない。しかし話し手の意味の十全な理論がここで見てきた現象を扱えなければならないということは確かである。

補論　心的態度そのものとその記述とを峻別する柏端の見解(16)

柏端はハーマンと同様に、自己言及的意図を用いた分析を提案する（柏端の言葉遣いにおいては「話し手の意味」ではなく「メッセージ」や「コミュニケーション」の分析となっているが、実態は変わらない）。それは次のようなものである（柏端 2016, p. 52）。

NNM＋　行為者xは、φをもたらすことによって受け手yにψがもたらされることを意図しており、しかも、その意図をyが認識することによって、さらに、いま述べているこの意図自体をもyが認識することによって、ψがはじめてyにもたらされることをも意図している。

ここで「φをもたらす」は発話に当たり、「受け手yにψがもたらされる」とは聞き手が何らかの心理状態を形成することに当たる。また「いま述べているこの意図自体」というのは「その意図をyが認識することによって、さらに、いま述べているこの意図自体をもyが認識することによってψがはじめてyにもたらされることをも意図している」と記述されている意図を指している。したがってこれはハーマン的自己言及性を含む意図となっている。

第2節において、ハーマン的自己言及性を含む意図を誰かに帰属するような文の意味を理解することはできないということを論じた。それを理解しようにも、意図の内容を記述する埋め込まれた文が際限なく長くなってしまい、意味を合成的に計算することができないというのがその趣旨であった。

ハーマンと比較したときの柏端の独自性は、ハーマン的自己言及性が無限に長い内容記述を持つ意図を生み出すことを明言しながら（柏端 2016, p. 55）、それでもなおそうした意図を話し手に帰属することに問題はないとしている点にある。

柏端の議論のポイントはふたつである。第一に、意図を意識的に顕在化させることと意図を持つことは別だと柏端は主張する。「誰かにメッセージを送るまさにそのときに、われわれは［NNM＋］を用いて導出できるような意図の系列を意識する必要はない」（柏端 2016, p. 59）。もしも無限に長く続く文でしか内容が記述できないような意図を持つということが、まさにその意図を意識するということなのであれば、明らかにそのような意図を持つことは不可能となる。というのも、私たちには無限に長い文の全体を意識することなどできないからだ。しかし意図を持つことと意図を意識化することは別問題であり、ある意図に関して前者が不可能であったとしても後者が不可能であるとは帰結しない。

第二の主張は、意図そのものと意図の記述は別だというものだ。「ある人のもつ意図の内容が無限に続く文の系列として特定可能だとしても、その意図をもつために無限の収納スペースが必要となることはない」（柏端 2016, p. 60）。それゆえ、無限に続く文によってはじめて内容が記述されるような意図であっても、それを誰かが持つということが不可能だとは帰結しない。

ここでは柏端の第二の主張に焦点を当てて、批判していきたい。ただし、無限に続く文によって内容が特定される心理状態が、それゆえに無限の収納スペースを持つ人間にしか抱けないというわけではないという点に関して、私は反対しない。つまり、第二の主張そのものは受け入れる。しかしそのうえで、ハーマン的自己言及性を備えた意図は、そうした主張によってもまだ擁護され切らないような奇妙さを残しているということを論じていきたい。

まずは先のような主張をする柏端が、態度そのものと態度の記述がどのような関係にあると考えているのかを確認しておきたい。柏端によると、心的態度とは「態度をもつ主体の状態にほかなら」ず、それはさらに言えば「主体の中枢系の状態」とされている（柏端 2016, p. 90）。要するにそれは何らかの脳状態である。そのような物としての態度と、態度を記述する文とのあいだにはどのような関係があるのだろうか？　柏端はここでデイヴィドソンの比喩（Davidson 1989, p. 50）を持ち出す。

哲学者のドナルド・デイヴィドソンは、こうした心と文との対応づけを、物体の重さの測定に喩えている。われわれはある宝石の重さを「二十グラム」と述べたり「百カラット」と述べたりする。それは、その宝石の重さを、グラムまたはカラットといった単位に沿って正の数の系列へと対応付けることにより、特定する作業である。数の系列は、その宝石の重さと他の（同様に数に対応づけられた）物体の重さとの関係を、全体としてうまく表現しうるものであるだろう。同じように、主体のさまざまな態度の内容を特定するさまざまな文も、諸態度のあいだの（合理的または因果的な）関係を、全体として適切に説明することでなければならない。「冷蔵庫に卵がない」と思ったから「寄り道して卵を買いに行く」ことを意図したといった具合にである。（柏端 2016, pp. 90–91）

ポイントは、態度そのものは何らかの脳状態であるのだが、私たちが態度について語るときにしているのはそうした脳状態をめぐる物理的記述ではなく、むしろその態度を他の態度との関係のもとで捉えるということなのだということだ。態度と態度の記述は対応づけられてはいるが、かたや物理的な状態であり、かたや他の態度との合理的ないし因果的な関係を捉えるための特定の仕方なのであり、それらは混同されてはならないのだ。

このように態度と態度の記述とを峻別したならば、態度の記述が無限に長い文を要求するからといって、そうした態度があり得ないということは帰結しないと主張することができる。それに加えて、柏端は現に無限に長い文で記述され、しかも日常的に観察されるような事例が存在すると指摘する。柏端が挙げるのは「両想い」という例である(17)。

われわれがこうした種類の心の状態になりうるということ自体に何ら不思議な点はない。「両想い」または「相思相愛」といった関係をどのように定義しうるか考えてみてほしい。それらの状態がまず相互的であることはまちがいない。〔……〕あなたと誰かが相互に相手のことを想っていたとしても、はがゆいことに、それだけでは両想いの関係になれない。〔……〕両想いの関係になるには、相手もまた自分のことを想ってくれているということを互いに知らなければならない。だが、それでもまだ十分ではない。それにくわえて自分の想いが相手に伝わっているということも知っていなければならないからである。〔……〕そのようにして以下無限に必要条件が挙げられることになる。（柏端 2016, p. 56）

批判を明確化するために、以下の点は受け入れることにしよう。(1)態度と態度の記述は別である、(2)態度の記述は態度と態度のあいだの合理的ないし因果的な関係を説明するものである、(3)無限に長い文によってしか記述され得ないような態度が存在する、(4)両想いは(3)の適当な具体例である。これらすべてを受け入れたうえで、私はそれでもなおハーマン的自己言及性を含む意図と両想いは質的に異なる現象であり、その違いがハーマン的自己言及性を含む意図という存在を奇妙なものとするということを指摘したい。

まず両想いとハーマン的自己言及性を含む意図との違いを見ていこう。簡略化のために、後者の例として「まさにこの意図をyに認識させようとxは意図する」と記述されるものを想定する。これ自体は柏端の分析に用いられている意図ともハーマンの分析に用いられている意図とも異なるが、ハーマン的自己言及性を含むという構造は共有しているため、議論に用いるには十分である。

両想いを柏端は次のように形式化する（柏端 2016, p. 57）。ただし、「L(x, y)」はxがyを想っているということを、

「$K_x(p)$」はxがpと知っているということを、「$ML(x, y)$」はxとyが両想いであるということを表している。

(2・15) $ML(x, y) =_{df.} L(x, y) \& K_x(ML(y, x))$

この右辺を定義に従って展開しようとすると、次のように無限に続く文となる(ibid.)。

(2・16) $L(x, y) \& K_x(L(y, x)) \& K_x(K_y(L(x, y))) \& K_x(K_y(K_x(L(y, x)))) \& \cdots$

次に「まさにこの意図をyに認識させようとxは意図する」を形式化してみよう。xがpと意図するということを「$I_x(p)$」と書き、xがpと認識するということを「$R_x(p)$」と書くことにする。するとこのようになる。

(2・17) $I_x(R_y(I_x(R_y(I_x(R_y \cdots)))))$

あるいは、「まさにこの意図をyに認識させようとxは意図する」全体を「$HI(x, y)$」と書くとするとより簡潔に次のように表せる。

(2・18) $HI(x, y) =_{df.} I_x(R_y(HI(x, y)))$

第2節で、こうした意図の記述が持つ意味は合成的な形で決定し得ないということをすでに論じた。これは(2・

17）を見たときに明白である。これは単一の原子文であり、その意味計算は「I」の意味と「x」の意味、および「I_x」の項の意味から決定される。「I」と「x」については原始表現であるため、意味が与えられているものと仮定してよい。しかし「I_x」の項はそれ自体が複合的な表現であるため、その意味は合成的に決まらなければならない。すなわち「$R_y(I_x(R_y(I_x(R_y\cdots))))$」の意味がその構成の始まりとなる原始表現から計算されなければならない。しかしその「始まり」は到達不可能であり、私たちは（2・17）という文を理解することができない。

両想いはどういう形で定義されているだろうか。（2・16）を見るなら、それは無限に長い連言文となっている。そしてその連言肢のひとつひとつについては、私たちは合成的な手続きに従って意味を計算することができる。「$L(x, y)$」という文も、「$K_x(L(y, x))$」という文も、それを構成する原始表現の意味さえ与えられたならば、その文全体の意味もまた理解される。むろん私たちはこの定義のもとで、あるひととあるひとが両想いにあるということを確かめることはできない。二人が備えている知識を順番に確かめていったなら、もしかしたらどこかでそうした知識が欠けていることがあるかもしれず（何かの理由で、xはyが自分を想っていることは知っているし、そのように知っているとyが知っていることも知っているが、そのように知っているとyが知っていると自分が知っているということをyが知っているとは知らないかもしれない）、連言が無限に続く以上、個々の連言肢が真であることをどれだけ確かめたとしても、確認が終わることはない。

さてハーマン的自己言及性を含む意図と両想いは似ているだろうか？　重要な点で異なると私は考える。というのも、両想いに関してはその記述の無限の長さゆえにその成立を確証することはできないとはいえ、それが成り立たないならば有限のステップで確かめることができるのだ。そのためにはそれぞれの連言肢を単純なものから順番にチェックしていけばよい。両想いが成り立たない場合には必ずどこかで偽なる連言肢が見つかるため、この作業は少なくとも有限のステップで終わる。このことから示唆されるのは、私たちは両想いを記述する文の真理条件を理解しているということである。ただそれが真である場合には確かめられないというだけなのだ。これは先に述べたように私たちには（2・16）の個々の連言肢の意味を合成的に計算することができるためであり、またそれに加えて連言というものをすでに理解しているためである。

合成的な手続きによる文全体の内容の理解、これはまさにハーマン的自己言及性を含む意図の記述には成り立たないと私が示した当のものだ。私たちはそうした意図がどのようなときに成り立っているのか、どのようなときに成り立っていないのかを判断することができないし、それが実現するとはどういうことかを理解することもできない。真であることか偽であることかの少なくとも一方を判断できる、その意味で私たちがその真理条件を理解できるということが有意味な文の条件であるとしたら、両想いの記述は有意味な文だ。それゆえそれに対応する態度があるとすることに困難はないと言ってもよいだろう。しかしハーマン的自己言及性を含む意図の記述はそもそも有意味な文とならない。このことはそれに対応する意図があり得るということを疑わしくするだろう。

このことはまた別の点でも問題を生じさせる。柏端によれば、態度を記述する文は態度と態度との関係を全体として説明するようなものなのであった。しかし、態度と態度の関係の説明にそうした文が寄与するのは、それが有意味である限りだ。「私は雨に濡れたくないと思った」、「私は傘を差せば雨に濡れずに済むと信じている」、「私は傘を差そうと意図した」……、こうした文が相互に関係しあい、態度と態度との関係を説明しているのは、それがどのような内容を持っているのかを理解することができ、それゆえにそうした内容同士を関係づけることができるからである。しかしハーマン的自己言及性を含む意図の記述は、そもそも有意味な文となっていなかった。そのようなものが、いかにして他の文と関係を持つことができるのだろうか？

以上の点から、私が柏端に向けたい批判はこうなる。態度そのものと態度の記述を区別するというのはまっとうなことだろう。しかし［NNM＋］やハーマンの分析に見られるような意図の「記述」は、そもそも他の表現と同じように合成的に計算されるような有意味な文をなしておらず、それゆえもはや本来の意味では意図の記述となってさえいないのではないか？　もしそうだとすれば、態度そのものと態度の記述とを区別したところで、ハーマン的自己言及性を備えた意図なるものを分析に用いることは擁護されないのである。

本章のまとめ

本章では、意図基盤意味論に対して提起された諸問題を、意図の無限後退問題を中心に紹介した。意図の無限後退問題は、話し手の意味の分析において話し手の意味の透明性を確保する必要性を示唆していた。第1節で意図の無限後退問題を紹介したうえで、第2節ではこれまで提案されてきた立場として、姑息な意図の禁止説、相互知識説、自己言及的意図説、表現説をそれぞれ紹介し、それらがいずれも意図の無限後退問題に満足のいく解決を与えないということを指摘した。さらに補論において、柏端による意図の無限後退問題への応答もまた不十分であるということを論じた。実際のところ、意図基盤意味論は常にハーマンの袋小路に陥っており、そこから抜け出す道へは一歩も進んでいないのである。またそれ以外の問題として、話し手の意味の場面における聞き手に意図される心理状態や、聞き手の不在に関連する反例と、グライスとシファーによる応答を概観した。さらにこの問題がデイヴィスやグリーンの表現説にはそもそも生じないということも第2節の後半では確認した。

それにしても、なぜ意図基盤意味論にとって意図の無限後退問題はこれほどまでに難しいのだろうか？　私にはこの問題が、意図基盤意味論というアプローチ自体の誤りを示しているように見える。次章ではこのことを論証していこう。

Ⅱ　意味と意図を切り離す

第三章　意図の無限後退はなぜ起きるのか[1]？

はじめに――立ち往生する意図基盤意味論

改めて、意図の無限後退問題との関連から意図基盤意味論の進展をまとめてみよう。まず話し手に三つの意図を要求する「意味」論文の分析があった。意図の無限後退問題は、この分析にストローソンとシファーが突きつけた反例から生じていた。そしてこの問題は、本書の言葉遣いで述べるならば、話し手の意味の分析が少なくとも話し手の意味の透明性を反映すべきであるということを示すものとされていた。すなわち、およそ話し手が何かを意味するならば、話し手が何かを意味していることはあからさまになっているということが、話し手の意味の分析から帰結しなければならないのである。

この問題に、意図基盤意味論者たちはいかに立ち向かってきたのか。前章では意図基盤意味論のさまざまな立場から意図の無限後退問題にいかなる応答がなされ得るのかを見てきた。

グライスは話し手の意味の透明性を損なうような話し手の意図として、姑息な意図というものを見出した。そして姑息な意図を禁じるということで話し手の意味の透明性を確保し、意図の無限後退問題に対処しようとしたが、シファーの指摘する通り、これはそもそも関連する反例を排除できるものとさえなっていなかった。姑息な意図があるならば、確かに透明性は損なわれる。しかし、姑息な意図を持たないということ、すなわち透明性を損なおうという意図を持たないということは、現に透明性が成り立つということを保証するには不十分なのである。

グライスのアイデアは、透明性を損なう要因を見出し、それを排除する形で話し手の意味を分析しようというものである。その意味でこれは、話し手の意味の透明性に対する消極的な特徴づけと言えよう。話し手の意味の透明性が成り立つとはどのようなことなのかを直接的に語るのではなく、それが成り立たないとはどういうことなのかということをまず探ったうえで、そうした否定的要因が取り除かれた状況として、間接的に透明性を捉えようとしていたのだ。しかしそのような消極的な透明性の特徴づけでは反例の排除はできないのだった。

シファーはこれに代えて透明性の積極的な特徴づけを与えようと試みた。すなわち、話し手と聞き手のあいだの相互知識という概念によって、話し手の意味の透明性を捉えようとしたのである。しかしハーマンの指摘により、話し手の意味の場面において話し手は話し手と聞き手のあいだのある相互知識の成立を意図しているというシファーの分析は、相互知識への言及を内包するより広いスコープの意図について、結局は意図の無限後退問題を引き起こしたのと同様の反例を生じさせるということがわかった。

これに対しハーマンは、特殊な自己言及性を持つ意図を話し手の意味の分析に取り入れることを提案した。これは確かに意図の無限後退問題を生じさせる反例を封じ込めるような分析となっていたが、しかしハーマン的自己言及性は意図というものに一般的に見られるサール的自己言及性と異なり、それを含む意図を誰かに帰属する文の内容がそもそも理解し得ないようなものとなっていた。したがって、ハーマンが話し手の意味の分析に用いたタイプの意図は、それを持つとはどういうことなのかがわからない奇妙な意図となってしまうのである。

その後の意図基盤意味論はどうだったか。デイヴィスとグリーンは、聞き手志向の意図を退け、話し手の意味の中核をなすものを客観的に成り立つ何らかの情報構造として捉え直すことで、新たなタイプの分析を与えていた。この分析は、聞き手が存在しない場面を容易に扱えるとともに、聞き手に対して信念以外の心理状態が意図されていると思われる事例も従来の分析とは違い、そもそも問題とならないという利点を備えている。しかし意図の無限後退問題という点に限って言うならば、そこに進展は見られないということを私たちは見てきた。デイヴィスの分析は一見すると意図の無限後退問題を解決しているかに見えるが、その分析中に現れる「偽装のない」という言葉の意味する内容を明示化したならば、結局は無限後退を再び引き起こすか、もしくはハーマンと同様の奇妙な意図を持ち込むことになるか、そのいずれかとなる。またグリーンは自身の分析にハーマン的な自己言及的意図を自覚的に取り入れているため、その分析はハーマンと同様の問題を抱えることになる。

こうして、無限後退の萌芽が残り続けるか、さもなければハーマンに見られるのと同様の理解しがたい意図を用いることになるか、この二者択一からこれまでの意図基盤意味論における話し手の意味の分析は逃れられずにいる。一九五七年のグライスの「意味」論文における分析から二〇〇〇年代のデイヴィスやグリーンに至るまで、その点において進展は見られないのである。このことを私たちは前章で確認してきた。

いったいなぜ意図基盤意味論はこんなにも意図の無限後退問題に悩まされるのか？　これが本章のテーマである。そしてこのことを理解するためには、第一章で導入した観点が重要になる。すなわち、話し手の意味の分析を、帰結問題と接続問題というふたつの課題への解答を目指す営みと捉える見方である。本章で問いたいのは、意図の無限後退問題は帰結問題に関わっていると捉えられるべきなのか、それとも接続問題に関わっていると捉えられるべきなのかということだ。

ここから先では、まず第1節で、これまでの話し手の意味の分析においていかなる事柄が前提とされていたのかを確認する。すなわち意図基盤意味論の前提である。そして第2節では、そうした前提がすでに無限後退の萌芽を秘めていることを論証する。本章で導入する用語を先取りするならば、意図基盤意味論は話し手の意味に関する表象主義、すなわち実現状況を表象する話し手の心理というものを利用して接続問題に答えようという立場の一種となっている。本章で示したいのは、この表象主義と話し手の意味の透明性がすでに整合的でないということである。これはとりもなおさず、意図基盤意味論が話し手の意味を分析するためのアプローチとしては不適格であるということだ。

1 話し手の意味の分析における前提

第一章で見たように、話し手の意味の分析は実現状況を特定するという帰結問題と、実現状況と発話との結びつき方を特定するという接続問題をその課題とする、目的論的な説明の試みとして追求されていた。第一章で論じたことを改めて振り返っておく。

話し手が何かを意味し、聞き手がそれを理解するときに成立する状況、すなわち話し手が何かを意味する場面において話し手がその状況を成立させるために発話をおこなっていると言える状況を、「実現状況」と呼んでいた。話し手の意味の分析は、話し手の意味が成立する場面において話し手の発話は何を目指してなされているのかという観点から必要十分条件が求められるような目的論的な営みであったが、いまの用語においてこれは要するに、実現状況の特定が分析の基礎を与えるということである。他方で、実現状況が特定されたとしても、その実現状況と話し手における発話という行為とをいかなる概念によって結びつけるべきなのかははっきりしない。第一章でも論じたように、行為と広い意味でその目的となる状況との関係は、複数の仕方で具体化し得る。実現状況の特定（帰結問題）と、実現状況と話し手の発話との結びつき方の特定（接続問題）、このふたつの課題を果たして話し手の意味の必要十分条件を与えるというのが、第一章で導入した用語のもとで要約される話し手の意味の分析という営みであった。

しかしこれでもまだ可能な説明は多すぎる。実際にはいくつかの前提によって可能な説明に対する制約を与えることで、話し手の意味の分析は試みられている。本書で採用され、また意図基盤意味論の論者たちによっても採用されている前提のひとつが、「話し手の意味の透明性」と私が呼ぶものである。これが示唆されているのは、前章で引用したSchiffer（1972/1988）の一節である。再掲しよう。

> Sがxを発話することで何かを意味しようというのならば、彼が何かを意味するということのために必要となる意図のすべてが公然のものに（out in the open）なっていなければならない。何かを意味するという行為を構成しながらも「隠されている」意図などという可能性はあってはならないのだ。（Schiffer 1972/1988, p. 39）

シファーの考えでは、話し手の意味が成立したならば、話し手の意味を構成するすべての意図は公然のものとなっていなければならない。シファーの相互知識という概念はまさにこのことを捉えるために導入されたのだった。シファーの言葉は、「話し手が何かを意味するとき、話し手が何かを意味しているということはあからさまなものとなる」という話し手の意味の透明性を、意図基盤意味論のもとで語り直したものであった。本書で取り上げたその他の意図基盤意味論者たちもシファーの主張に異議を申し立てていないため、同様の前提を受け入れていると考えられる。実際、前章で見たように、シファーが意図の無限後退問題に関わるものとして挙げている事例は、いずれにおいてもこの話し手の意味の透明性が成り立っていないがゆえに問題となるようなものとなっていた。そうした事例では、問題となっている分析に従ったなら話し手の意味の十分条件を与えるはずの意図を持って発話をしていながら、そのような意図を持っているということは表に出していないという話し手の存在が想定されていたのである。それゆえ、意図の無限後退問題を引き起こす反例が真正なものとして認められてきたという事実自体が、意図基盤意味論の論者たちが話し手の意味の透明性を前提としているということを示している（また前章で見たように、一連の反例を反例と見なす判断は、彼らが話し手の意味の公共性をも受け入れていたことを示唆する）。

では、話し手の意味の透明性という前提は、話し手の意味の分析にどのように関わるのだろうか？　話し手が何かを意味したならば、話し手が何かを意味したということはあからさまにならなければならない。それによると当然のことながら、話し手が何かを意味し、聞き手がそれを理解したとき、すなわちコミュニケーションが成立したときには、話し手はすでに何かを意味し終えているのであり、それゆえ話し手が何かを意味しているということはすでにあからさまなこととなっている。言い換えると、実現状況が成立したならば、話し手が何かを意味したという事実はあからさまとなっていなければならない。このようなラインに沿って考えるならば、話し手の意味の透明性は少なくとも帰結問題への制約をもたらすことになる。すなわち、実現状況においては話し手が何かを意味しているということはあからさまなこととなっていなければならないのである。

要するに、話し手の意味の透明性（ひいては話し手の意味の公共性）は、帰結問題にどのように答えればよいのかということを知らせる手がかりなのだ。帰結問題への答えを得ようにも、ただ闇雲にアイデアを列挙していっても仕方がない。帰結問題への答え方がこのように制限されるおかげで、私たちはもっと効率的に答えを探そうとすることができるのである。実際、前章で論じてきた意図基盤意味論の論者の多くは、このようにして、実現状況の特徴づけに取り入れるという形で、話し手の意味の透明性を分析に反映しようとしたのだと解釈することができる。シファーにおいて明示的に述べられていたように、意図の無限後退問題が話し手の意味の透明性に関する問題であると捉えながら、実現状況の特徴づけを修正することで（すなわち話し手は何を意図しているのかということを修正することで）

この問題に応じるというのは、そういうことだ。

さらに意図基盤意味論の論者たちは、話し手の意味の透明性に加えて、もうひとつの前提を採用している。この第二の前提を私は「話し手の意味の表象主義」と呼びたい。すなわち、実現状況と発話との結びつきは、実現状況に対応した内容を備えた命題的態度を、話し手が発話において抱いているということによって与えられるという立場である。「実現状況は話し手による発話とどう関係しているのか？」という問いに対し、「話し手が発話において実現状況を表象するような心理を持っているという仕方で関係している」と答えるのが、話し手の意味の表象主義である（以下、単に「表象主義」とも略す）。

実現状況は発話がそのためになされるものであり、それゆえ発話がなされた時点ではいまだ成立しておらず、発話をなすことによってその実現が目指されるものであるため、ここで採用される命題的態度は基本的にはサールが言うところの「世界から心へ」という適合方向（direction of fit）を持つものとなるだろう（Searle 1983, pp. 7–9）。要するに、信念のようにすでに世界の側で成り立っているとされるものに応じて心に抱かれるような態度ではなく、その態度に合わせて世界の側が変化させられることを求めるような態度だということであり、欲求や意図はそれに当たる。

意図基盤意味論が表象主義の前提を採用していることは明白だ。というのも、意図基盤意味論は表象主義を採用したうえで、問題の命題的態度を特に話し手の意図として具体化している立場なのである。ただし、意図基盤意味論は表象主義の唯一のオプションではない。例えば入江（1994）では意図に代えて予期という命題的態度を話し手の意味の分析に採用することが提案されているが、これもここで言う表象主義の一例となる。

話し手の意味の透明性は実現状況の特定の仕方に関わるため、帰結問題に対する可能な解答を制約する前提となっていた。他方で表象主義は実現状況と発話を結びつけるものに関わるため、接続問題に対する可能な解答を制約する前提となっている。これらを前提として採用したなら話し手の意味の分析における探究の範囲を制限することができる。話し手の意味の透明性という前提から、そもそも透明性を帰結させるとは思えない実現状況は検討から外すことができる。同様に、表象主義を採用したなら接続問題は「発話という行為と実現状況を結びつけるのは、話し手のいかなる態度なのか?」という具体的な問題へと落とし込むことができる。

話し手の意味の公共性がもっともらしいと考えるならば、話し手の意味の透明性が必須の前提となるということはすでに序章においても論じている。話し手の意味の表象主義についてはどうだろうか? これは話し手の意味の心理性から動機づけられるように見える。話し手の意味の心理性は、話し手がpということを意味し、聞き手がそれを理解したなら、聞き手はそれができない状況にない限りは話し手にpという信念を帰属することができ、また話し手の行為に対する説明や予測が得られるということであった。これを素朴に述べるならば、「話し手が何かを意味するとは、話し手が対応する信念を表明することだ」とでも記述したくなるだろう。しかしもちろん、話し手がpと意味するときに必ず話し手がpという信念を持っているわけではない。話し手は嘘をついていることもあるのだ。だが、話し手がpと意味するときに、何か必ず生じている心理があり、それによって話し手はpという信念を表明しているように見えるのではないかという考えは、理解し得るものだ。そしてこの考えを目的論的説明と組み合わせるならば、要するに話し手の意味が成り立つときには、話し手は実現状況を内容とする心理を持っているのだという、表象主義の想定が得られることになる。

意図基盤意味論の論者たち自身がこうした議論をしているわけではない。だがこのように考えたならば、表象主義を採用したくなる理由は与えられる。またこのように理解したならば、話し手の意味の透明性と表象主義は、それぞれが話し手の意味の公共性と心理性という、いずれも本書が話し手の意味の本質をなすとしているふたつの特徴によって動機づけられていることになり、このふたつの前提の採用こそが話し手の意味を、その公共性と心理性の双方に目を向けながら遂行するための、唯一の道に思えるかもしれない。

だがそうではないのだ。次節では、話し手の意味の透明性と表象主義を同時に採用したならば、すでに道は塞がれてしまっているということを論じていきたい。話し手の意味の透明性を捨てがたい前提とするならば、このことが示すのは表象主義を私たちは採用できないということである。

2　無限後退の原因

前章で見たのは、意図基盤意味論の展開において、意図の無限後退か、さもなければハーマンの自己言及的意図のような、循環のゆえに内容が決定できない意図を用いることになるかという、ハーマンの袋小路を抜け出せた者はいないということであった。これは果たして、意図基盤意味論を改良することで解決される問題なのだろうか？

前章における意図基盤意味論の歩みは、本書の用語に従えば、実現状況の捉え方に関する修正の歴史として見ることができる。グライスは聞き手が一定の認知的な反応を示すことを話し手の意味の実現状況と見ていた。これに対し、シファーは相互知識の成立を、デイヴィスやグリーンはある種の客観的な情報関係の成立を、実現状況と見なすことを提案していた。

シファーが明示的に話し手の意味の透明性に着目しているということはすでに述べた。そしてシファーはそれを反映するための方策として、相互知識という概念を提案していたのであった。ここで見て取れるアイデアは、実現状況さえ話し手の意味の透明性を反映する形で特定できたならば、意図の無限後退問題は解決されるはずだというものだ。そうした方針が正しいならば、意図基盤意味論のもとにおいても、実現状況の特徴づけを洗練させていくことによって、いつかは意図の無限後退問題は解決され、ハーマンの袋小路から抜け出せることになるだろう。

だが本当にそうなのだろうか？　そうではない、ということを本節では論証する。すなわち、問題は実現状況をどう特徴づけるかではないのだ。むしろ、話し手の意味の透明性と話し手の意味の表象主義というふたつの前提を同時に採用するとき、すでに意図の無限後退問題の萌芽は生じているのである。意図基盤意味論は、定義上そもそも本書で言う表象主義の一種である。そして意図の無限後退問題に関わる事例は、話し手の意味の透明性を分析において反映することの必要性を示すものだと、意図基盤意味論の論者たちによっても見なされていた。それゆえ、一連の反例を真正な反例と見なす以上は、話し手の意味の透明性を捨てるわけにはいかず、意図基盤意味論は話し手の意味の表象主義と透明性との双方に立脚する形で追求されざるを得ない。それにもかかわらずこのふたつが初めから不整合であったとしたら、意図基盤意味論はその出発点からして間違っていたということになる。そしてこれこそが、私の主張したいことだ。

本節では、可能な限り抽象的な形で論証を進めたい。同じように意図基盤意味論を採用する論者のあいだでも、話し手の意味についての具体的な分析に関しては多岐にわたり得る。それゆえ具体例をもとに意図基盤意味論を退けようとするならば、「それは一部の意図基盤意味論の問題にすぎず、肉づけの仕方次第では、意図基盤意味論は維持できるのではないか」という疑いを拭い切れない。あえて抽象的に議論を進めることによって、そのような余地をなくし、そもそも意図基盤意味論という枠組み自体が歪んでいたのだということを示したいのである。

そこでまず、実現状況を記述する命題を「C」としよう。実現状況が具体的にどのようなものとして特定されるかは、論者によって異なっていて構わない。そうした差異を捨象し、ここでは単に「C」と述べるようにする。

さらに表象主義のもとで実現状況と発話とを結ぶとされる話し手の命題的態度を「A」とする。要するに、話し手が何かを意味するときには、話し手はCをAしながら発話することになるのである。Aという態度は、意図基盤意味論のもとでは話し手の意図であることになるが、ここではそのような具体化をせずに一般的に理解しておくことにする。これによって、意図基盤意味論のみでなく、表象主義を採用する立場全般を議論の射程に収めることができる。

話し手SがCをAして発話をするということを「$A_S(C)$」と書くことにしよう。すると、表象主義の前提とは、以下が成り立つということである。

（3・1）話し手の意味が成立する⇒$A_S(C)$

ここで実現状況Cについて考えてみたい。話し手の意味の透明性を採用するならば、実現状況は話し手の意味の透明性が成り立つように特定されなければならない。話し手の意味の透明性は、話し手が何かを意味するときには、話し手が何かを意味しているということ自体はあからさまになっていなければならないという形で特徴づけられていた。それゆえ、これは要するに実現状況においては話し手の意味の成立があからさまになっていなければならないということである。

ここで重要なのは、話し手の意味の透明性は実現状況からの因果的な結果などではなく、実現状況というものを定義する論理的な必要条件とされていることである。因果関係に関しては、原因に対してある態度を向けているからといって、結果にも同じ態度を向けなければならないということはない。原因となる事柄を意図したり、欲求したり、予期したりしながらも、その結果を意図したり、欲求したり、予期したりしない、そうしたことはあり得るのである。例えばストーブの火でマフラーを乾かそうと意図してストーブの上にマフラーを干し、その結果として火事が起きた場合でも、その行為者は必ずしも火事を起こそうと意図していたわけではないだろう。

しかし因果の関与しない、論理的な必要条件に関してはそうはならない。例えば徒競走で一位になることの必要条件のひとつが、走者のなかでもっとも早くゴールすることであるとしよう。このとき、徒競走で一位になりたいと望んでいるひとが、しかし同時に走者のなかでもっとも早くゴールしたいとは望んでいないということがあり得るだろうか？　その人物が合理的である限り、あり得ないはずだ。もしもそのふたつの願望をともに語ったとしたら（そしてそれが誠実に語られていたとしたら）、その人物は端的に徒競走というものを理解していないのであり、それゆえ自身の願望を適切に分節化できておらず、自分が語っている願望を本当には形成できていないのである。

話し手の意味の成立があからさまになっているということは実現状況からの因果的な結果ではない。それはむしろ、話し手の意味の透明性という前提からして、実現状況というものを構成する論理的な必要条件であると見なされるべきものだ。それゆえ、この前提を採用する限り、実現状況を生じさせることを意図／欲求／予期／……しながら、話し手の意味の成立があからさまになっているということに対して同様の態度を抱かないというわけにはいかない。

したがって実現状況に対して態度Aを抱くならば、話し手の意味の透明性を採用する限り、話し手の意味の成立があからさまになっているということについてもAを抱く必要がある。ここで煩雑さを避けるために、話し手の意味が成立しているということを「M」と書き、pがあからさまになっているということを「O(p)」と書くことにしよう。すると次のことが成り立つことになる。

（3・2）$A_S(C) \Rightarrow A_S(O(M))$

（3・1）と（3・2）からは次のことが帰結する。

（3・3）$M \Rightarrow A_S(O(M))$

ここで言われているのは、話し手が何かを意味するからには、話し手は自分が何かを意味しているということがあからさまになるということへ態度Aを持たなければならないということだ。これはすでに循環であるということは容易に見て取れるだろう。実際ここで「何かに対して態度Aを持つならば、その論理的必要条件に対してもAを持たざるを得ない」という先ほど論じたことを、再び（3・3）の右辺に適用してみると、次が得られる。

（3・4）$A_s(O(M)) \Rightarrow A_s(O(A_s(O(M))))$

（3・3）と（3・4）からは次が帰結する。

（3・5）$M \Rightarrow A_s(O(A_s(O(M))))$

同じ事を繰り返せば、次が成り立つことになる。

（3・6）$M \Rightarrow A_s(O(A_s(O(A_s(O(A_s(O(A_s(O(A_s(O(A_s(O(\cdots))))))))))))))$

明らかに、これはハーマンの自己言及的態度が陥ったのと同じ循環である。すでに第二章で論じたように、あるひとがある命題的態度をもっているということがあからさまになるためには、（そのひとがそうした態度をもっているということが聞き手に認識されるという場合と同様に）その命題的内容があからさまになっていなければならない。それゆえこの循環はサール的自己言及性の場合と違い、無害化することはできず、このような記述がなされる命題的態度の内容を合成的なステップで決定することはできない。

ここに至るまで、私が用いてきたのは話し手の意味の透明性と表象主義というふたつの前提、およびある事柄に対して何らかの態度を抱くならば、その論理的必要条件をなす事柄についても同様の態度を抱かねばならないという仮定のみである。本節のここまでの議論の過程で、実現状況Cとは具体的には何なのかということや、命題的態度Aとは具体的にはどのような態度なのかといったことは一切触れられずに来ている。それにもかかわらず、命題的態度Aが、ハーマンの議論に見られた類の、内容を決定することができない奇妙な命題的態度であるということがこのように結論されてしまう。

実際、（3・6）の命題的態度Aを意図として、そして何かがあからさまであるということを聞き手が認識することとして具体化したならば、Harman（1974）の自己循環的意図と類似したもの（実のところそれは第二章でハーマンを批判する際に用いた簡略化されたバージョンのハーマン的自己言及性となる）が、話し手の意味の必要条件として要請されることになる。そしてHarman（1974）でも指摘されているように、自己循環性を避けつつ同様の役割を果たす分析項を手にしようとしてひとつひとつ意図を列挙していこうとしたならば、意図の無限後退問題に至ることになる。もはや意図基盤意味論の問題は明らかだ。意図基盤意味論において採用されているふたつの前提と、命題的態度に関する当たり障りないひとつの前提を置くだけで、ただちに（3・4）が帰結するということ、それが意味するのは、意図基盤意味論にとって（3・4）が分析の出発点とならなければならないということである。だがその（3・4）には、意図基盤意味論の論者たちにとって問題となってきた循環がすでに含まれている。だとすれば、（3・4）に含まれる命題的態度Aや実現状況Cやあからさまであるということと O といったものをどのような形で具体化したとしても、それ以前にすでに含まれてしまっているこの循環を取り除くことなどできようはずがない。そのため、意図基盤意味論の方針に従って得られる分析には、循環が、あるいはそれを避けようとするならば無限後退が、必ず含まれることになる。だからこそ意図基盤意味論はいつまでもハーマンの袋小路から抜け出せないのだ。意図基盤意味論を採用し、しかも意図の無限後退問題に関連して提起された反例の数々を本当の反例として認めるならば、それは結果的に話し手の意味の表象主義と透明性の双方を認めることになるのだが、そのときにはもうハーマンの袋小路に迷い込んでしまっているのである。意図基盤意味論を前提としながら、意図の無限後退問題にまつわる反例をうまく取り扱う道など、はじめからなかったのだ。

もちろん意図基盤意味論を維持するための方策として、意図の無限後退問題に関して提起された反例の数々について、「いや、直観的にどうあれ、あれらは話し手の意味の事例なのだ」と主張するという道は残されている。これはつまり話し手の意味の公共性、および透明性を放棄するという道である。それは論理的には可能なのだが、しかしその道を選んだならば、一連の反例を解決すべき問題として受け止めていた従来の論者たちの方針にも、また私たちの日常の言語使用（「意味する」や「コミュニケーション」をどのように用いるか）こそを基礎とするというグライスの思想にもそぐわない方向へと進むことになるだろう。

シファーは、実現状況が話し手の意味の透明性を反映していないということが意図の無限後退問題の源であると見なしていた。それゆえ、相互知識という概念がこの問題を解決すると考えていた。だが本節の議論から明かされる真相はそうではない。実態はむしろ、実現状況が話し手の意味の透明性を反映するやいなや、表象主義を採用する理論は循環をきたすということなのである。逆に言えば、もしも循環を逃れているように見える表象主義的な話し手の意味の理論があるとしたら、その分析は実際には十分に透明性を捉えられていないのだ。こうしてハーマンの袋小路が生じる。

以上の診断が正しければ、意図の無限後退問題を解決するために選び得る道は、話し手の意味の透明性を捨てるか、表象主義を捨てるかとなる。だがすでに見たように話し手の意味の透明性は私たちが話し手の意味という現象を理解する際の基本となる特徴であり、少なくとも真っ先に放棄するようなものではない。そうすると、意図の無限後退問題の原因は、表象主義という前提を接続問題に関して採用したということに求められるしかなくなるのである。すなわち、意図の無限後退問題を解決するために放棄しなければならないのは、表象主義という前提なのだ。これはしかし、とりもなおさず意図基盤意味論そのものを放棄すべきであるということを含意する。

ことは意図基盤意味論だけにとどまらない。私たちは話し手の意味の分析において、接続問題に関して話し手の命題的態度というものを持ち出すという方針を全般的に捨てるのでなければならない。表象主義を採用したなら、話し手の意味の成立のためには、話し手が実現状況に対して何らかの命題的態度を抱くということが要請されることになる。しかしそうすると即座に、話し手の意味が成立しているということがあからさまになっているということ自体に対しても話し手は同じ態度を抱かなければならなくなり、循環が起きる。これがまさに上で主張されたことなのである。

ここで、話し手の意味の透明性が話し手の意味の公共性の前提となっており、また話し手の意味に関する表象主義が話し手の意味の心理性から動機づけられるように見えるという先の議論を思い出してほしい。話し手の意味の心理性からすると、表象主義は確かにもっともらしく思われるかもしれない。しかし意図基盤意味論が陥ったように、それを採用してしまうと、話し手の意味の透明性は不整合なく反映できないものとなってしまい、話し手の意味の公共性には手が届かなくなってしまう。話し手の心理という閉じた世界の内部から出発したのでは、その外部の広がりには触れることができなくなるのだ。

もはや、意図基盤意味論を改良することで意図の無限後退問題を解決できるなどと望むことはできない。私たちは意図基盤意味論とは異なる、新たな理論を構築しなければならない。そして意図基盤意味論に代わる立場を探るにあたっては、意図基盤意味論の問題が生じる現場をもっと明確に特定しておくことが重要になる。

話し手の意味の透明性という前提は、これ自体がすでに循環的な内容を含んでいる。話し手が何かを意味するからには、話し手が何かを意味したということ自体はあからさまとなっていなければならない、この前提を採用しつつあらゆる循環性を話し手の意味の分析から排除するというわけにはいくまい。それゆえ問題は循環性そのものではない。意図基盤意味論の問題はむしろ、（3・3）のように、この循環のステップとステップのあいだに、話し手の命題的態度というものを介在させてしまったことにある。そのために、循環のステップを進めるごとに話し手の命題的態度もまた一緒に循環していくことになり、不整合に陥る。重要なのは表象主義を排し、話し手の命題的態度に代えて、循環がどこかで生じても問題のない概念を接続問題に利用するということなのである。後の第五章にて、そうした新たな立場を探ることになる。

本章のまとめ

本章では、話し手の意味の分析という営みをその前提から見直すことにより、意図の無限後退問題の源を探った。すでに第一章で見てきたように、話し手の意味の分析は実現状況の特定を求める帰結問題と、実現状況と発話の結びつきの特定を求める接続問題というふたつの課題を果たすことでなされる営みである。そのうえで意図基盤意味論の論者たちは、ふたつの前提を採用していた。第一に帰結問題に関して、話し手の意味の透明性という前提がもっともらしいものとして採用される。すなわち、実現状況においては話し手の意味がまさに成立しているということがあからさまになっていなければならない。さらにこれに加えて、接続問題に関しては話し手の意味についての表象主義が前提とされていた。すなわち、実現状況と話し手における発話という行為は、話し手が持つ命題的態度、特に「世界から心へ」という適合方向を持つ態度によって結びつけられると考えられていた。意図基盤意味論の場合、そうした態度は話し手の意図として具体化されることになる。

本章で論じたのは、実現状況をどのように特定するにせよ、話し手の意味の透明性と表象主義をともに採用すると、分析には循環のゆえに内容が決定不可能となる命題的態度というものが含まれることになり、それが意図の無限後退問題の原因となるということであった。つまり、意図の無限後退問題に関して意図基盤意味論がこれほどにも進展を見せてこられなかったのは、具体的な分析のレベルで不十分だったからではなく、むしろ話し手の意味の透明性と表象主義という前提をともに採用するということがすでに意図の無限後退問題の萌芽を孕んでいるからなのである。もしも本章での議論が正しければ、私たちは意図基盤意味論による話し手の意味の分析を改良し、それによって意図の無限後退問題を解決しようなどと考えるべきではない。意図基盤意味論を採用し、話し手の意味の透明性を前提とした時点で、意図の無限後退問題はすでに起きているのである。話し手の意味の透明性が、意図の無限後退を引き起こす一連の反例を本物の反例と見なすときにはすでに前提とされていることであることを思い出すならば、これが意味しているのは、意図基盤意味論のもとで意図の無限後退問題を解決しようとしたなら、意図の無限後退問題は解決不可能なものとしてすでに生じてしまっているということだ。

では話し手の意味の分析という営みには見込みがないのだろうか。私はそうは考えない。ある種の循環性が話し手の意味の本質をなすということ自体は構わないのである。というより、それを話し手の意味の本質として引き受けるということが、とりもなおさず話し手の意味の透明性を認めるということの含意の一部であるだろう。というのも話し手の意味の透明性は、話し手が何かを意味するからには話し手が何かを意味しているということ自体は公然のこととなるということであり、これはすでに循環を内包しているのだ。それゆえ透明性を認める限り、そうした循環性を話し手の意味という概念と切り離すことはできない。これは多くの論者が認めることだろう。

だがすでに見たように、表象主義を採用するや否や、この循環性が話し手の意味の特徴から話し手の持つ命題的態度の特徴へと移行してしまい、循環のゆえに内容が決定し得ない命題的態度という問題を生じさせてしまう。問題を起こしているのは循環そのものではなく表象主義であり、表象主義が、本来ならば問題がなかったはずの循環性を悪性のそれへと変質させてしまっているのである。

それゆえ問うべきは、話し手の意味の透明性が内包する循環性を悪性のものへと変質させないようにするためには、接続問題にどのように答えればいいのかということとなる。話し手の意味の透明性を認める以上、実現状況にはすでに循環的な要素が含まれている。それを話し手による発話という行為と接続するときに、私たちは好ましくない循環を生じさせないような接続の仕方を見出さなければならない。シファーらはあくまで話し手の意味の透明性を、実現状況をいかに特定するか、すなわち帰結問題にいかに答えるかということへの制約として見てきた。だが本章の議論が正しければ、話し手の意味の透明性は接続問題への答え方をも制約する。すなわち悪性の循環を作り出すような答え方は排除されることになる。意図基盤意味論の論者たちはこのことに気づいておらず、さらにそれによって当の意図基盤意味論が排除されることになるということにはなおさら気づいていなかったのだ。

接続問題にいかに解答し、実際にどのような方向で分析を探るべきか、このことは第五章で論じる。だが意図基盤意味論以外の話し手の意味の分析の可能性を理解するために、ひとつの例を考えてみてほしい。必要なのは、話し手の意味の循環性を害のない形のままで捉えられる概念である。そして命題的態度はその候補とならない。例えば話し手の命題的態度に代えて、話し手の発話が持つ機能や役割といったものを考えたらどうだろうか？　すでに第一章でも見たように、そのような概念にもまた、接続問題への解答を与える可能性がある。

このような装置を考えてみよう。それはスイッチとランプを備えた単純なもので、そのスイッチを押しているあいだはランプが点灯し、それ以外の振る舞いはしない。この装置のスイッチを押したときに発揮される機能とは何だろうか？　それは、スイッチが押されているということを知らせるという機能である。それ以外にスイッチが押されていることを知らせる方法がないとすると、スイッチが押されているということを知らせるための必要条件は、スイッチを押すこと、ひいてはそれによってスイッチが押されているということを知らせるという機能を用いることである。これはまた同時に、スイッチが押されているということを知らせるという機能を用いているということを知らせるということでもあり、それゆえこのスイッチにはそうしたことを知らせるという機能もまた備わっていると言ってよい。すなわちスイッチが押されているということを知らせるという機能を用いているということを知らせる機能である。

この装置の機能は循環的に記述されている。しかし害はないだろう。少なくとも無限後退を引き起こす意図の系列とは異なり、このような装置は現実に容易に作ることができる。この違いは、意図の場合にはその命題的内容を特定しない限りそれを持つということがどういうことなのかがわからなかったのに対し、こうした装置はその機能をどのように記述するかとは切り離したうえで、それを物理的な仕組みとして実現するのはどのような装置であるのかがわかっているということに起因している。私たちはただ、スイッチを押せば電流が流れ、ライトが点灯する装置を作ればよい。そうした仕組みそのものには循環も不整合もない。それが循環的な機能を持ったものと見なされるのは、私たちがそのようにその装置を理解し、そのように使って、そしてそうした自らの理解や使用に基づいてその機能を記述するからなのだ。そしてこの装置の機能をそのように記述するとき、この装置の機能をそのように理解するひとにとっては、装置のランプが点灯したならば、装置のスイッチが押されているということ、装置のスイッチが押されているということを知らせるという機能が用いられていること、そのような機能が用いられていると知らせるという機能が用いられているということ……、が知らされることになる。

そしてまた、機能のような概念は広い意味で目的論的でもある。すなわち、それが実現するであろう（することになっている）状況によって特徴づけられるという性質を備えている。それゆえこうした概念は、接続問題への解答に利用することができる。話し手の意味が成り立つためには、話し手の発話は、実現状況を成り立たせることを、それゆえ話し手の意味がまさに成り立っているということを公然のものとすることをその機能とする振る舞いとなっていなければならないとしてみよう。この場合にも話し手の意味という概念には循環が含まれるが、しかしこの循環は話し手が抱く命題的態度を増殖させたり、内容の特定が不可能な命題的態度を生み出したりはしない。発話が持つその機能が、私たちによるその発話に対する理解の仕方に基づくとすると、この場合の話し手の意味にはただ先ほどのスイッチとランプからなる装置の場合と同種の、害のない循環が含まれているだけである。ただしこの場合、話し手はその意図次第で独力でさまざまなことを意味し得るという意図基盤意味論の発想とは異なり、話し手が何かを意味し得るのは発話の機能をすでに理解している者たちのあいだでのみであるという、新たなコミュニケーション観を受け入れることとなるだろう。

以上のことはもちろん方針にすぎず、これだけではまだ分析ではない。しかし話し手の意味の非表象主義的な分析の道は閉ざされていないと私は考えている。鍵となるのは、話し手によってなされる発話は、すでに社会的に認められた機能を背負っているという発想だ。

だが本書の立場の提出は第五章と第六章に譲り、次章では意図基盤意味論への批判を完遂したい（ただしここでも、発話が持つ機能という観点は重要となる）。本章ではあくまで抽象的なレベルで意図基盤意味論が成り立たないということを論じてきた。それをもとに次章では、話し手の意味と話し手の意図を分離させるということを、より具体的に動機づけていく。というのも、私たちにはまだあの頑固な難敵、すなわち「直観」が残されているのだ。本章で述べてきた抽象的な議論において、私はすでに意図基盤意味論は反駁されたと考えている。とはいえ、「それでも話し手の意味は直観的に話し手の意図と関わっているのだから、分析はその直観に根差すべきだ」という考えを持つひともいるだろう。次章で論じるのは、意図基盤意味論は、素朴にそう思われるほどには直観に根差していないということである。

第四章　意味と意図の関係

はじめに——意図基盤意味論は直観的にもっともらしいのか？

前章では、話し手の意味の分析において標準的に採用されている、話し手の意味の透明性という前提と、意図基盤意味論のアプローチ、あるいはより広く前章で「話し手の意味に関する表象主義」と呼んだアプローチを採用したなら、分析をいかなる形で具体化するかを問わず、もうすでに意図の無限後退問題の萌芽が生じているということを論証した。他方で第一章でも述べたように、話し手が何かを意味するときには、要するに話し手は聞き手に何かを信じさせようと意図しているのだ、あるいはそれに類する何らかの意図を持っているのだという意図基盤意味論の立場は、一見すると直観的にもっともらしい、要するに当たり前のことに思える。前章の結論は、この当たり前を放棄することを促すものだった。

だが当たり前のことを否定するというのは難しい。私たちはできるだけ自分たちの考える当たり前を維持しながら、物事を理解したいとどうしても考えてしまいがちだ。そこで本章では、一見すると当たり前の発想に基づいているように思える意図基盤意味論が、実は必ずしもそうではないということを示していきたい。前章で私は意図基盤意味論を退けるべき理由を与えた。本章では、意図基盤意味論を気兼ねなく退けられるようになるための、いわばマッサージを試みる。つまり、直観的にもっともに思える意図基盤意味論を放棄するということに伴う心のこわばりを、その直観を揺さぶることでほぐすというのが本章の目的である。

第1節において、まずは意図基盤意味論が直観に支えられているというのはそもそも本当のことなのかを検討し、実際にはそうとは言えないということを論じる。その後の第2節では、話し手の意味と意図基盤意味論において想定されるような話し手の意図とが分離する例を検討しよう。

1　意図基盤意味論と話し手の意味に関する直観(1)

第一章でも見たように、話し手の意味の分析はグライスの以下の言明から始まる。

最初の試みとして、「xは何かを意味NNした」はxが何らかの「聞き手」にある信念を引き起こすものであるとその発話者によって意図されているときに真となるはずで、かつその信念がどのようなものであるかを述べることが、xが何を意味NNしたのかを述べることになるはずだと提案しよう。(Grice 1957, p. 217)

ここで「意味NNした」は特定の場面における非自然的意味の事例を表し、現在の文脈においては話し手の意味と対応するものと見なしてよい。「x」とされているのは発話であり、このときのグライスは発話を主語にした言明を分析対象にしているが、これはGrice（1969）では話し手を主語とした形に修正されている。したがって要するにここでは話し手の意味の最初の分析として、「話し手が聞き手に何らかの信念を引き起こそうと意図して発話をおこなっている」というものが与えられている。第一章でもそのように理解したうえでグライスの分析を紹介していた。

グライスの議論において、話し手の意味を話し手の意図で分析するということが提唱されたのはこの個所であり、そしてここで述べられている以上の正当化は与えられていない。意図基盤意味論はその始まりにおいて、ただ単に「最初の試みとして」、かくたる理由づけもなしに提唱されているのである。グライス以降の論者も、グライスのこの「意味」論文に言及することはあっても、なぜ話し手の意味を話し手の意図で分析すべきなのかを説明することはほとんどない。

数少ない例外が、柏端である。意図基盤意味論を動機づけるために、柏端は以下のような議論を与える。第一に「コミュニケーションはまず何より行為なのである」（柏端 2016, p.9）と言われる（ここで「コミュニケーション」と呼ばれているものは、本書で「話し手の意味」と呼ばれているものに対応する）。そして「どのような意図を伴っているかがどのような種類の行為であるかを左右する」（柏端 2016, p.10）のであり、したがって「コミュニケーションはある特殊な構造をもった意図を伴う行為として特徴づけられる」（ibid.）。グライスやシファーといった論者が具体的にどういった理由のもとで話し手の意味は話し手の意図によって分析するのがもっともらしいと考えていたかはわからないが、少なくとも柏端のこの議論は意図基盤意味論が直観に支えられていると言いたくなる理由を明確に述べており、柏端以外の意図基盤意味論の論者たちも反対しないものなのではないかと考えられる。それゆえここでは、柏端のこの議論に類する形で、意図基盤意味論には支持が与えられているものと想定しよう。

柏端の議論は意図基盤意味論をサポートするのに成功しているだろうか？　していないと私は考える。というのも、柏端の議論には飛躍が含まれるのだ。このことは、以下に挙げる三つの主張がそれぞれ異なっているということを見ればわかる。

（4・1）話し手の意味は意図を伴って発話をおこなう行為である。
（4・2）話し手が意味する内容は、発話に伴う意図の内容と対応している。
（4・3）話し手が意味する内容は、発話に伴う意図の内容によって決定されている。

話し手が何かを意味するというのがそもそも行為であること、そしてそれゆえどのような意図がそれに伴っているのかということが、その行為を（少なくともある面では）特徴づけるということは確かにその通りだろう。この点に関して異存はないが、しかしそれがサポートを与えるのは上記の三つの主張のうち、第一のものにすぎない。この直観的に確かに思われる事実において、話し手が意味する内容については何も語られてはいないのであり、しかし（4・2）と（4・3）はまさにその内容に関する主張になっている。（4・2）は話し手の意味が意図をもって発話をなすという行為であるということだけでなく、それに加えて、まさにその意図の内容が話し手の意味する内容と対応しているということを述べており、単に話し手の意味が意図を伴ってなされる話し手の行為であるという直観的に明らかな事柄からはそのままでは出てこない、より強い主張となっている。また仮に話し手が意味する内容と発話に伴う意図の内容が対応していたとしても、すなわち（4・2）が正しいと認められたとしても、前者が後者によって決定されるという（4・3）はそれよりもさらに強い主張となっており、追加の根拠を必要とする。

三つの主張のあいだには、番号の大きいものが小さいものを含意するが逆は成り立たないという形で、強弱の関係がつけられる。（4・1）がもっとも弱く、（4・2）がそれよりは強いが、（4・3）はさらに強い主張となっている。（4・1）は確かに直観的に明らかであると認めてよく、これを放棄した話し手の意味の分析は、そもそも話し手の意味という分析目標を適切に捉えられていないとさえ思える。しかし（4・1）を正しいものとしたうえでも、話し手の意味に関しては少なくとも三通りの立場を考えることができる。

A．（4・1）のみを認める。話し手の意味は意図を伴う行為であるが、その内容は発話に関する、話し手の意図以外の何らかの要因から決定され、話し手の意図が話し手の意味する内容と対応した内容を持っている必要はない。

B．（4・1）と（4・2）のみを認める。話し手の意味は意図を伴う行為であり、かつ話し手が意味する内容と話し手の意図の内容は対応していなければならない。だが話し手が意味する内容は話し手の意図によって決定されるわけではなく、別の要因に基づいて決定されており、話し手の意図の内容はこの同じ要因によって決定されているか（話し手の意味と話し手の意図は、共通の要因によって内容が決定されるがゆえに内容において対応する）、もしくは話し手の意味する内容こそが話し手の意図の内容を決定する。

C．三つの主張をすべて認める。話し手の意味は意図を伴う行為であり、その意図の内容が話し手の意味する内容を決定する。

話し手の意味が意図を伴う行為であるということからは、このいずれも他の選択肢よりも強くサポートされることはなく、これらはすべて理論的には等しく可能な立場であり続ける。だが意図基盤意味論は明らかにAやBの立場を取らない。意図基盤意味論と呼ばれる営みは、Cに依拠している。上の三つの立場の少なくともいずれかが正しい見込みが高いということ自体は、直観によって支持されると言ってもよいだろう。しかし意図基盤意味論がそのなかでもとりわけCという特定の立場に属す以上は、意図基盤意味論をサポートするにはAやBという立場を退けなければならない。もしも意図基盤意味論を支えるとされる直観が、単に話し手の意味は意図を伴う行為であるというだけなのであれば、AやBを採用する立場と比較して、意図基盤意味論は直観に特に支持されているとは言えない単なる仮説に留まることになる。意図基盤意味論へのサポートを与えたければ、AやBではなくCこそがもっともらしいというさらなる直観的な根拠を与えるか、あるいはAやBを退ける議論が要求される。しかし、意図基盤意味論の論者はそうしたことをしてはいない。

（4・3）のような強い立場がもっともらしく感じられるとしたら、それはこの主張が話し手の意味の心理性から動機づけられるように思えるからかもしれない。話し手の意味の心理性によれば、話し手が何かを意味し、聞き手がそれを理解したならば、聞き手は標準的には話し手が意味したことに対応する信念を、話し手に帰属することができるようになる。これは素朴には「話し手が何かを意味するときには対応する信念を表明している」と言いたくなるような事態であると序章で指摘した。もちろん、私たちはいつでも自分が本当に信じていることを意味しているわけではない。だがこうした素朴な理解をもとにして、話し手が意味したことに対応する信念そのものではないにしても、何らかの話し手の心理状態が話し手の意味が成立するときには必ず存在していて、それが話し手の意味する内容を決定するのではないかという発想が生まれたとしても、理解可能なことではある。だがこれもまた直観的に確かな道とは言い難い。それはすでに、話し手の意味の心理性をどのように理解すべきかということに対する一定の見方を前提としており、正当化を要するのである。

意図基盤意味論の論者たちが先の（4・3）を採用する動機はどうあれ、（4・1）〜（4・3）のような三つの主張を区別したならば、意図基盤意味論がその見かけに反して、強い主張を伴っているということが見て取れるだろう。前節では、意図基盤意味論は退けられるべきだという主張を展開した。本節で見た区別を怠るならば、こうした主張はまるで（4・1）のような直観に根差した見解を退けることを求めているように見えるかもしれない。しかし本節で与えた区別を意識するならば、私が主張しているのは必ずしもそうしたことではないということがわかるだろう。意図基盤意味論を退けるには（4・2）や（4・3）を退ければ十分なのであり、（4・1）はそのままの形で維持しても構わないのである。

本節の議論は、意図基盤意味論を放棄するというのがそこまで考え難い立場ではないということを示している。次節では、（4・2）を疑わしく思わせる例を検討していく。（4・2）は（4・3）よりも弱い主張であるため、（4・2）を退けたならば、（4・3）もまたともに退けられることとなる。したがって、本書でのちに提案したいのは、（4・1）〜（4・3）のうち、もっとも弱い（4・1）のみを採用する立場である。

2　意味と意図の乖離(2)

前節では、話し手の意味が意図を伴う行為であるという直観が、それだけでは話し手の意味の内容が話し手の意図の内容と対応するという主張や、あるいは前者が後者によって決定されるという主張を支持しないということを論じた。そして意図基盤意味論はまさにこのうち最後の主張を採用していたのであった。話し手の意味する内容と話し手の意図の内容にはいかなる関係があるのか？　それらは少なくとも対応するのだろうか？　このことは「話し手の意味は意図を伴う行為である」という直観だけでは明らかになっていないのであった。本節では思考実験的な例を挙げて、それらが対応しないと考えるべきだということを示したい。

いくつかの準備をしよう。まず意図基盤意味論の論者は、話し手の意味の必要十分条件を与え、話し手の意味する内容を決定するような意図というものの存在を仮定している。その具体的な内実を問わず、そうした意図を「ＭＥ意図」と呼ぶことにし、意図基盤意味論の仮定の下で次が成り立つものとする。(3)

（4・4）話し手Sがxを発話することでpということを意味する
⇔Sがpということを M E 意図してxを発話する。

意図基盤意味論には第二章で見たようにさまざまな立場があるが、（4・4）の「M E 意図」の内実をそれぞれの仕方で具体化したのがそうしたさまざまな立場であると見なすことにする。要するにpということを M E 意図するとは、第二章で見たような各立場をまたがるような広い意味において、pということをアクセス可能にしようと意図することである。

さて、第一章や第二章で見てきた例は、いずれも話し手の意図がどのようなものであるのかという記述を中心に語られていた。言い換えるならば、そうした例において話し手の意味の成否を語るとき、それに関与する変数は話し手の意図のみであるかのように想定されていた。だが、本当にそうなのだろうか？　実はほかのもっと重要な変数が隠れていたということはないだろうか？　デネットは哲学における思考実験を私たちの直観を汲み取るポンプにたとえ、思考実験の考案とは関連する状況を構成するノブのそれぞれをひねり、それでも問題の直観が変わらず汲み取られ続けるかを観察することだと述べたが（Dennett 2013, p.7）、その言葉を借りるなら、話し手の意味に関して私たちは関連するノブの区別を十分につけていなかった可能性がある。

見落とされている重要なノブとは、発話である。第一章や第二章で挙げられている例では、確かに発話がなされている。しかし話し手の意味が成立する例とそうでない例で発話に違いがあるのかないのかといったことは、奇妙にも問われずにいた。だが話し手が何かを意味するときには、単に意図を抱いているというだけでなく、必ず発話をおこなう。それゆえ少なくとも話し手の意味の成否に関与しているノブの候補として、話し手の意図と並んで、話し手がおこなった発話にも注目すべきなのだ。後に見るように、これはまさにサールが注目した点でもある。

本書では、発話に関する想定を変更することで、ＭＥ意図の介在の有無とは独立に、話し手の意味の成否が変わるということを論じていく。注目すべきは、発話が話し手の意味に関連する機能を担っているかどうかである。これが厳密にどのようなことであるのかというのは、次章で論じることになる。本章ではひとまず、発話そのものを、話し手が意味することと対応する内容を担うものとして理解するような実践が存在するかどうかという点に注目するだけで十分だ。発話がそうした実践に関連づけられているとき、それは「社会的機能を持つ」と言うことにする。

発話の社会的機能は、規約的意味と混同されるべきではない。私は別の場所でこのような例を考えたことがある。


私はほかのひとに気づかれないように恋人にメッセージを送りたい、しかも頻繁にほかのひとがいる場で送りたいと思っているとしよう。その際、私は恋人に「私が「きょうは晴れているね」と言ったら今晩会いたいという意味で、「きょうは気持ちいい天気だね」と言ったら今晩は会えないという意味。「散歩にでも行きたいな」と言ったら私の家に来てほしいという意味、「のんびり過ごしたいな」と言ったらあなたの家に行きますという意味」と言い含めたとしよう。そのうえで、あるとき私が恋人に「きょうは晴れているね。散歩にでも行きたいな」と言ったとする。この言明の意味は何だろうか？　これは日本語を利用した発話であるため、この言明に通常の日本語意味論に沿った内容を帰属することもできる。それによれば、発話がなされた日は晴れていて、かつ私は散歩に行きたいのである（ふたつの事柄のあいだの因果的な関係を意味論的内容に含めるかどうかは立場が分かれるだろう）。他方、私と恋人のあいだの取り決めにおいてこの言明は一種の暗号であり、その取り決めに基づく意味論におけるこの言明の内容は、私が発話のなされた日の夕刻に恋人に会いたく思っていて、かつ恋人に私の家まで来てほしいとも私が思っているということである。（三木 2019a, p. 290）

この例では、私による「きょうは晴れているね。散歩にでも行きたいな」という発話は、恋人との実践において、それが日本語の規約から受け取るのとは異なる社会的機能を担っている。そうしたことを許容する形で「社会的機能」という言葉を用いることにしよう。

さて、ここからは、まず話し手がME意図を持ちながらも、発話が社会的機能を持たないがゆえに話し手の意味が成立しない例を見る。次にそれとは逆に、話し手がME意図を持たないにもかかわらず、発話が社会的機能を持つがゆえに話し手の意味が成立する例を見る。これらはいずれも、意図基盤意味論の枠組みにおいては説明がつかない事例である。

1．意味なき意図

まずはME意図のノブを開方向にひねっておこう。すなわち、ME意図が話し手にあることを仮定したうえで、発話に関する想定を変えることで、話し手の意味の成否が影響されるかを見ていく。

次のふたつの例を比較してほしい。

（4・5）あるアメリカ兵が第二次大戦中にイタリア軍に捕らえられた。アメリカ兵は、周りのイタリア兵に自分をドイツ将校だと信じさせることで、身柄を解放させようと考えた。イタリア語はわからないものの幸いにしてドイツ語を話せたこのアメリカ兵は、イタリア兵たちに自分は将校であるという趣旨のドイツ語文を発話することで、自分はドイツ将校であるとイタリア兵たちに信じさせようとした。

（4・6）あるアメリカ兵が第二次大戦中にイタリア軍に捕らえられた。アメリカ兵は、周りのイタリア兵に自分をドイツ将校だと信じさせることで、身柄を解放させようと考えた。しかしこのアメリカ兵はイタリア語もドイツ語もほとんど知らなかった。そこで、周りのイタリア兵もまたドイツ語をほとんど知らないだろうと信じて、このアメリカ兵は唯一知っているドイツ語文「Kennst du das Land, wo die Zitronen blühen?」を発話することで、自分がドイツ将校だとイタリア兵たちに信じさせようとした。

この第二の例は、サールによって「意味」論文の分析に対して提示された反例である[4](Searle 1965, p.8)。第一の例は、それをもとに作り替えたものだ。

サールによる例の提示がそうなっていたため、このふたつの例では「意味」論文の分析に合わせて「しかじかと信じさせようという意図」という表現が用いられている。しかしこれを、ME意図を用いた形で書き換えても問題は生じない。実際、同様の例は、第二章で紹介したいずれの立場に照らしても語ることができる。ふたつの例のいずれにおいても、アメリカ兵は姑息な意図を持つことなく聞き手(イタリア兵たち)に自分はドイツ将校であるという信念を抱かせようと意図し、そうした信念を抱かせようと意図していることを聞き手に認識させようと意図し、かつそのような認識が所定の信念の形成の理由となることを意図していてもよい。あるいは、自分の意図に関する適当な相互知識を聞き手とのあいだで形成しようと意図していてもよいし、ハーマン的な自己言及的意図を備えていてもよい(仮にそもそもそうした自己言及的意図を持つことが可能なのだとしたら)。自身の発話が、話し手が自分自身をドイツ将校だと信じているということの指標となることを意図してもよいし、自身の発話によって自分がドイツ将校であるということが顕在化するなどといったことも意図し得るだろう。要するに、さらに一般化して、アメリカ兵が自分はドイツ将校であるというME意図を持っていると見なしても問題はないのであり、以下ではそのような形でこのふたつの例を扱う。

さて、例（4・5）では、イタリア兵が実際にドイツ語を理解するか否かによらず、アメリカ兵は自分がドイツ将校なのだということを意味しているとして問題ないだろう。またこの例では話し手はME意図を持っており、しかもなされた発話はそれが持つ社会的機能において、話し手がドイツ将校であるということと結びついている。

例（4・6）ではどうだろうか。サールによれば、この例においてアメリカ兵が「Kennst du das Land, wo die Zitronen blühen?」という発話によって自分はドイツ将校なのだということを意味したとは言えない。なぜならこのドイツ語文が意味するのは「きみは知るかかの国を、檸檬の花が咲くところ」ということであり、これによって自分がドイツ将校だということを意味するわけにはいかないからである。[5] サールはこうした例をもとに、話し手の意味には話し手の意図だけでなく、発話された表現の規約という側面が関与していると主張している（Searle 1965, p.9）。

サールの主張を本書の言葉遣いで言い換えるならば、こうなる。（4・6）におけるアメリカ兵の発話は、その社会的機能においてその話し手がドイツ将校であるということと何ら結びついていない。アメリカ兵はその社会的機能ではなく、ただそれがドイツ語の文であるということからの推測によって、イタリア兵に自分がドイツ将校であるということを信じさせようとしている。このとき、話し手の意味は成り立たないように思える。しかしそれでもなお、仮定よりこのアメリカ兵はME意図を持っているのである。だとすれば話し手の意味の成否に関与するのはME意図ではない。

この例においても重要なのは、話し手の意味の公共性だ。（4・5）の例では、ドイツ語を理解するイタリア兵がいたならば、アメリカ兵は自分がドイツ兵であるということに対して一定の責任を負うことになるだろう。取り調べの結果としてイタリア兵からその訴えの疑わしさを突き付けられたならば、アメリカ兵は釈明しなければならない。だが（4・6）ではそうはならない。アメリカ兵がME意図を持ち、そしてそのことをイタリア兵が察していたとしてもなお、そのうえでアメリカ兵の身分を調べたイタリア兵が「お前はドイツ将校などではないではないか」と問い

図を持ちさえすれば可能だなどとは言えないということでもある。これらはいずれも妥当なのだ。発話が適当な社会的機能を持ちさえすれば、グライスが論じるように、確かにその発話によって私たちは何かを意味することができる。グライスによるケーキの例が示しているのはこのことだ。話し手と聞き手のあいだには、フランス語としてはそのような意味を持っていなかったはずの文が、それでもなおケーキを相手に勧めるという機能を担うという実践が成立しているのである。このときには、確かにそのようなことを意味するためにそのフランス語文を発話することができる。だが、そのような実践がそもそも生じていない場合には、私たちはそうした発話によって何かを意味することはできないのだ。サールが主張すべきだったのはこのことなのである。そしてこのことは、グライスの反論によっては覆されてはいない。

サールが示したのと同様のことは、文脈は異なるがマッカイによっても指摘されている[6]（MacKay 1968）。ただし、マッカイが直接に相手取っているのはグライスではなくドネランである。

ドネランは確定記述に帰属的用法と指示的用法というふたつの異なる用法があると主張したことで知られる（Donnellan 1966）。帰属的用法とは、確定記述を、その記述を満たす対象について何事かを述べるときに用いる場合の用法である。他方で指示的用法というのは、それが記述を満たしているか否かを問わず、話し手が指示している特定の対象について何事かを述べる場合の用法である。ドネランの有名な例に「スミスの殺害者はおかしい（Smith's murderer is insane）」というものがあるが（Donnellan 1966, pp. 285-286）、スミスの殺害者が誰であるかはっきりしないままに殺害現場の惨状をもとにこの主張をする場合には、誰であれスミスを殺害した人物はおかしいということが述べられており、「スミスの殺害者」という記述は帰属的に用いられている。対して、法廷に現れたスミス殺害事件の被告の挙動をもとに、その人物がおかしいと述べようとして「スミスの殺害者はおかしい」と言う場合、これはその人物が本当にスミスの殺害者か否かを問わず、その人物がおかしいということを述べている。この用法は指示的なものである。

マッカイが着目するのは、確定記述の指示的用法、とりわけ指示対象が記述に適合しない場合の指示的用法だ。マッカイの解釈に従うと、ドネランは指示的用法における指示対象が話し手の意図によって決定されると考えている。つまり、確定記述の指示的用法においては、話し手がそれによって指示しようと意図する対象こそ話し手が実際に指示する対象となると考えられているのである。[7] しかしマッカイによれば、こうした仕方で指示しようという意図と指示そのものとを混同することは、指示に関する「ハンプティ・ダンプティ説」を導いてしまう。

ハンプティ・ダンプティとは、ルイス・キャロル作の小説『鏡の国のアリス』(*Through the Looking-Glass*)のキャラクターであり、自分が言葉を使うときには言葉は自分が意味させようとしている通りのことを意味するという主張をし、奇妙な発言によってアリスを惑わせる人物として知られる。マッカイはこの主張を、適当な意図さえ持てば、話し手は任意の表現で好きなことを意味でき、好きなものを指示できるという立場を表明するものと考えている。もしも話し手が自分の指示しようと意図する対象を任意の確定記述によって好きに指示できるのであれば、適当な意図さえ備わったならば話し手は「テーブルの上の岩(the rock on the table)」によってテーブルの上の本を指示することができるようになるだろう(MacKay 1968, pp. 200-201)。もしそのような指示が可能ならば、およそいかなる確定記述を用いても、適当な意図さえあれば話し手はその本を指示できることになり、実際にどのような確定記述が用いられるかは指示に無関係となる。マッカイはこのようにドネランを批判する。

ドネランが指摘するように、マッカイがハンプティ・ダンプティに言及しつつ展開する議論は、ドネランの確定記述の理論というよりは、むしろグライスによる話し手の意味の分析に向けられるべきものだ(Donnellan 1968, p. 211)。そこで、マッカイの議論をもとに話し手の意味に関する事例を構築してみよう。マッカイは主に指示の問題を扱っているが、指示的な表現の使用が関与する発話の事例を考えることで、指示の問題を話し手の意味の問題へとシフトさせることができる。考えられる例は次のようなものだ。

（4・7）ハンプティ・ダンプティの目の前にテーブルがあり、その上に一冊の本とひとつの岩がある。ハンプティ・ダンプティは、その本が面白いということをME意図して、「テーブルの上の岩は面白い」と言う。

確定記述に関するマッカイの議論に従うなら、この場合にハンプティ・ダンプティはテーブルの上の本が面白いと意味してはいない。とすると、この例の観察からもサールのアメリカ兵の例と同様の結果が導かれることになる。この例において話し手の意味が成り立たないということを確かめるには、サールの例と同様に、話し手の意味の公共性を確認すればよい。何らかの仕方で首尾よくハンプティ・ダンプティの意図を理解したアリスが本を手に取って読んだうえで「ぜんぜん面白くないじゃない」と言い返したとしても、ハンプティ・ダンプティはその気になれば本の話をしていると考えたのはアリスの思い込みにすぎないとして、言い抜けをすることができるだろう。ハンプティ・ダンプティはこの例において、何かを意味する話し手が引き受けるべき責任を引き受けずに済んでいるのだ。

マッカイの議論に対して、ドネランは反論を試みている。ドネランによれば、意図というものは適当な予期（expectation）に基づいていなければならない（Donnellan 1968, p. 202）。ドネランの考えでは、私たちは何かを意図するとき、それが実現されることを予期しており、実現を予期しようがない意図を形成するというのは奇妙なのであり、例えば私たちは両腕を振って空を飛ぼうなどということを真剣に意図することはできないのだ。同様に通常の状況で「テーブルの上の岩」で本を指示することができないのは適当な予期を形成できず、それゆえ必要な意図を持てないからであるとドネランは主張し、さらに正しい予期が形成できる状況でさえあれば、「テーブルの上の岩」によってテーブルの上の本を指示できるとも述べる（Donnellan 1968, pp. 213-214）。

ドネランの議論は、サールに対するグライスの応答を想起させる。マッカイは、ある確定記述によって話し手がある対象を指示することができない場合があるということを指摘した。つまり、話し手が適当な意図を持っているからといって、どのような確定記述でどのような対象でも指示できるわけではないというのがその骨子である。それに対しドネランは、適当な状況さえ整えれば、ある対象を指示するために、本来はそれと無関係であった確定記述を用いることができると論じる。ここにはサールとグライスにおけるのと同様のすれ違いがある。マッカイが示しているのは、適当な状況が整わないならば、単に話し手の意図のみによって何かを指示することなどできないということなのであり、これはドネランの主張と両立するのだ。結局のところこれは、適当な社会的機能を担わない発話によって何かを意味することはできないということを示す論証に、適当な社会的機能を担いさえすればどのような発話でも何かを意味することができると返すという、サールとグライスの対立の焼き直しである。

違いがあるとすれば、ドネランは適当な状況が整わない限り、すなわち適当な予期が形成されない限り、そもそも私たちは関連する意図自体を持てないのだと主張しているという点である。グライスはサールの例において、話し手が適当な意図を形成できることを認めている。ドネランはマッカイの例において話し手が適当な意図を形成できるということ自体を認めない。それゆえこの点においては、サールに対するグライスの反論と違い、マッカイに対するドネランの反論は、単なるすれ違いではなく確かに反論になっているとも言える。だがこの反論は成功しているのだろうか？

実のところ、私たちはかなり愚かな意図を形成することだってできる。確かにたいていのひとは両腕をばたばたと振ることで空が飛べるようになるとは思わず、それゆえ空を飛ぼうという意図を持って両腕を振ることなどできない。しかし、ひとによっては本当に両腕を振ることで空を飛べると信じることもあるかもしれない。そうしたひとはたとえそれが傍から見て愚かなことであったとしても、空を飛ぼうという意図を本当に持って両腕を振ることができるだろう。私たちは十分に無知でさえあれば、いくらでも不合理な予期や愚かな予期を形成し得る。それゆえ、私たちは不合理な意図や愚かな意図でも持つことができる。だとすれば、予期という概念を持ち出したところで、私たちが持ち得る意図を制限することはできない。マッカイの例におけるハンプティ・ダンプティも、愚かにも自分の発話によって自分が意図していることを実現し得ると信じているかもしれないのだ。そして、そのように仮定しても、マッカイの例の効力は変わらない。結局のところ、ドネランの言う予期が単に個人の心理状態を指すのであれば、それはマッカイの反例を退ける力を持たないのである。ハンプティ・ダンプティが適当な予期を形成していなかったと考えなければならない理由は与えられていないのだ。

あるいはドネランは、予期の適切さというものが何か個々人の心理を超えた外在的な基準によって与えられ、それとそぐわない意図というものはたとえ当人がそれを持っていると思っていたとしても、本当に持っているとは見なせないといったことを想定しているのかもしれない。ハンプティ・ダンプティは、本人としては自分の発話が望むような結果を生むと思い込み、当人としては予期を形成し、意図も形成したつもりであったかもしれない。それでもなお、ハンプティ・ダンプティの主観を離れて理解したならば、その発話によって当人が望んでいるような結果を得られる合理的な見込みはない。それゆえハンプティ・ダンプティは適当な予期を持っておらず、適当な意図を持てないのだ。意図と予期をめぐるドネランの反論を、そのように解釈する道もあるだろう。

だがこの場合、ドネランとマッカイは意見を異にしているわけではないということになる。この解釈においては、話し手が適当な意図を形成できるかどうかが、そもそもその発話が外在的な基準のもとで適当なものであるかどうかに依存していることになる。すると結果的に、話し手の意味の成否は究極的には発話が外在的な基準のもとで適当なものとなっているかどうかに依存することになる。これはマッカイが主張することそのものである。その点には同意がなされていることになり、あとは何を「意図」と呼ぶかという問題が残されるにすぎない。いずれにせよ、マッカイの反論は退けられていない。

こうして、サールのアメリカ兵の例と同様、マッカイの議論をもとにした例からも、話し手がＭＥ意図を持ち、しかしながら適当な社会的機能を持たない発話をおこなった場合には、話し手の意味は成立しないということが示唆される。[8]

サールとマッカイの議論をもとに、意図基盤意味論の予測に反する事例を見てきた。しかし、ここで挙げた事例に関して、少なくともふたつの疑問が生じ得る。まず、ここで挙げた事例のいずれにも言語的発話が関与しているため、発話された言語表現が規約的意味を持つという事実によって、話し手の意味の成否に関する私たちの判断が影響されている可能性が考えられる。つまり、発話された表現の規約的意味から話し手の意味が著しくずれているという事実のゆえに、話し手の意味が成立していないと私たちが誤って判断しているという可能性である。その場合には、本節で挙げたような例は話し手の意味に関する観察を得るには適していないことになる。さらに、ＭＥ意図がそもそも発話に一定の条件を課すことを内容として備えているとしたら、本節で見たような反例は排除できるのではないかという疑問があり得る。これらふたつの疑念を退けることで、本節の観察が妥当なものであることを示しておきたい。

（4・6）のアメリカ兵の例や（4・7）のハンプティ・ダンプティの例は、いずれも言語的な発話が関与するものとなっていた。このことはこうした問題が言語的発話に特有であるという印象を抱かせるかもしれない。しかし実際にはその印象は正しくない。というのも、同様の問題を引き起こす例は非言語的な発話に関しても見出すことができるのである。次のように、私が奇妙な信念を抱いている場合を考えてみてほしい。

（4・8）私はある友人がテレパシーに似た超能力を持っていると信じている。私の考えでは、友人は好きなときにひとの思考を読み取れるわけではないが、相手がその友人の注意を意図的に惹きつける行動を取れば、その行動に反応してその相手の思考を読み取れるのである。私は、友人が贈ってくれたネックレスが自分によく似合っていたというME意図を持ち、友人の前で手を叩く。このとき私は、手を叩いて友人の注意を引き付けることで、友人には自分のME意図が筒抜けになると信じているのである。

この例では、私は異様な信念を抱いているがゆえに、異様な形でME意図を形成している。だがそのような心理を抱くことは不可能ではない。では、このときに私は手をたたくことによって、友人が贈ってくれたネックレスが自分によく似合っていたということを意味したのだと考えることはできるだろうか？　むしろこの例においては、私は確かに何かを意味しようとしたかもしれないが、その試みは失敗しており、結局のところ手を叩くことによっては何も意味できなかったと考えるほうが自然だろう。実際、この例においても、友人が何らかの仕方で私の意図を理解し、しかし私ではなく私の母にネックレスを贈ったつもりでいた友人が「え、なんであなたが使っているの？」などと訊いたならば、私は「違う、いまのは手を叩いただけ」などと言い抜けることが可能だろう。もちろん、このとき私は友人に自分の意図が見抜かれていると思い込んでいるのであり、したがってそのような言い抜けが嘘であるということも友人にはばれていると判断するだろうし、それゆえそのような言い抜けをしても仕方がないと感じ、実際にはそうした言い抜けをしようとも思わないかもしれない。しかしもしも私がそれでもなおそのような言い抜けをしたとしたら、聞き手である友人には私をそれ以上に責める権利は生じないように思われる。結局のところ、友人も私が手を叩いたのに対して、勝手に私の意図を推測しただけなのだ（たまたまそれが私の思い込みと合致していただけで）。したがって、この（4・8）は、先に見た（4・6）や（4・7）に類する特徴を示しながらも、非言語的な発話がなされている事例と見なせる。

この事例における発話は非言語的であるのみならず、およそいかなる規約的意味にも関与していないということに注意してほしい。一般的に、手を叩くことに特定の規約的意味はない（むろん、手を叩くということに規約的意味を担わせるような状況はあり得るが、ここではそうした場合を想定してはいない）。（4・8）にはそもそも規約的意味が関与していないため、規約的意味と話し手の意味のずれが理由となって話し手の意味の事例ではないという判断が生じているわけではない。だが（4・8）は、それ以外の点では先に見た（4・6）や（4・7）と似た事例となっている。それゆえ（4・6）や（4・7）についても、規約的意味の関与が話し手の意味の成否に関する判断を妨げているわけではなく、話し手の意味はこれらの例において現に成り立っていないのだと考えたほうが理に適っているだろう。

だがこのように反論するひともいるかもしれない。実はME意図には発話に関する条件が内容として含まれていて、本節で挙げたような反例は排除されることになるのではないか？ グライスはまさにこうした方針のもとでサールに応答しようとした。グライスの考えでは、話し手が発話によって何かを意味するとき、話し手は自分の発話がある特徴fを持っていること、及びfが聞き手の反応（信念形成）に相関していることを意図していなければならない（Grice 1969, pp. 103-104）。このように発話の持つ特徴というものをME意図の内部で特定することで、グライスは（4・6）において話し手は何かを意味するのに必要な意図を備えていないとし、このような例を退けようとしたのである。

しかし、明らかにこれは不十分だ。というのも、話し手は誤解に基づいて、実際には自分の発話がその場面において持ちようがない特徴を持つように意図している可能性もあるからである。（4・6）のアメリカ兵は、ドイツ語に関する無知ゆえに「Kennst du das Land, ……」という文がまさに話し手がドイツ将校であるという内容を持っており、聞き手もそのように理解していると信じているかもしれないし、あるいはこれがそのようなドイツ語文ではないとわかりつつも、何か奇妙な思い込みに従って、周囲のイタリア兵は、話し手がドイツ将校であるという内容をこの文が持っていると信じるに違いないと考えているかもしれない。こうした場合には、結局サールやマッカイが問題視するような事例においても、話し手は発話の特徴に関してグライスが話し手に要求するような意図をも持つことができる。すると、こうした事例をグライスの応答によって話し手の意味から排除することはできなくなるのである。

グライスとドネランには共通の誤りがある（ドネランの言う「予期」がその持ち主にとって外在的な基準のもとで制約されてはいないと解釈するならば）。いずれも、話し手の持つ予期なり意図なりによって発話をその場に相応しいものへと制限できると考えているのである。ドネランはハンプティ・ダンプティには適切な予期を形成できないからマッカイの指摘するような発話はできないはずだと言い、グライスは問題のアメリカ兵には発話の特徴に関する適当な意図が欠けているから話し手の意味には該当しないと言う。だが重要なのは、話し手の発話が実際にどのようなものであるかということは、話し手が自分の発話をどのようなものであると思っているか、どのようなものにしようと意図しているかということとは別問題だということだ。サールやマッカイは、話し手の発話が客観的に奇妙なものである事例を挙げ、その場合に話し手の意味は成り立たないと主張する。話し手が適切な予期や自身の発話に関する適当な意図を持っていなければならないという条件を課したところで、話し手の思う自身の発話と実際のそれとのあいだに乖離がある以上、そのような条件によってサールやマッカイの例に対処することはできないのである。

このことは意図基盤意味論のひとつの限界をも示している。意図基盤意味論は話し手の意味に関与する要因を、話し手の意図の内容からしか引き出すことができない。そして話し手の心理は話し手の外部で客観的に成り立っている事態とは別である以上、意図基盤意味論による話し手の意味の説明においては、後者の情報にアクセスすることはできないのである。サールやマッカイの反例とグライスやドネランの応答のあいだのずれは、まさに意図基盤意味論のこの限界に起因している。

2. 意図なき意味

次にME意図に関するノブを逆向きにひねり、話し手の意味に関する直観を見てみよう。すなわち、対応する意図を欠いているように見える話し手の事例において、発話がどのようなものであるのかということを変化させることによって、話し手の意味の成否が変わるかどうかを見ていく。以下のふたつの例を比較してほしい。

(4・9) 私は誘惑に負けて、恋人が冷凍庫に保管していたアイスクリームをつい勝手に食べてしまった。帰宅した恋人が冷凍庫を開けると、楽しみにしていたアイスクリームがなくなっていた。そこで恋人は私に訊く。「アイスどうした?」。自分がアイスクリームを食べてしまったということを恋人に知らせまいと思っている私は、特に言葉は返さず、鼻歌を歌う。

(4・10) 私は誘惑に負けて、恋人が冷凍庫に保管していたアイスクリームをつい勝手に食べてしまった。他方で私には奇妙なひとつの癖がある。何かに熱中しているときにひとから質問をされると、その答えを知っている場合には、自分が何を答えているのかを意識する前に反射的に正しい(と自分が思っている)答えを返してしまうのである。そしてそれを口に出してしまった直後に自分が言ったことに気づくのだ。帰宅した恋人が冷凍庫を開けると、楽しみにしていたアイスクリームがなくなっていた。普通に問い詰めても私はきっと「自分で食べて忘れちゃったんじゃない?」などと平気で言うだろう(これまでもそうだったのだ)。先ほど述べた私の癖を知っている恋人は、私のお気に入りの映画を一緒に見ようと私に持ちかける。私が映画に熱中しだしたころ、恋人は訊く。「アイスどうした?」。私は自分が何を答えているのかを意識する間もなく、「食べたよ」と答えてしまう。私は自分がアイスクリームを食べてしまったということを恋人に知らせようといった意図は持っておらず、できるなら隠し通したかったのに。

どちらの例でも、私は自分がアイスクリームを食べてしまったということを、いかなる形にせよ恋人に気づかせようとは意図していない。そのうえで（4・9）では関連する社会的機能を持たない鼻歌を返しているが、明らかに私は鼻歌によって自分がアイスクリームを食べたということを意味してはいない。この点は意図基盤意味論の論者も認めるだろう。

問題は、（4・10）の例である。こちらの場合は、私の奇妙な癖ゆえに、私は自分でもそれと気づかないうちに「食べたよ」と答えてしまっている。意図に関しては（4・9）と変わらないが、（4・10）の私は社会的機能を持つ発話、この場合は具体的には日本語文の発話をしている。そして（4・10）では私は自分がアイスクリームを食べたということを、自分でも望んでいないにもかかわらず意味してしまっているように思える。実際、こうした発話がなされたならば、私も恋人も、私がアイスクリームを食べたということ、少なくとも私がそう信じているということを前提にその後のやり取りを続けるだろう。恋人から「どうして勝手にひとのアイスを食べてしまうの？」と問い詰められたならば、私はどうしてもアイスクリームが食べたかったという趣旨の言い訳はできるかもしれないが、自分がアイスクリームを食べたという当の事柄に関しては、もはや言い抜けのしようがない。つまり、この例においては話し手の意味の公共性が成り立つのである。

このいずれの例においても話し手の意味に対応するＭＥ意図が私には欠けているだろうが、それでもなお一方では話し手の意味が成立せず、他方では成立しているように思われるということは、すなわち話し手の意味の成否にかかわるノブはＭＥ意図の有無ではなく、発話が適当な社会的機能を有しているか否かであるということを示している。

この例において話し手の意味が成立しているという判断を疑う者もあるかもしれない。実際、私はこれまで話し手の意味の公共性を話し手の意味の必要条件とは見てきたが、十分条件であるとは論じてこなかった。それゆえ話し手の意味の公共性に当たるものが見られるというだけで、話し手の意味が成り立っていると言えるかどうかは確かではない。

だが話し手の意味の公共性に当たるものが成立しているというだけでなく、語用論的な観点からも、この例を話し手の意味の事例として扱うべき理由がある。というのも、この例において、私の発話に対しては語用論的な推論が適用され得るからだ。実際、私の「食べたよ」という発話は、その規約的意味だけからは誰が何を食べたのかということは未特定に留めてしまう。それにもかかわらず、私たちはこの例を見て、私の発話を恋人のアイスクリームを私が食べたという内容を担うものとして自然に理解するだろう。命題的内容が規約的意味から十分に特定できないような発話に対して、必要な情報を補うことで関連する命題的内容を特定するというプロセスは語用論的なものであり、表現の規約的意味を超えた話し手の意味の領分に属すことが知られている（Sperber & Wilson 1986/1995; Bach 1994; Carston 2002）。それゆえ、そうした語用論的プロセスを経て、私の「食べたよ」という発話を、私がアイスクリームを食べたのだという内容を担うものとして理解できるという事実は、とりもなおさずこの事例において話し手の意味が成立しているということを示している。

またこうした例に関しても、言語的な発話が介在しているということは本質的な役割を果たしてはいないと指摘することができる。（4・10）と同じ状況において、私は「食べたよ」と言う代わりに自分のお腹をうっかり指さしてしまったのであってもよかったのだ。

いま見た例において、私が「食べたよ」と応じたときには、瞬間的に適当なＭＥ意図が形成されていたのではないか、だからこの場合に話し手の意味が成立しているのではないかと応じる向きもあるだろう。それについては例えばこのように修正した例を検討することで退けることができる。

（4・11）私は誘惑に負けて、恋人が冷凍庫に保管していたアイスクリームをつい勝手に食べてしまった。帰宅した恋人が冷凍庫を開けると、楽しみにしていたアイスクリームがなくなっていた。恋人は訊く。「アイスどうした？」。私は自分がアイスクリームを食べたということは隠しておこうと意図している。他方で、恋人に嘘はつきたくないとも思っている（勝手にアイスクリームを食べることは許せても、嘘をつくという不誠実は許せなかったのだ）。嘘にはならないように気を付けつつも自分がアイスクリームを食べたという事実は隠す、このことを達成するために、私はあえてややこしい言い方を選び、「アイスは私のエストマにしまってあるよ」と答える。私は、「エストマ（estomac）」がフランス語で胃を表す言葉であるということに恋人が気づかないものと期待しているのだ。

（4・10）との違いは、こちらの例において私は自分がアイスクリームを食べたということに恋人が気づかないよう、積極的に意図しているということである。そうでなければ、わざわざわかりにくい言葉を選んだということが説明できない。それにもかかわらず、先の例の場合とまったく同じ理由で、私は自分がアイスクリームを食べたということを意味しているだろう。実際、自分がアイスクリームを食べたということを意味しながら、しかし同時に私の発話をもとに私がアイスクリームを食べたということへと恋人がアクセスできるようにはしないこと、この両者を両立させることが私の意図だったのである。この場合、私はME意図と相反する意図を抱きながら何かを意味している。しかし私はこの場合において、互いに矛盾するふたつの意図を同時に抱くという不合理、例えば外出することと外出しないことを同時に意図するような不合理には陥っていないだろう。少なくとも（4・11）のようなことは、合理的な人間が実際になし得ることであるはずだ。もしも合理的な人間は相反する意図を同時に抱き、同じひとつの行為でその両方を実現しようなどとはしないとすれば、この事例において私がME意図と相反する意図を持っている以上、私はＭＥ意図を持ってはいないと言うしかない。

実のところ、（4・10）に類する事例は日常にありふれている。私たちは頻繁に、うっかり、口を滑らせて、自分でもそんなことを意味してしまうと気づかないままに何かを言う。私たちはそうした現象をしばしば「失言」と呼んでいるが、失言の事例において、基本的に話し手がどういう意図でその言葉を使ったのかということは問題とならない。もしも特定の集団を侮辱するような表現を用いて発話をしてしまったならば、その話し手がいかに自分にそんな意図はなかったと言ったとしても、そして実際にその話し手がそうした意図を持っていなかったとしても、それでもなお私たちはその発言によって話し手はその集団の不利益となるようなことを意味したのだと理解し、そのようなことを意味したという事実に関して、話し手の責任を追及するだろう。こうした場面においては、どういうつもりであったかではなくどのような発話をしたかということこそが、話し手が意味する内容を決定し、そしてそのように決定された内容について、話し手は一定の責任を負わされることになる。それがこの現実の社会において私たちが携わっている実践であろう。それゆえ、こうした日常的な実践をもっともなものだと考えるならば、私たちは（4・10）のような例に見られる、そのつもりがないままに何かを意味してしまう話し手の可能性を認めるべきなのである。[9]

本章のまとめ

本章では、意図基盤意味論が直観的にもっともらしく思われるときの、その直観について反省してきた。第一に、私たちは確かに話し手の意味というものが意図を持って発話をするという行為であるということに同意できるであろうが、話し手の意味に対して意図基盤意味論を採用するということには、これより強い主張が要求されていた。すなわち意図基盤意味論は単に話し手の意味が意図的な行為であるというだけでなく、そうした意図の内容と話し手の意味の内容が対応しており、前者が後者を決定するという主張を伴うのである。そしてこの強い主張に対する直観的サポートは得られていない。意図基盤意味論はそれゆえ、実はそもそもそれほど直観的ではないのである。

次に、話し手の意味と、話し手の意味に対応するとされる話し手の意図（ME意図）が乖離する事例を見てきた。サールやマッカイが指摘していたように、話し手がいかにME意図を備えていようとも、それを意味するのに適した社会的機能を持つ発話を話し手が選択しないならば、話し手の意味は成立しない。こうした事例に対するグライスやドネランからの反論も検討したが、それは結局のところ有効なものとはなっていなかった。また逆に、話し手がいかにME意図を欠いていたとしても、一定の社会的機能を担う発話をそれにもかかわらずしてしまったとしたら、話し手は何かを意味してしまう。そうした例も紹介した。

いくつかの注意が必要だろう。私は話し手の意味と話し手のME意図が乖離し得るとは主張するが、話し手の意味に話し手のME意図が伴ってはならないとは主張しないし、また話し手の意味には多くの場合において話し手のME意図やそれに類する意図が伴っているということを否定するつもりもない。実際たいていの場合においては、私たちは何かを伝えたいと意図したうえで（すなわち、ME意図やそれに類する意図を持ったうえで）、それと対応する事柄を意味するということに成功しているだろう。私が主張したいのは、確かに話し手の意味とME意図とのあいだにはそうした緩やかな連動関係はあるかもしれないが、しかし話し手の意味を話し手のME意図が構成し
ている
わけでは
ない、すなわち後者は前者の本質をなしているわけではないということである。それゆえ、実際には多くの場面において両者は共起しているかもしれないが、しかし話し手の意味の分析において、話し手の意味する事柄と対応する内容を持つ話し手の意図などというものを持ち出すわけにはいかない。これが本章で示したかったことだ。

また、私は話し手の意味が意図的な行為によってなされるということも否定しない。実際、発話それ自体は意図的になされるものだろう。アイスクリームのことを恋人に問われた私は、自分がそれを食べてしまったと恋人に伝えよ

うとは意図しておらずとも、恋人の言葉に対して返答をしようという程度の弱い意図は持っていたと言ってよいだろう。実際、そうした弱い意図さえ持っていなかったとしたら、私は返事もしなかったはずなのだ。ただ、そのようにして発話に伴う意図は、話し手の意味の内容を決定したりするようなものではないのである。

意図基盤意味論において、話し手の意味は話し手の特定の意図が構成するため、話し手が何かを発話して何かを意味するときの背後にある意図というものは常に同じタイプのものと見られていた。何かを意味するからにはME意図を持たなければならない、それが意図基盤意味論の考え方だ。本書において提示したいヴィジョンは、ひとはさまざまな意図から発話をおこない、何かを意味することができるというものである。意図基盤意味論の論者たちが想定していたように、何かを伝えようというはっきりとした意図を持って発話をすることもあるだろう。だが、特に何かを伝えようという意図はないままに、ただ相手の問いかけに返答をしようという意図のみから発話をし、それによって伝えたくないことを伝えるような仕方で何かを意味してしまうこともある。あるいは、相手に伝わらないということを積極的に意図しながら何かを意味することもあるだろう。映画や小説には実際、そうした多様な意図のもとでなされる発話がしばしば見られ、それがドラマを生み出している。想いを知られることさえ許されない相手に恋をしてしまった、この気持ちはいつまでも隠し通さないとならない、それでも溢れる想いを抑えられず、せめて決して伝わらない仕方で想いを吐き出したくて、あえて相手に通じないとわかっているロシア語で、愛を語る。このときその人物は、相手に知られることが決してないとわかっているからこそ、愛の告白をすることができているのだ。意図基盤意味論の枠組みは、話し手が何かを意味するときの意図がさまざまであり得ること、ときには相手に何かを伝達しようというたぐいの意図に反する意図を担っていることさえあり得ることを見逃してしまうのである。

第1節の内容を踏まえていうならば、私たちが話し手の意味と話し手の意図の関係として認めるべきなのは、「何かを意味するというのは、何らかの意図を伴ってなされる意図的な行為である」という最小限のことに留まる。それを超えて、話し手の意味と内容的に対応する話し手の意図が発話に伴っていると考えたり、話し手の意図の内容が話し手の意味の内容を決定すると考えたりし始めると、本章で取り上げた事例は扱えなくなり、話し手が何かを意味するときの発話の背後には多様な意図があり得るということが見えなくなってしまう。話し手の意味と話し手の意図の関係として最小限のもののみを認める立場を「話し手の意味に関する最小意図説」とでも呼ぶとするなら、この最小意図説は本書で提示する立場の一部をなしている。

では、以上のことを踏まえて、私たちはどのようにして意図基盤意味論に対する代案を作るべきなのだろうか？いままでのところでは、話し手の意味の透明性を認めること、表象主義を棄却すること、最小意図説を採用することといった大枠しか論じてこなかった。次章では改めて帰結問題にいかに答えるか、すなわち話し手が何かを意味し、聞き手がそれを理解するときに何が起きることになるのかを検討することを通じて、話し手の意味についての「共同性基盤意味論」と呼び得るアプローチをより具体的に提案したい。

Ⅲ　公共性を基礎に据える

第五章　共同性基盤意味論

はじめに——話し手の意味への新たなアプローチに向けて

ここまでのところ、本書ではネガティブな議論を主におこなってきた。意図基盤意味論がいかに話し手の意味の分析に失敗してきたか、そして意図基盤意味論という枠組みにとってそうした失敗がいかに避けがたいか、そうしたことがこれまでの論点となっていた。それに対し、本章と、続く第六章では、ポジティブな議論の展開を試みたい。すなわち、もしも意図基盤意味論が話し手の意味の分析のための枠組みとして不適格だとしたら、代わりにどのような枠組みを使えばいいのかということだ。

すでにわかっている要件がいくつかある。第一に、前章で論じたように、話し手の意味の十分な分析を得るためには、最小意図説を採用しなければならない。話し手の意味と話し手の意図との関係は、話し手の意味が何らかの意図を伴った発話によってなされる行為であるという以上のものではなく、そして発話に伴う意図は（意図基盤意味論の想定に反して）多様であり得るのだ。第二に、話し手の意味の透明性を確保しなければならない。話し手がおよそ何かを意味するならば、話し手が何かを意味しているという事実はあからさまなものとなっていなければならないのである。それに加えて、序章では話し手の意味の分析が説明すべき事柄として、話し手の意味の心理性と公共性を挙げていた（実のところ、透明性は公共性の前提だった）。

前章までで検討してきた意図基盤意味論は、いわば話し手の意味の心理性を出発点に据えるタイプの理論となっていた。意図基盤意味論においては、話し手の意味というものがそもそも話し手の心理によって、とりわけ話し手の意図によって分析される。すでに述べたように、意図基盤意味論の論者たち自身はその根拠を明確に与えてはいないものの、こうした立場は話し手の意味の心理性から動機づけられるように思える。そして実際、その立場のもとでは話し手の意味の心理性は容易に説明されるように見える（詳しくは次章第1節で論じる）。だがすでに見てきたように、意図基盤意味論は話し手の意味の透明性の確保に失敗し、話し手の意味の公共性は説明できなくなってしまう。

本書で提案したいのは、逆向きの道だ。話し手の意味の公共性に目を向け、それを話し手の意味の本質をなすものと見なして話し手の意味を分析するのである。この章では、話し手の意味の公共性とはより具体的にはどのような現象であり、それをもとにすると話し手の意味をどのように分析できるのかを論じていきたい。

まず第1節では、テイラーによる意図基盤意味論批判をもとに、話し手の意味の公共性というものを明確化したい。テイラーによれば意図基盤意味論の立場はコミュニケーションにおける「我らのこと（entre nous）」を捉えられていないとされるのだが、この「我らのこと」こそが公共性の鍵となる。ただ、そうしたテイラーの議論は独特の用語で展開され、説明も十分に与えられていない。そこで第2節では、ギルバートが集合的信念に関して提示した議論を応用することで、テイラーの言う「我らのこと」をうまく捉えられるということを論じる。続く第3節で、集合的信念という概念を用いた話し手の意味の分析として、共同性基盤意味論を提案する。これは最小意図説を採用し、話し手の意味の公共性と透明性を反映し、話し手の意味の表象主義を用いない立場である。また第3節では、意図基盤意味論のアプローチでは「我らのこと」には（仮に透明性を確保できたとしても）到達し得ないということも指摘する。第4節では、共同性基盤意味論のもとでさまざまな語用論的現象を取り扱うための手がかりとして、発話のマルチモーダル性と推意の規約性について論じる。

1　テイラーによる意図基盤意味論批判

前章で見たように、意図基盤意味論の論者は話し手の意味の透明性という前提を受け入れ、それに沿った仕方で話し手の意味の分析を与えようとしてきた。そのなかで提案されたのが相互知識のような概念なのであった。だがすでに見たように、話し手の意味の透明性という前提を表象主義の前提と組み合わせたならば、すなわち話し手が何かを意味するならば話し手が何かを意味しているという事実はあからさまになっていなければならないと考えながら、しかも話し手の発話と話し手の意味の実現状況は話し手の命題的態度によって繋がっているとも考えたならば、すでに意図の無限後退の萌芽を許していることになる。

話し手の意味の透明性は、序章で見たように話し手の意味の公共性を実現するための前提をなす。意図基盤意味論が透明性の確保の段階ですでに失敗し続けていたこともあり、これまでの章では公共性については個々の事例において話し手の意味の成否を判断するための基準として用いていたのみで、それ自体を考察対象とはしてこなかった。この節ではまず、話し手の意味の公共性というものを、これまでよりも高い解像度のもとで捉えることを目指す。

ここで関わってくるのが、テイラーによる意図基盤意味論への批判である。これはまさに話し手の意味に対する意図基盤意味論的分析が、重要な仕方で話し手の意味の公共性に到達していないということを示している。テイラーは話し手の意味が持つ公共的な側面を「我らのもの」という用語で言い表している。本節ではこうした言葉を用いて展開されるテイラーによる意図基盤意味論への批判をたどっていこう。

テイラーが直接相手取っているのはベネットの『言語的行動』（*Linguistic Behaviour*）という著作（Bennett 1976/1990）であり、テイラーの意図基盤意味論批判はこの著作に対する書評において展開されている（Taylor 1980）。ベネットの著作は、意図基盤意味論による話し手の意味の分析とそれを用いた規約的意味の分析を、行動主義的な心理観と接続させることで、人間の言語的な振る舞いに関する行動主義的視座を与えるということを目標としている。これに対しテイラーは、ベネットが依拠する意図基盤意味論的な話し手の意味の分析が決して話し手の意味を十分に捉えられないということを、第二章で見た意図の無限後退問題とはまったく異なる観点から主張している。仮に意図基盤意味論の論者たちが望む仕方で話し手の意図が実現し、話し手と聞き手に望ましい心理状態が生じたとして、それは話し手の意味の公共的な側面を捉えるのに十分なのか、本書の言葉遣いで語り直したならば、テイラーはそうした疑問を突き付けているのである。

テイラーが注目するのはベネットによる以下の例である（Taylor 1980, p. 292）。

> オペラの公演中、私は十席ほど向こうに座っている友人のほうへ目を向ける。私たちの目が合い、彼女は鼻を押さえながら大げさにしかめ面をする。友人は自分がこの公演を嫌っているということを**意味した**のだということに読者は〔……〕同意するだろうと思われる。（Bennett 1976/1990, p. 12, 強調は原著者）

すなわちこの例は、話し手の意味の事例として提示されている。これを話し手の意味の事例と見なす理由を、ベネットは次のように説明する。

〔……〕私の友人は自分がこの公演を嫌っていると私に思わせようと意図した。彼女は同じ目的を達するために別の方法を試すこともできたかもしれない。審美的な面での苦痛を感じていることを故意に表に出し、自分が嫌がっているということの自然な証拠として私がそれを受け取るよう意図してもよかったし、騙すというのを抜きにして、自分が何か嫌なことを経験しているということに対する本当の証拠となる左手の震えを、私に見せることもできただろう。だがこうした手立てはいずれも、彼女がどういう理由でそれを示したと私が思うかということとは独立に、彼女が公演を嫌っているということの証拠として受け取られるようなものを含んでいる。鼻を押さえて大げさにしかめ面をするというのは、そのようなものではなかった。騙そうとしてのことであろうがそうでなかろうが、いずれにしても、それは彼女が公演を嫌っているということに対する独立の証拠として示されたわけではないのだ。(Bennett 1976/1990 p. 13)

つまり、ここでベネットは、先の例で話し手の意味が成立するのは、意図基盤意味論的な意図を友人が備えているからだと考えているのである(ここでは第一章で紹介した単純な分析において話し手に帰せられたのと同様の意図が想定されている)。

しかしテイラーは、これが話し手の意味の事例であるということに同意しながらも、意図基盤意味論が想定するような意図が介在しているがゆえに、話し手の意味が成立しているわけではないと反論する。このことを理解するためには友人が鼻を押さえる直前の状況を考えてみればよいとテイラーは論じる。

鼻を押さえる直前に、友人の手は公演を嫌うあまり震えていたかもしれない。私はそれを見るだけで、友人が公演を嫌っていることを理解したかもしれない。さらには、友人は自分の手の震えが私にきちんと見えるようにすることで、私にそのように知らせていたかもしれない。さらにテイラーは状況の説明を続ける。

> 彼女の手を見たおかげで、彼女が公演を嫌っているということが私に知られるかもしれない。自分の手が見えるところにあるということは自分でもわかっているのだから、私がそう知っているということを彼女は知っている。そして私が知っていると彼女が知っていると私が知っているに違いないと彼女は知っている。そして私は……などと気づく。だが何らかの理由でこうしたすべてがひどく気まずいことだったと想像してほしい。私の義兄がオーケストラの指揮を振っているのだ。そのため私たちはそうしたことをあるレベルにとどめておき、それについては何も言わないようにしたいという誘惑に駆られる。彼女は慎重に、私のほうへ振り向かないようにする。あるいはことによると、そうしたことを隠しておこうとするというのがあまりに馬鹿げているということもある。そうしたことはあまりに明らかで、それから目を背けようとすると私たちの関係がぎこちなくなってしまうほどなのだ。それゆえ途中休憩の際には、彼女は飲み物を片手に公演の話を持ち出し、それを笑いの種にし、ひょっとしたら、これだけ表情豊かに演奏されるヴェルディのよさをわからないなんてと自虐するかもしれない。
>
> 　だが私たちがどう処置するにせよ、重要なのはそこには限界があるということだ。この限界は確実性とは何ら関係なく、またあなたの知っていることを私がどれだけ知っているかなどといったこととも何ら関係しない。むしろそれは、何かが白日のもとに、いわば私たちのあいだの空間にもたらされ、この強い意味において私たちにとって承認された事柄となるときに関わってくるような限界である。（Taylor 1980, p. 294, 強調は原著者）

これを「テイラー事例」と呼ぼう。要するに、テイラー事例における友人は、自分の手の震えが公演に対する自らの低い評価を示すことを理解しながら、あえて語り手に手を見せているのだ。そのとき、自分が公演を低く評価していると語り手に知られること、そして自分がそれを知らせようと意図していると語り手が知ること、そうした意図に気づいたがゆえに語り手が公演に対する自分の評価を知ること、さらにはそれらが相互知識となること……、といったさまざまな意図を友人は備えているとテイラーは想定している(テイラーの提示した文中には明示されていない意図もあるが、ベネットへの反論である以上は、テイラーが念頭に置いているのはこうしたことだろう)。けれども、友人は公演に対する自分の評価を明言はしない。休憩中には「本当に、なんて素敵な公演でしょう。これだけ情感たっぷりのヴェルディなんて聞いたことがありません」などと言い、それは語り手からするとある種の皮肉だとしか思えないかもしれないが、しかし決して表立って自分が公演を低く見ているということは語らないのである。そしてまた語り手自身も義兄がそのオーケストラを指揮しているがゆえの気おくれのために、友人にはっきりと評価を聞こうとはしないし、自らも語ろうとはしない。公演がひどい出来である(と少なくとも語り手とその友人は思っている)ということは「あるレベルにとどめておき、それについては何も言わないように」されているのだ。

このとき、友人はベネットが話し手の意味の要件とする意図を、それどころかシファーが要求するもっと強い意図さえ備えている。「だがこれは十全で、通常の、人間に適用されるような意味においては、コミュニケーションとはならない」(Taylor 1980, p. 293)とテイラーは主張する。それゆえ、もしもストローソンが言うように話し手の意味の分析がコミュニケーションの分析を目指すものなら(Strawson 1964, p. 120)、テイラー事例は、話し手の意味の事例とはなっていないということになる。

テイラー事例においては、関連する意図を友人が備えているだけでなく、最終的に二人の登場人物のあいだには、シファーが要求するような相互知識が現に成り立つものと想定されている(すなわち、意図の実現さえ成功している)。それでもなお、テイラーによると、このときにコミュニケーションが実現しているわけではない。なぜなら「対象を私たちにとって確立するということのことが十全なコミュニケーションにとって本質的」(Taylor 1980, p. 294, 強調は原著者）であるからだ。これをテイラーは「発話（speech）は、我らのことでも呼び得るものを確立する」（ibid., 強調は原著者）とも言い表している。

> 人間のコミュニケーションは単に情報を伝達するだけではないのだ。例えば、聞き手に何らかの信念を引き起こすというだけのものではない。何らかの事柄が我らのことであるということの承認を、それはもたらす。そしてこのことには、その事柄に対する、動物には見られないような反省的な姿勢というものが関わる。というのも、何かが我らのことであると理解するというのは、その何かを理解するということ以上のものなのである。そうした理解のためには、その何かがある仕方で私たちに現前している、つまりは公的な空間にあるということ、あるいは違う角度から見たならば、これが現前している当の主体（たち）がひとまとまりで私たち二人となっており、もはや別々のあなたと私ではないということ、これを見て取ることになるのだ。（Taylor 1980, p. 295, 強調は原著者）

逆に言えば、テイラー事例で起きているのは、テイラーの見るところでは、単なる情報伝達にすぎず、二人の人物は別々の主体に止まり、ひとつの共同体を形成していないのである。だがそうした共同体としての「私たち」の形成こそが、テイラーによると、コミュニケーションの本質をなしているのだ。

これは第二章で見たハーマンによるシファーへの反論とは、異なる視点からの意図基盤意味論批判である。ハーマンが指摘していたのは、相互知識という概念を用いたところで、相互知識を成立させようという意図（相互知識よりもスコープの広い意図）に関しては相互知識の内容とはならない以上、話し手が持つ意図のすべてが相互知識になることを話し手は意図できないというものであった。テイラーが指摘しているのは、仮に望ましい相互知識が成り立ったとしても、それでは「我らのこと」の確立には不十分であるということだ。言い換えれば、仮にハーマンの袋小路を抜け出したとしても、少なくとも相互知識のような概念ではコミュニケーションを捉えられないというのが、テイラーの議論が示していることなのである。

テイラーの批判のポイントは、本書の用語で言えば実現状況に関わる。意図基盤意味論はさまざまな仕方で実現状況を想定してきたが、その際に、実現状況において「我らのこと」が形成されるということは見落とされている、これがテイラーの指摘することなのだ。問題は、意図基盤意味論の立場においてこの「我らのこと」の確立という現象を捉えられるのかということだ。

テイラー自身の議論は、そのような「我らのこと」の確立というのはすでにして他の動物には見られない人間特有の言語的コミュニケーションのコアである以上、コミュニケーションを非意味論的な心理概念のみによって説明することはできず、コミュニケーションを話し手の意図から分析しようという意図基盤意味論の目論見はうまくいかないだろうという方向へと進む（Taylor 1980, pp. 295-296）。これもむろん重要な批判であるが、言語的コミュニケーションとはいかなるものなのか、動物と人間のコミュニケーションの違いは何なのかといった重要な前提に基づく議論であるため、ここではテイラーのこの議論をそのままなぞるのではなく、むしろテイラーの指摘を私たちがこれまで見てきた枠のなかで捉え直してみたい。

まずはテイラー事例がいったい何を示しているのか、つまりはテイラーの言う「我らのこと」とはどのような現象なのかを考察しよう。テイラー事例における顕著な特徴は、友人は目の前でおこなわれているオペラを明らかに高く評価しておらず、そのことは語り手にもわかっているし、語り手がわかっていることを友人もまたわかっているだろうが、それにもかかわらず、友人はいわば言質を与えるような振る舞いをしてはいないということである。もしも義兄に向かって語り手が「あのひとがこの公演はひどい出来だって」などと告げ口したとしたら、友人は「そんなことはひとことも言っていない」と抗弁するだろう。語り手はそのことを不誠実に感じるかもしれないが、しかし友人は確かにそこまではっきりしたことは言っていない。つまり明言はしていないのである。テイラーがこの事例について明確な解説を与えているわけではないが、こうした状況がテイラーにとっての「私たちの空間にもたらされ」ていないということ、すなわち「我らのこと」となっていないということであろうと推測するのは、無理なことではないだろう。実際のところ「そうしたことをあるレベルにとどめておき、それについては何も言わないようにしたいという誘惑に駆られる」という形で状況を設定するということは、まさにいま述べたような事態をこの例の重要な要素として組み込んでいるということを示唆している。

テイラー事例がわかりにくければ、次のような類似の例を考えてみるといいだろう。探偵がある事件の調査のため、警察の捜査資料を必要としている。そこで知り合いの刑事に捜査資料を見せてほしいと頼むが、刑事には規則上それを見せることは許されていない。そこで刑事は言う。「捜査資料を見せるわけにはいかない。……だが、たまたまちょっと一服したくなってしまった。これから捜査資料を引き出しに入れたまま、少しのあいだ休憩してくる。そのあいだにこの部屋で起きたことについて私はあずかり知らないし、引き出しに鍵をかけたりもしないが、けれどくれぐれも資料を見るんじゃないぞ」。このとき、自分が探偵に資料を見せるつもりだと刑事が探偵に信じさせようと意図しているということは二人のあいだの相互知識となるだろうし、そしてその意図に気づくがゆえに探偵にそのように信じさせようと意図しているということもまた相互知識となるだろう（あるいはそのように仮定しよう）。そしてそのことを刑事は意図してもいたはずだ。テイラー事例と同様、グライスやシファーの分析に従うならば、この例において話し手の意味が成り立つことになる。だがこのような発言の眼目は、むしろ探偵に資料を見せる意志を知らせつつも、しかしそのことを明言はせず、そして探偵もまたそれを受けて、自分が勝手に資料を覗き見たという体（てい）で振る舞うということにこそあるのではないだろうか。知らせつつも、それをあるレベルでとどめ、明言はしないようにし、そしてその背後の心理を聞き手も察し、そうした遠回しなやり取りを受け入れる。フィクションでしばしば粋なものとして登場するこうしたやり取りは、テイラー事例と類比的なものとなる。

以上のことをもとに解釈するなら、テイラーはいわば「言質を与える」というようなこと、それによって話し手が自分自身を逃げ隠れできない位置におくこと、そうしたことがコミュニケーションにとって本質的だと主張していることになる。これがテイラーの言う「我らのこと」であろう。そして本書の用語で捉えるなら、これは実現状況に関する主張として解釈される。すなわち、話し手が何かを意味し、聞き手がそれを理解したなら、話し手の意味したことがこの意味で話し手と聞き手にとって「我らのこと」となっていなければならない、そう主張しているのである。

実現状況を単に聞き手の信念形成とするグライスの立場（Grice 1957；1969）では、「我らのこと」の成立は捉えられない。テイラー事例でもグライスの分析において話し手が聞き手に生じさせようと意図することになっているような信念は、聞き手である「私」に生じているのだ。シファーの相互知識説（Schiffer 1972/1988）でも「我らのこと」を捉えるには至らないというのは、テイラー自身が指摘していた。ハーマンの立場（Harman 1974）は第二章で論じたようにそもそも実現状況を特定できないようなものとなっていたため、考慮するに当たらない。デイヴィスやグリーンでは、実現状況は聞き手の反応ではなく、発話と話し手の信念のあいだの因果的な関係ないし統計上の関係や、あるいは発話とそれが顕在化する命題とのあいだの関係として捉えられる。だがテイラー事例において話し手の振る舞いは目の前の公演が不出来であるという話し手の信念と因果的な関係ないし統計上の関係を持つだろうし、またそのような命題を顕在化しもするだろう。だからこそ、友人の姿を見ている「私」は、ありありと友人の不満が見て取れるのだ。それでもなお「我らのこと」は確立していないというのがテイラーの主張することなのであり、それゆえデイヴィスやグリーンの分析によっても、「我らのこと」の成立は捉えきれないということになる。少なくとも本書で取り上げてきた意図基盤意味論の諸理論によっては、テイラーの言う「我らのこと」には到達できないのだ。（「我らのこと」を意図基盤意味論では捉えられないという根本的な理由については、第3節で述べる。)

テイラーの言う「我らのこと」が本書における話し手の意味の公共性と同様の現象を語るものだということは、明らかだろう。本書において話し手の意味の公共性とは、話し手が何かを意味し、聞き手がそれを理解したなら、話し手は自分が意味した事柄を引き受けなければならず、言い抜けができなくなるという形で理解される現象であった。これはまさに、話し手が「言質を与えた」ということであり、話し手が意味した内容が話し手と聞き手のあいだで「我らのこと」となったということである。それゆえ、意図基盤意味論のもとで話し手の意味と見なされると思われる例が、それでも「我らのこと」という側面を欠いており、それゆえコミュニケーションの例となっていないというテイラーの指摘は、本書の用語法で語り直せば、意図基盤意味論の既存のどの立場も話し手の意味の公共性は捉えられておらず、ゆえにそもそも話し手の意味の十分な分析となっていないということを示している。

本書ではすでに意図の無限後退問題を中心とした考察を通じて、意図基盤意味論が誤っていると考える根拠を挙げてきた。それゆえここで新たに意図基盤意味論によっては説明できない現象が指摘されたところで、議論が大きく進むわけではないと思われるかもしれない。だが本書でこれから試みるのは、単に意図基盤意味論が不十分であるという根拠をさらに付け加えるというだけでなく、話し手の意味の公共性、あるいはテイラーにおける「我らのこと」、これを分析の出発点とすることで、話し手の意味に関して意図基盤意味論とは異なる立場を構築するということだ。そのために重要となるのは、あることが「我らのこと」となるとはどういうことなのかを明示化するという作業だ。しかしテイラーはそうした作業をしていない。そこでここからはテイラーの議論を離れ、ギルバートによる集合的信念の分析を利用することで、何かが「我らのこと」となるということに一定の意味を与えることができるということを論じていきたい。それが新たな分析の立脚点を与えるだろう。

2　集合的信念としての「我らのこと」

前節で見たように、テイラーは何かが「我らのこと」となるとき、それに携わっている者たちは「ひとまとまりで私たち二人となっており、もはや別々のあなたと私ではない」(Taylor 1980, p. 295) としていた。だが、これは具体的にはどういうことなのだろうか？　こうした事態を捉えるための有力な概念を、ギルバートによる共同行為論に見出すことができる。それは「複数主体 (plural subject)」という概念である。本節では、テイラーの語るように話し手の意味する内容が「我らのこと」となるとき、話し手と聞き手はひとつの複数主体を形成しているという捉え方を、ギルバートを援用して論じていきたい。そしてその観点のもとで、「我らのこと」という現象を、そうした複数主体において形成される集合的信念として理解するという道を提示する。

複数主体について、ギルバートは二人の人物が一緒に歩くという例をもとに論じている (Gilbert 1990)。ギルバートが問うのは、いかなる条件のもとで「一緒に歩く」ということが成り立つのかということだ。ギルバートの議論を追ってみよう。

第一に、単に物理的に近い距離で歩いているというのでは十分ではない。というのも、例えばスーが歩いているすぐ近くを歩く男性がいたとすると、「まさに彼らが一緒に歩いてはいないがゆえに、そうしたことはスーを不安にさせ得る」(Gilbert 1990, p. 179) からだ。誰かと一緒に歩いているならば、たいていの場合はその誰かに対して不安を覚えはしないだろう。だが単に物理的に近い距離を同じペースで歩いてくるひとに対しては、一緒に歩くような場合には起こらないような不安が生じることがある。このことが、物理的近さが一緒に歩くことの十分条件でないと考える根拠となる、そうギルバートは主張しているのである。

では、単に物理的に近い距離を歩いているというだけでなく、例えばスーの隣をジャックが歩いているとして、二人が互いに対して関心を持ち、互いに相手と親しくなりたいと思っていて、それゆえいずれも相手と隣り合って歩き続けたいと思っていたとしたらどうか？　つまり、二人のそれぞれが、相手と近い距離で歩くことを目的としている場合である。それでも足りないとギルバートは言う。なぜなら、「それぞれのひとがこのような目的を抱いているということをもう一方は知らないかもしれ」ず、「スーは不安そうに見えたかもしれないし、ジャックは彼女が一人になりたがっているのではないかと思うかもしれない」からだ（ibid.）。そうしたことが可能となるならば、そもそも二人は一緒に歩くということには至っていない。

それだけではない。ギルバートは、ルイスの言う「共通知識（common knowledge）」さえ一緒に歩くということの条件には達していないと主張する。ルイスは共通知識を次のように定義している[1]（Lewis 1969/2002, p. 56）。

（5・1）集団Pにおいて……ということが共通知識となる
⇔次のような何らかの事態Aが成り立つ：
1. Pのすべての成員が、Aが成り立っていると信じる理由を持つ
2. AはPのすべての成員に対し、Aが成り立っていると信じる理由をPのすべての成員が持っているということを示す。
3. AはPのすべての成員に……ということを示す。

これを用いると、二人がそれぞれ先ほどのような目的を持っているということがスーとジャックのあいだでの共通知識となっていれば、ギルバートの挙げた反論は回避され、一緒に歩くということが成り立つのではないかと思われ

るかもしれない。だがここでギルバートは重要な指摘をおこなう。二人が本当に一緒に歩いているなら、それはある規範的な含意を持ち、二人にある種の義務を負わせると言うのだ。そしてそうした規範性を共通知識は説明できないとギルバートは主張する。

> ある時点においてジャックとスーが実際に一緒に歩いているものと仮定しよう。〔……〕ここでジャックが先に行き始めたとしよう。特別な場合を除くと、彼がこのことに気づかないとしたらおかしなことだ。距離を狭めようとまるでしなかったとしたら、ますますおかしい。もちろんここまでのことなら、二人が近くで歩くということをジャックが心から望んでいるという場合にも成り立つ。〔……〕だがそれ以上のことがある。
>
> ジャックとスーが本当に一緒に歩いているならば、そのうえでジャックがそれと気づかぬうちに先に行きすぎたようだったとしたら、スーはさまざまな仕方で反応するものと想像できる。彼女は忍耐強く「ジャック！」と呼びかけるかもしれない。彼に追いつき、いくらか批判的に「ペースを落としてくれないと！　ついていけないよ！」と言うかもしれない。いずれの場合でも、やんわりとではあるにしても、彼女はジャックを非難する（rebuke）のだ。（Gilbert 1990, p. 180)

もちろん、こうした場合に実際に非難するかどうかということは、そのときの状況や当人の性格にもよるだろう。ただはっきりしているのは、こうした状況においてスーにはジャックを非難する権利があるということである。そしてジャックにはそれに対応した義務が発生している。というより、正確に言えば、スーとジャックはいずれもそうした権利と義務とをともに持っている。ジャックがスーを置いて先に行ってしまった場合にスーにジャックを非難する権利があるのと同様に、逆にスーが一人で先に行ってしまったなら、ジャックにはスーを非難する権利があるのだ。

ギルバートは二人の人物が相互に持つこうした規範性は、共通知識を持ち出してさえ説明できないと主張する。仮にスーとジャックのいずれもが相手と近い距離で歩きたいと思っており、そのことが両者のあいだで共通知識になっていたとしよう。それでもなお、一方の気分が変わって、近い距離で歩くのをやめ、遠ざかってしまうということがあり得る。しかし、このときにもう一方にそれを責める権利などありはしない。彼らは互いに互いの気持ちを察しあってはいたものの、はっきりした形で合意を形成していたわけではないのである。

単に察しあうだけでなく、はっきりと一緒に歩こうと誘い、合意がなされた場合、この目的は両者において「共同的に（jointly）」受け入れられることとなる。このとき、この二人は「複数主体」を形成することになるとギルバートは言う（Gilbert 1990, p. 184）。ギルバートの考えでは、一緒に歩くといったような共同行為（joint action）にとっては、こうした複数主体の形成が本質的となる。

ここまでの例からも見て取れるだろうが、テイラーとギルバートの議論は、似たようなことを似たような仕方で示そうとしている。テイラーは、単に話し手が思っていることを聞き手が察し、そのことが二人の相互知識となっているだけでは、「我らのこと」の確立には不十分であり、それゆえそれだけではコミュニケーションにはならないと論じていた。そしてコミュニケーションに至っていない場合としてテイラーが挙げた例においては、話し手はいわば「言質を与えていない」のだと前節で論じた。これは言い換えれば、聞き手が察した話し手の心理に背くような言動を話し手がその後にしたとしても、聞き手にそれを責める権利はないということである。ギルバートの例では、互いに相手のそばを歩きたいと思っているということが共通知識となっていたとしても、それだけでは一緒に歩いていることにはならないとされていた。なぜなら、一緒に歩くということには、一方が他方を置いていくならば後者には前者を責める権利があるという規範的な側面があり、互いの目的についての共通知識は（仮にその目的が両者のあいだで一致していたとしても）そうした規範性を生まないのである。私の考えでは、テイラーの言う「我らのこと」が確立されるとき、話し手と聞き手はギルバートの語る意味で複数主体となっているとすることで、テイラーの議論をうまく理解することができる。[2]

話し手が何かを意味し、聞き手がそれを理解するとき、二人（聞き手は一人だけだとすると）は何らかの複数主体を形成する。このラインで考えるならば、次なる問題はそれが何をする複数主体なのかということだ。話し手と聞き手は、一緒に歩いたり、一緒に机を運んだりといったわかりやすい共同行為をしているとは限らない。それにもかかわらず話し手と聞き手が複数主体を形成していると言うならば、そのようなわかりやすい共同行為以外の、いったい何をこの二人はしているのかということを示さなければならない。

ここで鍵となるのが、「集合的信念（collective belief）」という概念である。私たちは日常的にさまざまな場面で信念の帰属をおこなっている。典型的には誰か個人を指して、「こんなに晴れているのに、あのひとはこれから雨が降ると信じているんだ。わざわざ傘なんて持ってきているのだから」などと言う場合が考えられる。だが信念帰属の対象は何も個人に限られてはいない。「あの政党はこんな方法で景気が回復すると信じている」と語ったり、「あの企業は毛皮製品の使用が倫理的に問題であると信じている」と語ったりする場合、信念の帰属先は個人ではなく政党や企業といった集団となっている。集団に信念が帰属されるとき、そうした信念を「集合的信念」と呼ぶ（これと対比して個人に帰属される信念を「個人的信念（personal belief）」と呼ぶ）。

集合的信念とはいかなる現象であり、それは個人的信念とどう関係しているのだろうか？　重要なポイントは、ギルバートによると集合的信念は（共通知識などを介したとしても）個人的信念の集まりへは還元されないということだ。これを示すにあたってギルバートが取り上げているのは、詩歌鑑賞団体の例である（Gilbert 1987, p. 200）。この団体では定期的に集まって詩を朗読し、それについて語り合うことにしている。今回取り上げるのはラーキンの「教会へ行く」（"Church Going"）である。団体で議論した結果、ひとつの好ましい解釈について合意が得られ、その解釈に従うとこの詩の最終行は感動的であるということとなった。このとき、この団体は「教会へ行く」の最終行は感動的であると信じていることとなるだろう。

この集合的信念が団体のメンバーの個人的信念へと還元されないということを、ギルバートはふたつの点を指摘することで論じている（Gilbert 1987, p. 201）。例えば団体に属す個々のメンバーの多くは「教会へ行く」の最終行が感動的ではないという個人的信念を抱いているにもかかわらず、押しの強いメンバーの強弁によって「教会へ行く」の最終行は感動的であると合意されるということがあり得る。これが示しているのは、ある集合的信念がある団体に帰属されるということと、その団体のメンバーの多くがそれと矛盾する個人的信念を持つということは両立するということだ。また第二に、その団体のメンバーは、その多くがそもそも「教会へ行く」の最終行が感動的かどうかについて、判断を下してさえいなくてもいい。単にその日の会合を早く終わらせたくて、その最終行を感動的だと主張するメンバーに話を合わせただけでもいいのである。

こうしたことから、団体がある集合的信念を持っているということは、そのメンバーの多くが対応する個人的信念を持っているということへは還元されないとわかる。それどころか、ギルバートの議論をさらに進めて、メンバーの誰も対応する個人的信念を持っていなくとも、団体が集合的信念を持つことは可能であるとさえ言えるだろう。実際、先の詩歌鑑賞団体の例において、ひときわ押しの強いメンバーが、ただその日の会合を早く終わらせたいというだけで実際にはそのように思っていないにもかかわらず「教会へ行く」の最終行は感動的だと主張し、他のメンバーも実際にはそれが感動的だと思わないまま押し切られてそれに同意した場合、「教会へ行く」の最終行が感動的であるという個人的信念を持つメンバーは誰一人いないにもかかわらず、詩歌鑑賞団体は「教会へ行く」の最終行が感動的であるという集合的信念を形成することになるだろう。またそのとき、各々のメンバーが「教会へ行く」の最終行が感動的であるという個人的信念を持っていないということが、互いに明らかであるということさえあり得る。ある団体の集合的信念は、そのメンバーの誰もそれに対応する個人的信念を持たず、またそのメンバーが、そうした個人的信念を持っているとも思わなかったとしても、形成されることがあり得る。その意味において、集合的信念は本質的に集団のレベルにおける現象なのだ。ここまでは私たちの日常的な実感からも容易に理解できるだろう。問題は、ではそうした特徴を持つ集合的信念というものを理論的にどのように捉えるべきなのかということだ。

ギルバートは集合的信念の形成を共同行為の一種として捉える。すなわち集合的信念が帰属される対象となる集団は、先に述べた意味で複数主体を形成しているとするのだ。これまで見てきた集合的信念に関するギルバートの議論は一九八七年の論文「集合的信念のモデル化」('Modelling collective belief')に見られるものだが、そこではある集団がpと信じるということは、その集団の成員がpということを共同的に受け入れることだとされている(Gilbert 1987, p. 204)。集合的信念の主体が複数主体であるというギルバートの立場は、後により明示的となっており、二〇〇四年の論文「集合的認識論」('Collective epistemology')では、「集合的信念への複数主体からの説明(The plural subject account of collective belief)」と題された節が設けられている。

一緒に歩くという例において、ギルバートは共同行為には独特の規範的な含意があるということを指摘していた。集合的信念を持つことが共同行為の一種であり、集合的信念の主体がそれに携わる複数主体であるというのならば、集合的信念にもそうした規範的な含意が見られるはずである。そしてそうした規範的含意は確かにあるのだとギルバートは指摘しており、それがまさに集合的信念を複数主体という概念によって分析する議論の礎となっている。

例えば先ほどの詩歌鑑賞団体の例では、「教会へ行く」の最終行が感動的であるということが団体の信念となったのだった。このとき団体のメンバーが「個人的には(personally)「教会へ行く」の最終行が感動的だとは思いません」と言うのは構わない。だが「個人的には」のような留保抜きに露骨に集合的信念に反することを言うならば、他のメンバーから非難されるだろう、そうギルバートは指摘する(Gilbert 1987, p. 202)。これはまさに一緒に歩いているにもかかわらず勝手に先に行ってしまったなら相手から非難されるという、以前に共同行為に関して見たのと同様の現象である。こうした形で集団のメンバーが相互的な義務を持ち、またその義務に反したメンバーに対しては非難を向ける権利を持つという状況を、後にギルバートは「共同的コミットメント（joint commitment）」と語るようになる。その用語においては、集合的信念は次のように説明されることになる（Gilbert 2004, p. 173）。

（5・2）ある集団Pがpということを信じる
⇔Pのメンバーがpということを一体となって（as a body）信じることに共同的にコミットする

pということを一体となって信じるとは、pということを信じる単一の物体を疑似的に再現する（emulate）ことだとされる（Gilbert 2004, p. 175）。要するに、先ほどの例で言えば詩歌鑑賞団体それ自体が「教会へ行く」の最終行は感動的だという信念を持った一個の個体として振る舞っているかのようになる、ということだ。この団体のメンバーは、団体全体がそのように振る舞うということを成り立たせるように、それぞれが必要となる振る舞いをするという義務を相互に負うこととなる。

集合的信念を持つ集団のメンバーが負う義務については、企業の場合を考えればもっとわかりやすいかもしれない。例えば動物実験には倫理的な問題があるというポリシーを採用している化粧品メーカーを想像してほしい。このとき、この企業は動物実験が悪いことだと信じていると言ってよい。この場合にも、もしかしたら個々の従業員においては、動物実験に倫理的問題を感じていないひともいるかもしれない。けれどもそうした従業員も、例えば顧客からの問い合わせを受けたならば、企業の一員としてなぜ自分たちが動物実験に反対しているのかを説明するだろう（たとえ自分自身はその説明に納得していなかったとしても）。また新しい商品を作ろうとするときには、たとえ動物実験が望ましいと考える従業員がいたとしても、そうした従業員も含めて、みなでそれ以外の方法によって安全性を確認しようと計画を立てるだろう。従業員には、そのように振る舞う義務が課せられるのだ。

共同的コミットメントは「個人的コミットメント（personal commitment）」と呼ばれるものと対照的であるとされる。個人的コミットメントとはすなわち、個人の決定に基づいてなされるコミットメントのことだ（Gilbert 2014, p. 6）。この二種類のコミットメントの違いは、撤回（rescission）において浮き彫りになる。個人的コミットメントはあくまで個人の問題であるがゆえに、単に気分が変わったなどといった理由によって、それを形成した当人の一存で撤回することができる（ibid.）。だが共同的コミットメントはどのメンバーの一存によっても撤回され得ず、メンバー全員の合意のもとで初めて撤回される（Gilbert 2002, p. 40）。

個人的コミットメントの場合を考えてみよう。あるとき私は、健康のためにこれからは毎朝ジョギングをしようという計画を立てたとする。これは自分がジョギングをすることへの個人的なコミットメントだ。翌朝、私はこのコミットメントに従ってジョギングをする。そのさらに翌朝、慣れない運動で全身が筋肉痛になった私は、「やっぱり毎朝というのはやめよう」と思い直すかもしれない。このとき、私は自分が形成したコミットメントを撤回していることになる。このような撤回を、私はただ自分の気持ちひとつで決めることができる。

共同的コミットメントはそうではない。先に挙げた化粧品メーカーについて、再び考えてみてほしい。従業員の一人が動物実験を避けることで嵩むコストを気にするあまり、動物実験を部分的に採用してもいいのではないかと思ったとしても、その従業員の一存で企業全体の方針を変えることはできない。もしも勝手に動物実験の手配をしたりしたならば、他の従業員から非難を受けることになる。共同的コミットメントを撤回するには、会議で自身の意見を通すなど、合意を形成するためのステップを踏まなければならない。これは個人的コミットメントには見られない特徴である。

共同的コミットメントは規範的な概念である。それゆえギルバートの議論は、集合的信念という認識論的な概念を、共同的コミットメントという規範的な概念に落とし込んで説明するものとなっている。これによって、集合的信念は成り立っているにもかかわらずそれに関与する個々のメンバーは対応する信念は持っていないかもしれないということ、そしてそれにもかかわらず一定の振る舞いをすべく方向づけられているということが説明されることになる。要するに集合的信念の形成とはメンバー間で何らかの規範を採用することであるから、それに従ってさえいれば、対応する信念を個人レベルでも実際に持つということまでは要求されないが、とはいえメンバーとして振る舞う以上は、本心はどうあれ、その規範に従うことがあくまで要求される、というように捉えられるのである。

ここまでで集合的信念に関するギルバートの議論を見てきた。私が提案したいのは、集合的信念、およびそれに対してギルバートが与える説明を、テイラーにおける「我らのこと」なるものを明確化するのに利用できるということである。そして「我らのこと」は、話し手の意味における実現状況に関わっていたのであった。これを考え合わせるならば、話し手の意味の実現状況とは、話し手と聞き手による何らかの集合的信念の形成であり、それはすなわち話し手と聞き手によるある規範の締結であると考える筋道が得られる。次節では、この方針に則って、話し手の意味の分析を試みてみよう。

3　共同性基盤意味論

まずは話し手の意味の実現状況を捉えることから始めよう。テイラーの主張を本書の語り方で述べ直せば、もしも話し手がpと言い、聞き手がそれを理解したなら、pということは話し手と聞き手のあいだで「我らのこと」となるということが、その趣旨であった。すなわちこれは、話し手がpと意味したときの実現状況を、pということが話し手と聞き手にとって「我らのこと」となるということとして特徴づけているということである。これを集合的信念という概念を用いて捉えてみたい。

まず思いつくのは実現状況を次のように特徴づける道である。

（5・3）話し手と聞き手がpという集合的信念を持つ

しかしこれではうまくいかない。というのも、これでは話し手がpということを意味しているということを理解した聞き手は、ただちにpということへの共同的コミットメントに携わることになってしまうからだ。それが不十分であるということは明らかだろう。話し手がその日は雨が降るということを意味し、聞き手がそれを理解したからといって、その日は雨が降るということを集合的信念とし、その集合的信念に伴う規範に聞き手が従わなければならないということはないだろう。聞き手は話し手の意味することを理解しながら、それに同意しないことだってあるのだ。

それゆえ私は、以下のように実現状況を特徴づけることを提案する。これが帰結問題に関して本書が提案する解答となる。

（5・4）話し手がpと信じているという集合的信念を話し手と聞き手が持つ

（5・3）で言及されているのはpという内容を持つ集合的信念であるのに対し、（5・4）で言及されているのは、pという内容を持つ話し手の信念に関する高階の集合的信念である。このようにしたなら、話し手の意味することを理解した聞き手が、ただちにその内容に同意するような振る舞いをする義務を負うということはなくなる。また

（5・4）をギルバートに従って言い換えると、「話し手がpと信じているということを一体となって信じるということに、話し手と聞き手が共同的にコミットする」となる。

さて、話し手がpと信じているという集合的信念を話し手と聞き手が一体となって抱くとき、ギルバートの議論に従えば、話し手と聞き手には一定の規範がもたらされる。具体的には、話し手がpと信じていることにあからさまに反するような振る舞いを取らないよう、話し手と聞き手は義務づけられることとなり、その義務に背いたならばもう一方の側はそれを非難する権利を持つ。これはコミュニケーションの実態に即しているのだろうか？

まずは話し手について考えてみよう。話し手がpと信じているということにあからさまに反するような振る舞いを話し手はしてはならない。問題が話し手当人の信念であるがゆえに、これは結果的に、自分がpと信じていないかのような振る舞いを話し手はしてはならないということと等しくなる。そうした義務はコミュニケーションの場面において確かに生じている。これから雨が降るということを意味しながらも、傘もレインコートも持たずに徒歩で出かけようとする話し手は、まじめに話をしていないだとか、場合によっては嘘をついているだとかと責められるだろう。少なくとも聞き手にはその権利があるはずだ。それゆえ、まずは話し手に関して、（5・4）のような集合的信念に対応する義務は確かに生じていると言うことができる。

聞き手についてはどうだろうか？　話し手がpということを意味していると理解しながらも、話し手がpと信じているということにあからさまに反する振る舞いをする聞き手を考えてみてほしい。例えば、話し手がこれから雨が降るということを意味し、それを理解しておきながら、話し手が傘を手に取ろうとするや「どうしてそんなものを持っていくの？」と訊くような聞き手だ。日常のコミュニケーションの場面において、こうした聞き手は話をまじめに聞いていないだとか、話し手を無視しているだとかと非難され得るだろう。少なくとも話し手にはそうした非難をする権利が普通はあるはずだ。それゆえ聞き手に関してもまた、（5・4）のような集合的信念に対応する義務は日常的に見られると言える。

コミュニケーションが持つ話し手と聞き手へのこうした規範的な含意は、「我らのこと」が確立されていないものとしてテイラーが挙げていた例において、欠けていると私が指摘した当のものである。テイラーの例において、語り手の友人は自分が公演を嫌っているということへの言質を取られておらず、その点を追及されても言い抜けができるのであった。コミュニケーションが成り立った場合に話し手に負わされる義務は、まさにこうした言い抜けを禁じるものである。それゆえpということが話し手と聞き手にとって「我らのこと」となるということを、話し手がpと信じているということが話し手と聞き手の集合的信念となるということとして捉える本節の理解は、テイラーの議論を明確化するものとして一定の妥当性を持つ。

さて、(5・4) を実現状況の特徴づけとすることには、ふたつのアドバンテージがある。第一に、意図の無限後退問題に関わる一連の反例を一挙に退けることができる。すでに第二章において、意図の無限後退問題に関わる事例が話し手の意味と見なされない理由を、そうした事例では話し手に責任が生じず、関連する内容に反する振る舞いを話し手がしたとしても、聞き手が勝手な推測をしただけだと抗弁することが話し手に許されていると説明していた。そのような言い抜けが可能であることが、話し手の意味の事例ではないということの徴なのだった。もしも意図の無限後退問題に関わる一連の反例の特徴がそうしたものであるなら、(5・4) を実現状況とすることで、そうした反例をすべて排除することができる。というのも、(5・4) が述べているのは、実現状況においては話し手と聞き手が一定の共同的コミットメントを形成していなければならないということ、それゆえ話し手に (聞き手にも) 対応する義務が発生し、言い抜けが許容されなくなることにほかならないからだ。実現状況を集合的信念の形成と見なすならば、このようにして意図基盤意味論にとっては困難だった諸事例に容易に対処できるようになるのである。

もちろん (5・4) によってこうした反例が排除されるというのは当然のことだ。というのも、ここでおこなっているのは、意図の無限後退問題にまつわる事例にはそもそも欠けていたものを取り出し、それを実現状況の本質と見なすことによって、自動的に意図の無限後退問題に関連する反例が生じないようにするという方針だからだ。要するにここで採用されているのは話し手の意味の公共性をそもそもの出発点に据えた立場なのであり、公共性を欠くがゆえに話し手の意味に該当しない事例をそれが話し手の意味から排除できたとしても、それは単にそうなるような立場を作ったという以上のことではなく、それ自体としては本書の立場の利点とはならない。本書の提案の成否は、意図の無限後退問題に対処できるかどうか、あるいは話し手の意味の公共性を説明できるかどうかによっては評価することができない。というのも、本書の提案する立場は、そもそもそうした説明が可能となるような前提を出発点に据えることで構築されているのだ。したがって、その成否はむしろ話し手の意味の心理性という、意図基盤意味論のもとでは容易に説明できそうな現象を、この新しい立場のもとでも説明できると示せるかどうかにかかっている。これは次章で扱うテーマだ。

第二のアドバンテージとして、グライスらにとって問題となっていた、意図される聞き手の心理状態の多様性が問題とならないということがある。第二章で見たように話し手が何かを意味するときには聞き手が対応する信念を形成することが意図されていると考えたならば、聞き手がその信念をすでに持っている場合や、別の理由でその信念を形成するとは思えない場合などが問題となる。だが、集合的信念を用いたならば、コミュニケーションには話し手と聞き手がひとつの共同体となって形成する集合的信念のみが関与することになり、話し手や聞き手が持つ個人レベルの心理状態は問われないこととなる。これによって、コミュニケーションの場面において話し手や聞き手が個人レベルで持つ心理状態の多様性が、分析にとって脅威とならずに済むのだ。

実現状況を集合的信念によって特徴づけ、帰結問題への解答を与えるという方針が、意図基盤意味論には採用しがたいということに注意が必要だ。意図基盤意味論のもとでは、話し手の意味の必要十分条件は話し手の意図によって与えられることになる。だが話し手の意図はあくまで話し手の個人的な心理状態だ。話し手は個人的な心理状態を持って発話をおこなうとする。聞き手が話し手の意味することを理解するときには、聞き手は話し手が持つ心理状態を理解するということになる。だがこの聞き手の理解もまた、このままでは個人的な心理状態でしかない。したがって意図基盤意味論のもとでは、コミュニケーションの場面で生じるのは話し手の個人的な心理状態と聞き手の個人的な心理状態に尽きる。個人的な心理状態は個人的なコミットメントをその持ち主にもたらしはするだろうが、しかしそれが共同的なコミットメントをもたらし、話し手と聞き手が相互に負う義務をもたらすことはない。個人的に抱える心理はどこまで行っても当人の心理なのであり、それによって他人に何かの義務を負わせることはできないのだ。それゆえ実現状況においてテイラーの言う「我らのこと」が確立されていると認め、それを集合的信念として捉えたなら、さらにそのうえで集合的信念をギルバートの方針に則って捉えたなら、意図基盤意味論のもとでは接続問題が解答不能になるのである。

さて、私たちはすでに実現状況を特徴づけた。だがそれだけでは、話し手の意味の分析には至っていない。私たちはまだ帰結問題への解答を与えただけで、接続問題への解答を与えてはいないのである。第三章で見たのは、接続問題に答えるにあたっては、話し手の命題的態度というものを利用すべきではないということであった。ではどのようにして（5・4）のような実現状況と話し手の発話とを結びつけたらいいのだろうか？

この問題に関しては、再びギルバートの議論を参照することができる。ギルバートは共同的コミットメントの形成のための条件を次のように述べている。

> 共同的コミットメントがつくられるのは、参加者の各々がそれに参加する個人的な準備（personal readiness）を実質的に表立って（openly）表明するときに限られる。こうした表明が表立ってなされたということは関連する

集団において共通知識となっていなければならない。(Gilbert 2004, p. 174)

共同的コミットメントが形成されるためには、その参加者たちがそれぞれそれに参加する個人的な準備を表明しなければならない。それゆえ、話し手と聞き手が共同的コミットメントを形成するためには、話し手と聞き手がそのような個人的な準備の表明をしなければならない。実現状況が話し手と聞き手による共同的コミットメントの形成として捉えられるならば、実現状況の成立に必要となる行為は話し手と聞き手のそれぞれによる個人的な準備の表明なのだということが帰結する。これはすなわち、話し手の意味と聞き手の理解をこうした個人的な準備の表明として捉えるということである。したがって、本書の見解において話し手の意味と聞き手の理解は次のように考えられることとなる。

(5・5) 話し手Sはxを発話することでpということを意味する
⇕Sによるxという発話は、Sがpと信じているということを一体となって信じること(すなわちSがpと信じているという集合的信念を形成すること)への、Sにおける個人的な準備の表立った表明である。

(5・6) 聞き手AはSによるxの発話がpということを意味すると理解する
⇕AはSがxを発話することでpということを意味していると認識し、かつこの認識が理由の一部となって、Sがpと信じているということを一体となって信じること(すなわちSがpと信じているという集合的信念を形成すること)への、Aにおける個人的な準備の表立った表明をする。

ギルバートによれば、共同的コミットメントの成立のためには各参加者による準備の表明がなされ、そしてそうした表明がなされているということが共通知識となっているということが必要なのであった。いま実現状況をある共同的コミットメントの成立であると見なし、さらに話し手の意味をそのために必要となる準備の表明と見なしたのだから、共同的コミットメントに課せられた先の条件に従って、実現状況の成立の前提として、話し手が何かを意味しているという事実自体は共通知識になっていなければならないということが帰結する。すなわち、話し手の意味を(5・5)のように捉えたならば、話し手の意味の透明性が確保されることとなる。話し手には、ある共同的コミットメントへの準備の表明をしながらも、そうした準備の表明をしているということ自体は隠しておくということは許されていないのである。

また、これまで明示的に述べてはいなかったが、個人的な準備の表明という行為は、意図的なものでなければならないとしておこう。それによって、私たちは最小意図説を採用することができる。すなわち話し手の意味の場面において、話し手による発話には話し手が意味する内容に対応する内容を持つ意図が伴うとは限らないが、しかし少なくとも話し手による発話は意図的になされている、このことが保証されることとなる。

最小の意図は話し手の意味にまったく関与しないわけではなく、発話がそもそもどのような発話であるのかについて複数の可能性がある場合に、その可能性を狭めるという役割を持つ。前章では、日本語文を用いた暗号によって恋人にメッセージを送るという例を見た。私がそうした発話をしたとき、この発話は、日本語の規約に基づけばある集合的信念への準備の表明となり、暗号表に基づけば別の集合的信念への準備の表明となる。そのどちらとして私の発話は理解されるべきなのだろうか？　この答えは、私が自分の発話を日本語文の発話として意図しているのか、それとも暗号の発話として意図しているのかということによって決まる。最小意図説によれば、ある状況で特定の日本語文を発話したときに、話し手が何を意味しているのかについては、話し手の意図が決定することはできない。しかしそもそも話し手が遂行したのは日本語文の発話だったのか、それとも暗号の発話だったのかということに関しては、話し手の意図に照らして決定され得る。これは単に、手を挙げるという振る舞いが私の意図次第で何かへの同意を示す行為にもなれば、ひとを呼び止める行為にもなるということと変わらず、それゆえ最小意図説のもとでも、話し手の意図の役割として認めることができる。

話し手の意味の透明性が確保され、最小意図説が反映されていることに加えて、（5・5）は接続問題への暫定的な回答も与えている。すなわち、話し手による発話と実現状況（話し手がpと信じているという、話し手と聞き手の集合的信念）とは、前者が後者への準備の表立った表明となるという仕方で結びついているのである。これが意味することのさらなる説明は、後に試みる。

またこのアイデアにおいては、聞き手の理解は単なる内的な情報処理では済まされないということに注意してほしい。聞き手もまた自身の個人的な準備を表立って表明しなければならない。実際にはそれは、アイ・コンタクト、頷き、返答といった形を取るであろう。もちろん「理解」のある意味においてはそのようなことがなされずとも理解は可能である。そうした意味での「理解」は、（5・6）における分析項の前半部分、すなわち「AはSがxを発話することでpということを意味していると認識し」という個所に表されている。これを「第一次理解」と呼び、（5・6）で語られているような理解を「第二次理解」と呼ぶなら、第一次理解は実現状況としての集合的信念の形成には不十分であり、その中間段階として第二次理解が必要となるということになる。

送られてきた手紙を読んで返事を返さなかった場合や、あるいは単に接する機会のないひとが書いた本を読んだ場合などには、第二次理解は生じず、聞き手は第一次理解に留まらざるを得ない。これは、話し手の側は集合的信念へ参加する個人的な準備を表明しているものの、聞き手側の表明は実質的に保留状態になっていることとして理解できる。話し手の意味と聞き手の第一次理解だけが成立したとき、「準コミュニケーション」が成り立っていると言うことにしよう。話し手が何かを意味し、聞き手がそれを理解（第二次理解）したときに成り立つものを「コミュニケーション」と呼ぶなら、日常にはコミュニケーションよりもむしろ準コミュニケーションのほうがよく見られると言えるかもしれない。広告を目にするとき、SNS上の言葉を見るとき、私たちはたいていそれに対するリアクションはせずにせいぜいただ理解（第一次理解）しているだけである。それゆえ準コミュニケーションの側こそが基礎的であると考えることもできるかもしれないが、本書の立場はむしろコミュニケーションを概念的に基礎的なものと見なし、準コミュニケーションについてはコミュニケーションをもとに、その途中段階として理解するものとなる。

さらに注意すべき点として、実現状況が生じるためには聞き手の理解が必須であるが、話し手の意味そのものは聞き手からの貢献なしに単独で成立し得るということがある。話し手は、たとえ応答する者がいなくとも、何らかの集合的信念への個人的な準備の表明をおこなって構わない。これによって、聞き手が存在しない場面についても扱うことができる。日記や独り言といった事例において、話し手はただ自分の側の準備の表明だけをおこなっているのだ。聞き手がいない場面での発話がそれでもなお集合的信念への準備の表明となっているということは、仮に聞き手がその場にいたとしたら、集合的信念が形成されてしまっていたであろうということから見て取れる。恋人に隠れてつけている日記に「きのうは会う約束があったのに寝過ごしてしまった」と私が書いていたとして、仮にそれをたまたま恋人が見つけて読んだとしたら、その日記を示しながら「体調が悪いと言っていたのに、寝過ごしただけだったなんて」と私を責めることができるだろう。これに対し私は日記を勝手に読んだことを逆に責めたり、「体調が悪いからこそ寝過ごしてしまったのだ」と言い訳をしたりはできるだろうが、自分が寝過ごしたということに公然と反するようなことを言うわけにはいかない。恋人が日記を読み、そのことを私に告げたとしたら、たとえそれが私の意に反することであったとしても、私たちは集合的信念を形成してしまっていることになるのだ。

さて、これによって私たちは意図基盤意味論とは異なる話し手の意味の分析にとりあえずは到達することができた。

（5・5）は話し手の命題的態度を用いることなく、しかし実現状況と話し手の発話とを結びつけている。（5・5）による話し手の意味の分析、およびそれに関連する（5・6）における聞き手の理解や（5・4）での実現状況の特徴づけをまとめて、「共同性基盤意味論」と呼ぶことにしよう。だが、まだここで話を終えるわけにはいかない。というのも、「個人的な準備の表立った表明」とは何なのかがまだわかっていないからだ。ある行為がある共同的コミットメントへのその行為の主体による個人的な準備の表立った表明となる条件とは何なのだろうか？　また共同的コミットメント成立のためにはそうした準備の表明がなされたということが関連する人々のあいだで共通知識とならなければならないとされていたが、そうした共通知識がいかにして生じ得るのかもはっきりしていない。

出発点として、「ある行為がある共同的コミットメントへの準備の表立った表明になるというのは、他の関連する人々が同様の行為をする限りにおいて、その行為をすればその共同的コミットメントに参加することになるということが関連する集団における共通知識となっている」としてみるとしよう。これは十分ではない。ここでは話を単純化するために話し手の意味に関する議論から離れ、より単純な共同的コミットメント形成の場面を考えてみよう。例えば私の恋人が「散歩に行こうよ」と言ったとすると、これは散歩を一体となってするということに対する共同的コミットメントへの恋人の側からの準備の表明となるだろう。いま私と恋人のあいだで、頷きは先立って提案された共同的コミットメントへの準備の表明となるということが共通知識になっていたとしよう。そのうえで私は頷く。だがギルバートの先に見た議論が正しければ、共通知識は相互的な義務を含意しない。それゆえ私は、自分の頷きが先立って提案された共同的コミットメントに参加することへの準備表明となるということへの高階のコミットメントを、自分の気持ち次第で取り消せることになってしまう。つまり、私の頷きを見て恋人が「じゃあ出かけよう」と言ったのに対し、急に気が変わって「頷いたからといって同意したわけではないんだよ」などと言い出すことが可能であることになる。これは不自然だ。このことからわかるのは、共同的コミットメントへ参加する準備の表明は、そのための振る舞いがそうしたものとなるということに関してすでに共同的にコミットされているようなものでなければならないということである。

これが、前章で述べていた、「発話が社会的機能を持つ」ということの内実だ。発話が実現状況、すなわち話し手がpと信じているという話し手と聞き手の集合的信念に対して持つ関係は、その発話がそうした集合的信念への準備の表明となることに対して、すでに話し手と聞き手のあいだで共同的にコミットされているということとなる。これこそが、接続問題に対する共同性基盤意味論からの解答だ。

この議論が正しければ、私たちは再びある種の循環に直面することになるように見える。共同的コミットメントを形成するためにそれに参加する準備を表明するには、そのための行為がそうした表明となるということに関してすでに共同的コミットメントが形成されていなければならないのだ。だが、これに関してはふたつの関連する共同的コミットメントが別のものであるということを指摘することができる。すなわちそれは循環ではなく、共同的コミットメントの形成のためにはそれより基礎的な別の共同的コミットメントがすでになければならないという後退を示しているにすぎない。そして問題は、それが無限後退か否かである。

ある共同的コミットメントが形成されるためには、関連する準備の表明に関する共同的コミットメントがすでになければならない。だが、後者の共同的コミットメントを成立させるためにはさらなる共同的コミットメントが必要となる。そして、そのためにはまた別の共同的コミットメントがなければならない。そう考えていくと、これは確かに無限後退となる。だがこれに関して、私はひとつの仮説を暫定的に与えておきたい。私たち人間には、いくつかの基礎的な「協力シグナル」とでも呼び得るような行為が本能的に備え付けられていると考えるのだ。すなわち、関連する人々がある種の振る舞いをするとき、先立つ共同的コミットメントを必要とすることなく、本能的にある共同的コミットメントを形成する、そうした振る舞いの集合が存在するということだ。次節で見る視線に関する心理学的実験などは、人間同士の視線のやり取りがそうした協力シグナルの一種であるという可能性を示唆している。[3] この仮説を採用するというのは、先ほどの議論にひとつの留保を与えるということでもある。すなわち、「共同的コミットメントの形成のためにはそれより基礎的な別の共同的コミットメントがすでになければならない」という主張に、「ただし、協力シグナルを用いて形成される共同的コミットメントについてはその限りではない」と付け加えることになる。

この仮説を採用するならば、少なくともいくつかの共同的コミットメントは、先立つ共同的コミットメントを前提とすることなく、ただ関連する振る舞いをするというだけで形成されることとなる。そしてそのようにして共同的コミットメントが形成されたなら、それをもとにしてさらなる共同的コミットメントが形成できる。私たちが幼児期の学習の場面でおこなっていることが、協力シグナルを用いることによる周囲のひととの共同的コミットメントの形成と、そのように形成された共同的コミットメントをもとにしたさらなる共同的コミットメントの形成、ひいてはその積み重ねによる言語やその他の規約の学習であるとすると、コミュニケーションの成立は無限後退なしで説明できることになる。私たちは協力シグナルを出発点に、まずいくらかの共同的コミットメントを作り上げ、その後に初めて、十分な共同的コミットメントを共有する者たちとコミュニケーションを開始するのだ。

もちろんこれは単なる仮説である。しかし、第三章で見たように意図基盤意味論がその前提からして意図の無限後退問題を胚胎しているのに対し、共同性基盤意味論には少なくとも無限後退を避け得る道が残されている、ということは見て取れるだろう。

ここで想定されているのは、それぞれの個人が同時に複数の共同体に属しながら、そのうえでコミュニケーションの場において新たに共同体を形成し、共同的コミットメントを構築しているというような、多層的な見方である。つまりもっとも基礎的なレベルでは、私たち人間は（あるいは他の動物も含まれるということがいずれわかる可能性もあるが）協力シグナルを本能的に共有している。それゆえそれを使うことによって先立つコミュニケーションなしに共同的コミットメントを形成することができる。それに加えて、例えば同じ言語をすでに共有している者たちは、その言語に属す表現をどのように用いたならどのような準備の表明となるかということに関して共同的コミットメントを形成しているだろう。さらに同じ会社に属す人々はその会社に特有の共同的コミットメントを形成し、それによって何らかの独特な準備表明行為が認められているかもしれない。そのように多層的にさまざまな共同的コミットメントをすでに背負った者として、例えば同じ会社で私とあなたが出会う。私は初対面であるにもかかわらず属している共同体の共有によってすでに形成されている共同的コミットメントを利用し、発話をする。あなたはそれを理解する。そのとき、私とあなたは新たにひとつの共同体となり、私の信念に関する共同的コミットメントを作り上げる。それが特に取り消されなかったとしたなら、私とあなたが次に出会うとき、私たちはすでに作り上げた共同的コミットメントをもとに、新たな会話によって新たな共同的コミットメントを作り上げるだろう。(4)

こうした見方は、話し手の意味の成立がいかにしてあからさまになるのか、すなわち話し手の意味の場面において、これから形成されるべき共同的コミットメントへの準備表明がなされたということが、いかにしてその場での共通知識となるのかということの説明をもたらす。話し手における準備の表明がすでに共同的コミットメントによってそのようなものとなっているのでなければならないのならば、ある振る舞いをすればそれをそうした準備の表明と見なすということについてすでに合意がなされていることになる。この合意のゆえに、準備の表明がなされたならば、それがなされたということは関連する人々のあいだでの共通知識となるのである。話し手が何かを意味するときには、それがそのような行為であるということについてすでに共同的なコミットメントがなされていなければならず、だからこそ話し手がまさに何かを意味しているということは関連する人々のあいだであからさまなこととなり、だからこそ聞き手の理解が生じたならば集合的信念がもたらされるのだ。

これは意図基盤意味論が描くのとはかなり異なる像だ。意図基盤意味論に基づけば、話し手という個人の意図のありようによって話し手の意味は独力で成立する。その際、話し手が意味する内容と話し手の発話が、聞き手にとって理解可能な形で関連しているということは、意図基盤意味論においては保証されていない（このことを私たちは第四章で見た）。そして聞き手はそれをどうにかして理解しなければならず、その際に話し手と聞き手が共有するものを利用できるとは限らない。私が描く図とは異なり、意図基盤意味論において、話し手と聞き手はその背後に共同体を背負っているものとはなっておらず、いわば個と個で向かい合っている。その意味において、意図基盤意味論のコミュニケーション観は個人主義的であると見ることができる。[5] これに対し、私が提案する共同性基盤意味論は、その名の通り共同体主義的である。もちろん、私たちがコミュニケーションをするために、国籍や言語を共有していなければならないと言っているわけではない。だが何かを（少なくとも協力シグナルを）共有しない限り、コミュニケーションは成り立たず、その意味で私たちは共同体に埋め込まれた存在であるということを、この立場は含意している。

具体的にどのような振る舞いが協力シグナルとなるのかというのは、生物学や心理学で確かめられるべき経験的な問題である。また協力シグナルとはならないが多くの場面ですでに共同的コミットメントによって準備表明行為として認められている振る舞いというのがどのようなものであるのかということもまた、経験的に確かめられるべき事柄であり、本書で論じることはできない。それゆえこうした点に関しては、ただ常識に照らして暫定的に理解することにする。しかしこれは本書で提案する立場の欠点というより、この立場を提案したことによって新たに開かれた探究の可能性を示している。

次節に進む前に、恋人が散歩に誘っているという先ほどの例に関連して補足説明を与えておきたい。本書の立場では、話し手が何かを意味するというのは、それ自体がある共同的コミットメントへの話し手における準備の表明である。それゆえ先ほどの例のように恋人が「散歩に行こうよ」と言い、それによって恋人と私が一緒に散歩に行くのが望ましいということを意味したとすると、恋人の発話はそれに対応した共同的コミットメントへの準備の表明ともなっている。すなわち、恋人と私が一緒に散歩に行くのが望ましいと恋人が信じているということを恋人と私が一体となって信じるということへの共同的コミットメントに向けた準備の表明である。これは先ほど述べた、恋人と私が一緒に散歩に行くということへの共同的コミットメントに対する準備の表明とは異なるものとなっている。それゆえ恋人の発話は、同時に複数の共同的コミットメントへの準備の表明となっていることになる。

一見すると複雑に思えるかもしれないが、これが確かに起きているということは、恋人の発話への私の反応次第で結果が分岐し得るという事実に見出すことができる。私は例えば単にアイ・コンタクトだけをし、明確な返事はしないかもしれない。このとき、私は話し手の意味に関する聞き手の理解は示し、その限りで恋人と私が一緒に散歩に行くのが望ましいと恋人が信じているということを恋人とともに一体となって信じるという共同的コミットメントへの準備は表明しつつ、もう一方のコミットメントへの準備については表明を保留したことになる。これに対し、私が頷く、「行こう」と答えるなどといった肯定的な返事をしたときには、ふたつの共同的コミットメントへの準備をこのひとつの行為で同時に表明したことになる。また私が否定的な返事をしたときには、話し手の意味に対応した共同的コミットメントには準備の表明をしつつ、しかしもう一方の共同的コミットメントに関しては参加を拒否したことになる。

またこの例において、話し手の意味に対応する共同的コミットメントに対する準備を表明しながらも散歩の誘いに対応する共同的コミットメントへの準備の表明は保留するということができるのに対し、その逆は不可能である。というのも、後者への準備を表明するということは、それ自体が前者への準備の表明となるからである。この関係が成り立つとき、後者の共同的コミットメントを前者に対して「依存的」であると言うことにし、逆に前者を「基礎的」と呼ぶことにする。一般的にコミュニケーションの場面において、話し手の意味に対応する共同的コミットメントは、それと同時に準備の表明がなされる他の多くの共同的コミットメントに対して基礎的であると言える。

本節では実現状況を話し手の信念に関する話し手と聞き手における集合的信念の形成と捉え、話し手の意味と聞き手の理解を関連する共同的コミットメントへの準備の表明として理解する立場を提案した。だが、ここでひとつの懸念が生じる。私の考えに従うなら、話し手が何かを意味するためには、その発話は関連する共同的コミットメントへの準備の表明となっていなければならず、そしてそのためには、発話がそうした準備の表明となることがすでに他の共同的コミットメントに従って認められているのでなければならない。だが、それは要するに、例えばいま雨が降っているということを意味するためには、それに適しているとすでに認められているような発話をしなければならないということであり、すなわち「いま雨が降っている」という文（あるいは同じ意味の他の文）を発話しなければならないということではないだろうか？　もしもそうだとすると、話し手の意味と用いられた表現の意味を区別し、さらに前者を推意のような語用論的現象の場とするということができなくなる。意図基盤意味論がいかに理論的に問題を抱えていたとしても、それに代わって提案される立場がそのようなものとなってしまっては、意図基盤意味論の代わりに採用するわけにはいかないだろう。次節では発話のマルチモーダル性と推意の規約性に着目し、この疑問に答えることを試みる。

4　共同性基盤意味論と語用論

前節ではギルバートの集合的信念に関する議論をもとに、実現状況を話し手と聞き手における集合的信念の形成としたうえで、話し手の意味と聞き手の理解をそうした集合的信念に関するそれぞれにおける準備の表明として捉えるという共同性基盤意味論を提示した。さらにある行為がある共同的コミットメントへの準備の表明となるには、その行為がそうした役割を持つものであるということがすでに共同的にコミットされているか、もしくはそれが協力シグナルとなっているのでなければならないということも論じた。そうすると、これは結果的に話し手が何かを意味するためには、それに対応する文を発話する必要があるという話になり、話し手の意味と表現の意味を区別し、前者に推意のような非明示的な伝達内容を含める図式とは齟齬をきたすのではないかという懸念が生じた。

話し手の意味と表現の意味の区別に関しては、言語的な発話の場合にあっても、発話には表現の使用という以外にも多様な要素が含まれているということを指摘することで答えることができるだろう。

これまでのところ、発話は文を声に出すこと、手を挙げることなどの単純な行為として捉えられていた。まずはそうした単純な発話観がどのような問題を含むかを見ておきたい。ごく単純な例として、ピアス・トレイを前にして私が「これお気に入りなんだ」と言うという場面を考えてみよう。ひとつのシナリオでは、私は猫の形のピアスを手に取るのと同時にこの発話をおこなう。もうひとつのシナリオでは、私は花の形のピアスを手に取るのと同時にこの発話をおこなう。それらにおいて「これ」が指すものの違いは明らかだろう。だが単純な発話観に従ってこれを単に「「これお気に入りなんだ」という文の発話」と呼んでしまうと、同じ文の発話によって、それゆえ同じタイプの発話によって、なぜ文脈によって違うことを意味できるのかという問いが生じる。するともしかしたら、「話し手の意図が違うからだ」と答えたくなるかもしれない。しかしそう答えたなら、私たちは意図基盤意味論に逆戻りすることとなる。そして意図基盤意味論が問題を抱えているということを、私たちはすでに見てきたのだ。

ここで「なぜ話し手の意図が違うと思ったのか？」とさらに問うなら、答えは「手に取った対象が異なるからだ」となるだろう。だがもし答えがこれに尽きるのであれば、話し手の意図という概念を介在させる必要はない。単に、「猫の形のピアスを手に取るのと同時になされる「これお気に入りなんだ」という発話と、花の形のピアスを手に取るのと同時になされる「これお気に入りなんだ」という発話は、タイプとして異なっており、だから「これ」が指すものが変わるのだ」と言えば済む。それを妨げているものがあるとすれば、それは発話をそのように複合的なものとして記述することを想定していない、単純な発話観にほかならない。

単純な発話観を捨て、発話には複数の下位動作が含まれているとする。そうした下位動作を本書では「発話内動作」と呼ぼう。私たちが発話をおこなうときにはそうした多様な要素がひとつの発話に内包されている。このことを発話の「マルチモーダル性（multimodality）」と呼ぶ。マルチモーダル性に着目したなら、発話には多様な発話内動作が含まれており、そのそれぞれが何らかの共同的コミットメントに関わっており、それらが組み合わさる形で発話全体がひとつの共同的コミットメントの形成への準備の表明となっているということが見て取れるだろう。もちろん、具体的にどのような発話内動作が存在し、それらがどのような共同的コミットメントの形成と関わり、それらがどのように組み合わさって、発話全体のありようを決定するのかということは、これから探究されるべき問題であり、ここで答えを出すことはできない。本節ではあくまで、共同性基盤意味論における発話の扱いに関する大まかな見取り図を与えることを目指す。

まず視線について考えてみよう。話し手が何かについて話しているとき、その視線をもとに指示対象を理解するということは、話し手と聞き手の双方が目の見えるひとである場合には日常的に頻繁に起こっている。このとき視線は発話内動作となっているが、それに加えて、視線というものが先に述べた意味で基礎的な協力シグナルとなっているという可能性がいくつかの観点から認められる。第一に、視線の動きに対して、それを見た者の反応は反射的であり、意識的に制御することは困難であるということがわかっている（Driver *et al.* 1999）。また視線検知を通じて、視線を送る者とそれを見る者とは高い精度で同じ対象に注目することができ、共同注意（joint attention）の基礎となっているということも知られている（Bock *et al.* 2008）。こうしたことは、視線が人間の本能に備わり、先立つ共同的コミットメントなしに共同的コミットメントの形成に寄与し得るものとなっているということを示唆する。実際、Kobayashi & Kohshima（2001）では人間と他の類人猿の目の構造を比較し、人間の目は特に視線検知に有利なように適応したものであると論じている。

またKendon（2000）では、身振りが発話内動作となるということも指摘されている。ケンドンの紹介する実験では、被験者となった学生が『赤ずきんちゃん』を子供に聞かせるように物語ることになる。学生は猟師が斧で狼を攻撃する場面では、両手で斧を持つようなポーズを取り、それを上から下へと垂直に振り下ろす。これに対し、猟師が狼の腹を裂く場面では、水平方向へと手を動かす。そうした方向の違いは、『赤ずきんちゃん』に含まれる文自体には現れていないが、動作を付け加えることで、学生は自分が語る内容を明確化しようとしたのである。

むろんこれらは発話内動作のすべてではない。これらに加えて、指差し、表情、発話における韻律など多様なものが発話内動作になり得るし、もちろん言語的発話の場合にはある表現を用いるということ自体が何らかの発話内動作となりもするだろう。何かを手に持ちながら発話する場合には、その何かを見せるということが発話内動作として機能するということもあり得る。そして発話全体がいかなる共同的コミットメントへの準備の表明となっているかは、そうした発話内動作それぞれの働きをもとに決定されることとなる。これはあまりにも大雑把なスケッチであり、ただ基本的なアイデアを述べただけでしかない。だがこれだけでもすでに、表現の意味と話し手の意味が、共同性基盤意味論においても異なり得ること、少なくともそのように理論を構築し得ることは示せただろう。共同性基盤意味論は、マルチモーダル性を示すものとして発話を扱うのであり、それゆえ発話は単純な発話観に基づくよりも細かく区別されることになるのである。その区別は少なくとも、同じ文の発話であっても発話としては異なるタイプになっているということを許容する程度には細かいのだ。

とはいえ、そのように話し手の意味と表現の意味を区別したところで、推意のような現象が取り扱えるかどうかはわからない。推意に関して共同性基盤意味論が取り得る道は、それを規約に基づくものと見るというものだ。

ルポアとストーンは、さまざまな事例を挙げながら、推意が言語相対的なものであるということを論じている

(Lepore & Stone 2015)。彼らが重視する事例のひとつに、ホーヴァットが語る日本語と英語の違いがある。ホーヴァットによれば（5・7）は（5・8）に翻訳され、それゆえこれらは同じ内容を表しているが、しかしそれらに対する各言語の話者の語用論的な理解は異なっている（Horvat 2000, p. 117）。

（5・7）聞かせていただけませんか?

（5・8）Can you do us the favor of making us listen?

ホーヴァットによると、日本語話者は（5・7）を、誰かに話をしてもらいたいと頼んでいるものと理解する。しかし英語話者は（5・8）をそのように理解しないという。

もしも語用論的な解釈というものがグライスの推意のメカニズム、ないしそれに類するような一般的な原理に従ってなされるのだとしたら、その原理は日本語話者にも英語話者にも共有されているはずだ。そして同じ原理をもとに同じ内容を持つ発話を理解するならば、このような語用論的な解釈の違いが生じることはない。ルポアらは類似の例をいくつも挙げながら、こうした例の存在は「解釈とは会話の推意であるというグライス的な見解への決定的反論となる」（Lepore & Stone 2015, p. 102）と論じる。

ルポアらの考えでは、発話の解釈というのは常に「〔発話された〕形式に対して、解釈内容を完全に決定する解釈上の制約を結びつけるような言語知識の問題である[6]」（Lepore & Stone 2015, p. 94）。彼らはこのことから「伝統的に理解され、また現在も理解されている形においては、会話の推意というカテゴリーは不要である」（Lepore & Stone 2015, p. 6）と断じる。

語用論は言語知識の問題であり会話の推意というカテゴリーは不要であるという主張は、従来の語用論において会話の推意として扱われてきた現象は言語的な規約に関する現象として扱えるということである。言語的な規約は言語を共有する者のあいだでの共同的コミットメントの問題であり、それゆえこの主張が正しければ、会話の推意は単にその背後にある共同的コミットメントによるものとして捉えることができる。これは共同性基盤意味論において会話の推意と呼ばれる現象にアプローチする際に取り得る道を与える。

本節で論じたことはもちろん共同性基盤意味論において語用論的な現象が実際にどのように扱われるかということの記述とはなっておらず、ただ扱える可能性だけは示唆したというにすぎない。だが、それはまた共同性基盤意味論を基礎に据えたときにどのような語用論的研究がなされ得るのかを示している。発話に含まれるさまざまな発話内動作の分析とそれらの役割、および相互作用のありようを確かめること、各言語において語用論的な現象に関与する言語規約がどのようなものであるかを探ること、これが共同性基盤意味論のもとでの語用論の主な課題となるだろう。

本章のまとめ

本章では話し手の意味に関する共同性基盤意味論を提案した。まず第1節ではテイラーによる意図基盤意味論批判をもとに、意図基盤意味論の論者たちの議論では、実現状況においてテイラーの言う「我らのこと」が成り立たなければならないということが見落とされているということを論じた。続く第2節では、ギルバートによる集合的信念の分析をもとに、実現状況における「我らのこと」を集合的信念の一種として理解するという方針を提案した。

第3節が本章の核となっていた。そこではまず話し手がpということを意味し、聞き手がそれを理解した場合の実現状況を「話し手がpと信じているということが話し手と聞き手の集合的信念となる」という形で特徴づけた。そのうえで話し手の意味と聞き手の理解を、そうした集合的信念、あるいはそれに対応する共同的コミットメントに参加することへの、それぞれにおける準備の表明として捉えるということを提案した。ある振る舞いが共同的コミットメントへの準備の表明となるには、それがそのような働きをするということにすでに共同的にコミットされていなければならない。それゆえ接続問題への共同性基盤意味論からの答えは、話し手の発話は、実現状況となる集合的信念への準備表明として働くということへ話し手と聞き手が共同的にコミットしているという形で、実現状況と結びついている、となる。これが、前章で「社会的機能を持つ」と呼んだことの内実となる。さらに第4節では、発話のマルチモーダル性と会話の推意の規約性をめぐる議論を紹介し、共同性基盤意味論のもとで語用論的現象を取り扱うための筋道を示した。

話し手の意味をめぐる議論はまだ終わりではない。本書では、話し手の意味をめぐるふたつの課題として、公共性と心理性を挙げていた。共同性基盤意味論は話し手の意味の公共性を出発点としているため、公共性についてはすでに問題とはならない。だがこのような立場のもとで、話し手の意味の心理性はいかに説明されるのだろうか？　次章ではこの問題を取り上げる。

第六章　話し手の意味の心理性を説明する⑴

はじめに——共同性基盤意味論と話し手の意味の心理性

これから雨が降りそうだということをあるひとが何らかの発話によって意味したとすると、その発話を受け取った聞き手は、特別な事情がない限りは、話し手に対して、話し手が意味した事柄に対応した信念、すなわちこれから雨が降りそうだという信念を帰属できるように思える。そしてそうした信念を前提にして、聞き手は話し手のこれからの振る舞いの予測（話し手もまた出かけるときには傘を持っていくはず）や話し手のすでになされた振る舞いの説明（話し手が先ほど洗濯物を取り込んでいた理由がわかる）を得るだろう。本書ではこうした現象を「話し手の意味の心理性」と呼んできた。話し手の意味の分析は、この現象を説明できるものでなければならない。

こうした現象に対し、意図基盤意味論はわかりやすい説明を与えることができるように思える。それと比較して、共同性基盤意味論でのこの現象の説明がどのようになるのかははっきりしない。というのも前章で見たように、共同性基盤意味論は話し手と聞き手の集合的信念という観点から話し手の意味を捉える立場であり、そして集合的信念と話し手や聞き手がそれぞれで持つ個人的な心理状態のあいだには、直接的な帰結関係はないからである。

だが本章では、話し手の意味の心理性を規範的な現象と捉えることによって、共同性基盤意味論のもとでも話し手の意味の心理性を説明できることを示す。実は話し手の意味の心理性は、素朴に捉えられるのとは別の実態を持っており、そのことを理解したならば意図基盤意味論よりも共同性基盤意味論のほうが優れた説明を与えるということがわかるのだ。

まず第1節では、意図基盤意味論のもとで考え得る話し手の意味の心理性の説明を与える。そのうえで第2節では話し手の意味の心理性に関する現象をより詳細に検証することによって、意図基盤意味論からの説明が不十分となるということを示す。第3節では、共同性基盤意味論が話し手の意味の心理性に対するよりよい説明を与えるということを論じる。

1　意図基盤意味論からの説明

話し手の意味の心理性とは、話し手がpということを意味し、聞き手がそれを理解したなら、標準的に聞き手は話し手にpという信念を帰属できるということ、そして聞き手には話し手の行為に対する予測や説明が利用可能となるということであった。意図基盤意味論の論者たちが自らこうした現象への説明を与えているわけではない。だがもしも意図基盤意味論の諸立場から話し手の意味の心理性を説明するとしたら、どのような道筋が与えられるだろうか。

第四章では、議論を簡潔にするために「ME意図」という用語を導入した。pということをME意図するというのは、意図基盤意味論の任意の立場がそのうちに包含されるような広い意味において、pをアクセス可能にしようと意図するということであった。こうした用語をもとに、意図基盤意味論で一般的に可能となる、話し手の意味の心理性への説明を本節で論じていこう。

意図基盤意味論によると、話し手の意味の場面において、話し手はｐということをＭＥ意図して聞き手に向かって発話をおこなうこととなる。つまり、話し手はｐということをアクセス可能にしようと意図しているのである。それゆえ話し手がｐということを意味していると聞き手が理解するというのは、話し手がｐをアクセス可能にしようと意図して発話をしていると聞き手が理解することとなる。

意図基盤意味論において話し手の意味の心理性の説明が容易なのは、話し手があることを意味していると聞き手が理解しているときにはすでに聞き手は足掛かりとなる心理帰属、すなわち関連する意図の帰属を終えているためだ。例えば私が「雨が降りそうだよ」とあなたに言い、あなたが傘を持っていくべきだということを意味したとしよう。あなたがそのことを理解したならば、意図基盤意味論に基づく限り、私はあなたが傘を持っていくべきだという命題をアクセス可能にしようと意図して「雨が降りそうだよ」と言ったのだと、あなたは理解することになる。だがなぜ私はそのような命題をアクセス可能にしようとしたのだろう？　あなたはそう問うことができる。もっともらしい答えは、あなたが傘を持っていくべきであるということを私自身が信じており、同じことをあなたにも知らせたかったからだということになるだろう。

一般的に言って、意図基盤意味論が正しければ、話し手がｐということを意味したと聞き手が理解するとき、話し手がｐをアクセス可能にしようと意図して発話をしたということは聞き手にすでにわかっていることになる。それゆえ聞き手は、このことを出発点にしてさらに話し手の心理を推測することができる。「なぜこのひとはそのような意図を持っているのか？　なぜなら、このひと自身がｐと信じており、そしてｐであることを私にも知らせたかったからだ」。これは眼前の事態に対する最善の説明を求める、アブダクションの一例であり、話し手が信用できないと考える理由があるなどといった特殊な事情がない限りは、話し手がpと信じているということがその結論の一部となるだろう。意図基盤意味論においては、話し手があることを意味していると聞き手が理解することから聞き手による話し手への対応する信念の帰属までは、こうした推論によって橋渡しされることになる。

このようにして話し手に信念が帰属されたなら、聞き手は話し手の行為に対する説明や予測を得られることになるだろう。私が「雨が降りそうだよ」と言ってあなたが傘を持っていくべきだということを意味したならば、それを理解したあなたには、その直前になぜ私が折り畳み傘を探していたのか、その理由がわかるようになっているはずだ。すなわち、あなたが傘を持っていくべきであると信じており、あなたに傘を渡したくて探していたのだ、と。また私にそのように言われたにもかかわらずあなたが傘を忘れて出かけたなら、そのことに気づき、そしてまだ間に合うならば、私は追いかけてあなたに傘を渡すだろう。このような形で私の行為に対する説明や予測があなたに得られることは、本節での見方においては、その前にあなたが私に関連する信念を帰属するということによって説明されることとなる。

こうして本節で想定する意図基盤意味論からの話し手の意味の心理性への説明は、次の順でおこなわれることになる。まず話し手があることを意味していると聞き手が理解するということ（すなわち話し手がある事柄をアクセス可能にしようと意図して発話をしていると聞き手が理解すること）から、アブダクションを介して聞き手は関連する信念を話し手に帰属できるようになる。それがなされたなら、話し手に帰属されたこの信念を手掛かりに、聞き手は話し手の行為に対する説明や予測が得られるようになる。まず信念帰属がなされ、それが行為の説明と予測に利用される、というのが意図基盤意味論から予想される説明の順序となる。

以上の意図基盤意味論に基づく説明は、当たり前のことを言っているだけに思われるかもしれない。それはつまり、意図基盤意味論を採用したなら、話し手の意味の心理性には常識的な説明を与えるだけで済むということであり、これは確かに意図基盤意味論のアドバンテージであると思える(すでに述べているように、話し手の意味の心理性という特徴はこれまでの議論で着目されてこなかったため、明示的にこうした議論を展開する意図基盤意味論の論者はいないが)。だが本当にそうなのだろうか? 次節では、話し手の意味の心理性という現象が、実は直観的に理解されるのとは異なる実態を持っているということを論じる。

2　話し手の意味の心理性とはいかなる現象なのか?

これまでのところ、話し手の意味の心理性については、話し手がpということを意味し、聞き手がそれを理解したならば、聞き手は話し手にpという信念を標準的に帰属することができ、それをもとにして話し手の行為に対する説明や予測が利用可能になるという形で捉えられていた。私が何らかの発話でこれから雨が降るであろうということを意味したならば、それを聞いたあなたは、そうでないと考える理由がない限り、とりあえずは私にこれから雨が降るであろうという信念を帰属するだろう。そしてそれによって、私のその後の行動、例えば出かける前には傘を手に取るだろうという行動が予測されたり、それ以前の行動、例えばベランダに干していた洗濯物を室内に干し直したという行動が説明されたりする。このような形で事例を理解するとき、まず私に対する信念の帰属がなされ、それによって私の行為の予測や説明が可能となるという説明上の先後関係が想定されている。前節で見た、意図基盤意味論から話し手の意味の心理性に対して想定される説明は、直接的には信念帰属だけに向けられており、行為の予測や説明に関してはそれによって間接的に説明されることとなっていた。それゆえ、信念帰属が成り立たないならば、行為の予測や説明も得られないことになる。

だが場合によっては、話し手の意味が成立したのち、信念の帰属を介することなく話し手の行為に対する予測や説明が得られるということがある。そうした事例について検討することを通じて、話し手の意味の心理性が直観的に理解されるのとは異なる実態を持っているということ、それゆえに意図基盤意味論からの説明はうまくいかないということを論じていきたい。

ラッキーは証言の認識論をめぐる議論のなかで、「私心なき主張（selfless assertion）」と名づけられる一連の事例を提示している（Lackey 2008, pp. 110-111）。そのうちのひとつは以下のようなものである。

> ステラは信心深いクリスチャンで、四年生を受け持つ教師であり、彼女の宗教上の信念は非常に幼いころから持ち続けている深い信仰に根差している。こうした信仰のなかには創造説が正しいという信念が含まれており、それゆえ進化論は誤っているという信念も含まれている。こうしたことにもかかわらず、これらの信念のいずれに対しても膨大な科学的反証が存在するということにステラは十分に気づいている。実のところ、創造説への自身のコミットメントが何ら証拠に基づいてはおらず、むしろ全能なる創造主への自身の個人的な信仰に基づいているということを、彼女は喜んで認める。こうした事情により、宗教は周囲のひとに押し付けるべきものではないとステラは考えており、自分が受け持つ四年生の生徒たちに関してはなおさらそう思っている。それどころか、ステラは教師としての自分の職務には、現在得られる証拠からもっとも支持されているような事柄を提示することが含まれると見ており、そうした事柄には明らかに進化論が正しいということが含まれている。その結果、きょう生物学の授業をしているなかで、ステラは自分の生徒たちに「現在のホモ・サピエンスはホモ・エレクトゥスから進化しました」と主張する。自分ではこの命題が真であると信じてもいないし、知ってもいないにもかかわらず。（Lackey 2008, p. 111）

この事例をもとに、現在の文脈に合わせて状況設定を修正することにしてみよう。まずステラは、「現在のホモ・サピエンスはホモ・エレクトゥスから進化しました」と言うことで、現生人類は創造ではなく進化によって誕生したということを意味したとしよう。さらに上記の例では単にステラが進化論の正しさを信じていないと述べられているだけだが、それに加えてステラの信心深さは学校でも有名であり、学校に通う誰もがそのことを知っているということにしよう。それゆえステラの受け持ちの生徒たちもまた、ステラが進化論は誤っていると信じていることを知っている。

こうした状況設定において、ステラによる話し手の意味が成立したとき、この発話の聞き手にはどのようなことが可能になるだろうか？　明らかなのは、対応する信念の帰属は可能ではないということである。ステラが意味したのは、現生人類は創造ではなく進化によって誕生したということだ。しかしステラの生徒たちはみな、ステラがそれに反する信念を持っているということをすでにはっきり知っている。私たちは一人の人間にあからさまに矛盾するふたつの信念を同時に帰属することはできない。それゆえこの例においては、話し手の意味が成立し、聞き手が話し手の意味していることを理解したとしても、聞き手は対応する信念を話し手に帰属できるようにはならない。

だがこれは、話し手が嘘をついているということが聞き手に知られているというような場合ともまた異なる。話し手が嘘をついているということが単に聞き手にばれているというだけであったならば、確かに話し手への対応する信念の帰属は控えられることになるだろうが、それに加えて話し手の行為の予測や説明も控えられることになるだろう。恋人が「きょうはそんなに忙しくないはずだから」と言ってその日は早く帰れるということを意味したとしても、それが嘘であるということに私が気づいたならば、本当に早く帰ってくるだろうなどとは予測せず、一人で先に夕食を食べてしまったりするだろう。あるいはその前に恋人が目の前で仕事上の電話をかけていたとしても、それを早く帰りやすくするための手回しなどとは思わず、単に普段通りに仕事の準備をしているだけだと見なすだろう。

ステラの例はこれとは異なる。ステラは嘘をついているのではなく、教師としての職務に忠実であろうとしているだけだ。そして聞き手側も、ステラによる発言を受けて、ステラの行為に対する説明や予測が、少なくともある面では許されるようになる。ステラは授業の直前にホモ・エレクトゥスに関する資料を配布していたかもしれない。「いったいこの資料は何のために配られているのだろうか？」と疑問に思っていた生徒がいたとしたら、ステラの発言によってその疑問への答えが与えられたと考えることができるだろう。あるいは生徒たちは、今後の授業においてステラが引き続き進化論と整合的な内容を語り続けるであろうということ、生徒に乞われたならば進化論に関するさらに詳細な説明を与えてくれるであろうということなどを予測することができよう。嘘の場合とは異なり、ステラが先に述べたようなことを意味したということと、ステラのそれ以前の行為、そしてそれ以後の行為との繋がりは、この事例においては途切れていないのである。

もしも意図基盤意味論から話し手の意味の心理性に与えられる説明が先に見たようなものであるならば、話し手の意味の成立ののちに対応する信念帰属が可能にならないにもかかわらず、話し手の行為に対する説明や予測が聞き手に利用可能になる、こうした事例は説明がつかないことになる。想定される意図基盤意味論の説明では、話し手の意味の成立が直接的に可能にするのは話し手への対応する信念の帰属のみであり、そのように帰属された信念を通じて初めて行為への説明や予測が利用可能になるとされていたのだ。しかしステラの例では、信念帰属の可能性が欠如したまま、話し手の意味の成立と話し手の行為への説明と予測が利用可能になることとが繋がっているのである。

だが、この繋がりはいったい何なのだろうか？　ありきたりな事例においては、話し手に帰属される信念こそがこうした繋がりを作り上げるミッシング・リンクであると、少なくとも直観的には思われたのだった。しかしステラには対応する信念が欠けており、そのことは聞き手たる生徒たちにもわかっている。それにもかかわらず、話し手の意味と話し手の行為との繋がりは保たれている。何が信念に代わるミッシング・リンクとなるのだろうか？

こうした事例がごく少数の例外であるならば、脇において済ませることもできただろう。だがこうした事例は決して例外ではなく、むしろこのようなことは、実は日常ではありふれている。ステラはステラ本人ではなく、教師として発言をしていた。同様に、私たちはしばしば、自分自身の信念に反することを、周囲にもそれと知られながらも、友人として、親として、子として、ある職業に属すものとして、語っている。話し手が意味することと話し手の個人的な信念のそうした衝突は、フィクションの世界においてしばしばドラマを生み出すための典型的な装置となっている。自分が相手と一緒にいたいと思っていることを知りながら、そしてそれを相手にも知られながら、それでもなお「あなたにはもううんざり。顔も見たくない」と恋人に告げるひと、私的に活動するヒーローを、あくまでヒーローであって犯罪者などではないのだと信じ、そうした信念を悟られながらもヒーローに「あなたがしていることはただの犯罪だ」と語る警官。私たちは自分の信念に反することをそれと知られながらもそれでもなお意味し、そしてしばしば自らが意味したことに従って生きているのである。

こうした事例をラッキーに倣って「私心なき意味」と呼ぼう。私心なき意味の事例に対し、前節で見たような形での説明は与えられない。ひとつの、前節の説明を維持しながら採用し得る方策として、まずは標準的な事例に関して前節で見たような説明を与え、私心なき意味の事例にはそれとは異なる説明を与えるという道もあるだろう。だが私心なき意味の事例と標準的な事例とに共通の一般的な説明が与えられたならば、それに越したことはない。意図基盤意味論が話し手の意味に対して与える説明が前節で見たようなものとなるならば、意図基盤意味論にそうした一般的な説明を期待することはできない。だが共同性基盤意味論にはその可能性がある。鍵となるのはここでもまた規範性である。

3　共同性基盤意味論からの説明

本書で提案している共同性基盤意味論に基づけば、話し手がpということを意味し、聞き手がそれを理解したなら、話し手がpと信じているということが話し手と聞き手のあいだの集合的信念となる。そしてこのことは規範的な含意を持っていた。ギルバートによれば、「集団の信念がひとたび確立されたなら、それに対立する信念を露骨に表明するようなメンバーは他のメンバーからの非難にさらされるものと、参加者たちは理解することになる」(Gilbert 2004, p. 171)。それゆえ話し手がpと信じているということが話し手と聞き手のあいだの集合的信念となったならば、話し手がpと信じているということとあからさまに矛盾するような振る舞いをすべきではないという義務が話し手と聞き手に課せられることとなる。

重要なのは、こうした共同的コミットメントは個人的コミットメントから区別されていたということだ。ギルバートによれば、ある集団においてある集合的信念が形成されたとしても、個人的なレベルでは、その集団のメンバーはその集合的信念に反するようなことをすることができるのである(ibid.)。それゆえ前章でも見た詩歌鑑賞団体の例において、ラーキンの「教会へ行く」の最終行は感動的であるという集合的信念がこの団体に形成されたあとになっても、そのメンバーの誰かが個人のレベルにおいて「個人的な見解としては、この最終行は感動的ではなく、平凡だと思う」などと言うことがあっても、集団の一員として振る舞うときに共同的コミットメントに反しさえしなければ、非難には当たらない。

集合的信念と個人的な心理状態のこうした区別は、一見すると話し手の意味の心理性に不利に働くように見える。話し手がpということを意味し、聞き手がそれを理解したとき、共同性基盤意味論においては、話し手がpと信じているということが話し手と聞き手の集合的信念となる。しかしそのことから、話し手が本当にpと個人的に信じているということは帰結しない。それゆえ、話し手の意味の心理性における話し手への意図の帰属が導出できないように思える。だがステラの例のような私心なき意味の事例においては、集合的信念と個人的な心理状態の、あるいは共同的コミットメントと個人的コミットメントの区別が、むしろその説明に役立つことになる。

ステラの例について改めて考えてみよう。ステラは進化論が誤っていると信じており、かつそのことが生徒たちにも知られているなかで、「現在のホモ・サピエンスはホモ・エレクトゥスから進化しました」と言うことによって現生人類は創造ではなく進化によって誕生したということを意味したのであった。問題は、このときに聞き手である生徒たちには、現生人類が創造ではなく進化によって誕生したという信念をステラに帰属することができないにもかかわらず、ステラの行為に対する説明と予測を得られるということであった。

実現状況を集合的信念によって特徴づける共同性基盤意味論の立場において、ステラの行為に対する説明と予測に関しては、ステラに帰属される信念ではなくステラが参加する共同的コミットメントによって説明されることとなる。ステラが意味したことを生徒たちが理解したとき、ステラと生徒たちのあいだには、現生人類が創造ではなく進化によって誕生したとステラが信じているという集合的信念が形成される。これはつまり、現生人類が創造ではなく進化によって誕生したとステラが信じているということを一体となって信じるということに対して、ステラと生徒たちが共同的コミットメントを形成するということである。このことがステラに対してもたらすのは、現生人類が創造ではなく進化によって誕生したと自分が信じているということにあからさまに反する言動を、この共同的コミットメントが関与する文脈に置かれている限りはしないという義務である。

あるひとがある義務を負っているとき、その事実はそのひとの行為に対する予測と説明を与える。まず予測に関して考えてみよう。私がふと思い立ち、社会人劇団に俳優として所属したとする。その劇団では毎週土曜日の決まった時間を稽古に充てており、俳優は特別な事情にない限りその稽古には出席することとなっている。こうして私は新しくひとつの義務を負ったというわけだ。このことを知ったひとは、次の土曜日も、その次の土曜日も、おそらく私はその劇団の稽古場に姿を現すだろうということが予測できるだろう。

説明に関してはどうだろうか？　その劇団に所属する前に、私はカレンダーや目覚まし時計を買い、これまでは土曜日に通っていた病院に、別の曜日に通うことにしてもよいかと訊くなどということをしていたとしよう。そのような様子を見て、私の恋人はそれを怪訝に思うかもしれない。しかし劇団に所属することが決まったのちに、そのこと、およびその劇団で俳優に課せられる義務を恋人に語ったならば、疑問は氷解するだろう。要するにこれまでの奇妙な振る舞いは、これから新しく生じるとわかっている義務を今後スムーズに遂行するための準備だったのだと。

同じことがステラの例についても言える。ステラは自身の発話によって現生人類が創造ではなく進化によって誕生したと意味することで、そうした信念を自分が持っているということを生徒とともに一体となって信じるという共同的コミットメントに参加した。それにより、そうした信念を自分が持っているということとあからさまに矛盾する振る舞いをしてはならないという義務を負った。これはすなわち、本心はどうあれ、少なくとも表向きはそうした信念を持っているかのように振る舞うという義務を負ったということである。それによってステラの今後の振る舞いに関して、生徒には一定の予測が利用可能となる。またそのような義務をスムーズに果たすための準備をしていたものとして、これまでの振る舞いに一定の説明が利用可能となる。

重要なのは、このときにステラはその共同的コミットメントに従う限りでは、自分が問題の信念を持っているかのように振る舞うよう義務づけられるが、このことは実際にその信念を持っているということを含意しないということだ。そして生徒に利用可能となる予測や説明においても、ステラが実際にそうした信念を持っているということは前提とされていない。前提とされているのはあくまで、そうした信念を持っているかのように振る舞うという義務をステラが負っているということである。これは、ステラが本当はそうした信念を持っているはずがないと生徒たちが知っていたとしても、変わらず採用し得る前提なのだ。

また、こうした義務に対してギルバートが留保を与えているということも重要だ。すでに繰り返し述べているように、ギルバートによれば、集合的信念に携わっているメンバーも、個人的に話す限りではその集合的信念に反するような振る舞いをしてもかまわないのだった。現生人類は創造ではなく進化によって誕生したと自分が信じているということに反しない振る舞いをするという義務をステラは負うが、それはあくまでステラと生徒たちが形成する共同体の構成者として振る舞う限りであり、個人としてそうした信念に反する振る舞いをすることまで妨げられはしないのである。これはちょうど、動物実験に反対する化粧品メーカーの社員が、私生活においては動物実験を経た商品を平気で買ったとしても、企業の持っている集合的信念を損ないはしないというのと同じだ。要するにステラが進化論を信じているかのように振る舞わなければならないのは、教師として振る舞うときに限ってのことなのだ。だからこそステラは、教師としての職務と自身の個人的な信仰とを両立することができる。生徒と形成する共同的コミットメントに従う限りでは進化論を信じているかのように振る舞い、しかし個人としては創造説を信じて暮らすということが可能なのだ。

ステラの例についてはこのように説明できたとして、では標準的な事例についてはどうだろうか？　標準的な事例では、聞き手は特別な事情がない限り、話し手がpということを意味したのであれば、話し手にpという信念を帰属することができる。これに関しては、実は意図基盤意味論と同程度に容易に説明することができる。意図基盤意味論においては、話し手がpということを意味するときには、話し手はpということをアクセス可能にしようという意図を持って発話をしているのであり、そうした行為に対する最善の説明の一部として、そうでないという理由がない限り、話し手が現にpと信じているということが推論可能となる、そう想定したのであった。共同性基盤意味論においてはそのような意図が話し手の意味に対応するものとして想定されないため、同じ道をたどることはできない。だが、方針は変わらない。話し手が何かを意味し、聞き手がそれを理解するときに形成される集合的信念に関しては、話し手と聞き手は等しくそれに携わることになる。だがそれが形成されるきっかけに関しては、あくまで話し手がイニシアティヴを取ることになるということに注意してほしい。話し手の意味に対応する集合的信念の形成に関しては、まず話し手のほうからそれに参加する準備の表明がなされ、それを受けて聞き手が同様の表明をおこなうことになっている。ここで、準備の表明が意図的な行為であったということを思い出してほしい。そうすると、いわば話し手は、pと信じているかのように振る舞うという義務を負おうという提案をまず自ら意図的にしていることになる。それゆえ聞き手は、なぜ話し手はそのような提案をするのだろうかと問うことができる。ステラの例においては、その理由はステラの職務意識に求められるだろうが、そうした特別な理由がなければ、もっともらしい説明は、話し手が実際にpと信じているがゆえにそうした義務を負うことが負担とはならず、むしろ聞き手に対応する義務を課すことにこそ眼目があるということによって与えられるだろう。こうして、聞き手は話し手にpという信念を帰属することとなる。

このように、共同性基盤意味論はステラの例に代表される私心なき意味の事例と標準的事例の双方において、話し手の意味の心理性を同じ仕方で説明するとともに、標準的事例において話し手への信念帰属が聞き手に許されるという現象を、意図基盤意味論に想定されるのと同様の道具立てで説明することができる。結局のところ、話し手の意味の心理性についても共同性基盤意味論こそが、よりよい説明を提供するのである。

ここで、ふたつの立場から得られる人間観の違いを述べておきたい。意図基盤意味論において、人間はそれぞれがひとつの心理を抱えた存在であり、自分自身が持つ意図や信念に従ってコミュニケーションを取っている。意図基盤意味論の個人主義が描く人間は、ただひとつの顔だけを持って、さまざまな場でコミュニケーションを取る。これに対し、共同性基盤意味論が描く人間の姿は多層的だ。もちろんこちらにおいても各人は何らかの心理を持っており、それに従って暮らしている。だがステラの例で見たように、共同性基盤意味論の想定では、私たちは自分自身が本当に持っている心理とは別に、コミュニケーションの場面で規範を形成することによって、個人としての自分とは異なる生活を送ることができる。個人としてのステラが持っている心理は、教師としてのステラが持っているかのように振る舞っている心理と一致していなかったが、それでもなおステラはその両方の面を持っているのだ。さらにステラは、家族との会話において、友人との会話において、通っているバーにおいて、それぞれ少しずつ異なる共同的コミットメントを形成しているかもしれない。個人としてのステラの心理、教師としてのステラの「かのような」心理、娘としてのステラの「かのような」心理、友人としてのステラの「かのような」心理、バーの常連客としてのステラの「かのような」心理は、そのそれぞれが互いに矛盾しているかもしれない。ステラはしかし、それによって必ずしも矛盾した心理を抱えた不合理な個人となることなく、その多重生活を円滑に送ることができるだろう（むろん教師としての同僚がステラの通うバーに現れたりすれば、乱されることはあるだろうが）。共同性基盤意味論が描く人間は、複数の顔を持ち、コミュニケーションがなされる場面ごとに違った者として現れ得るのである。

本章のまとめ

この章では、共同性基盤意味論のもとで話し手の意味の心理性がいかに説明されるかを論じた。一見したところ、話し手の意味の心理性は、話し手が何かを意味し、聞き手がそれを理解したときには、聞き手は話し手に対応する信念を帰属することができ、それゆえに話し手の行為に対する説明と予測が聞き手に利用可能になるという現象であるように見えた。そしてそのように捉えるならば、意図基盤意味論は話し手の意味の心理性を簡単に説明できる。すなわち、対応する意図を持って話し手が発話をしたということに対する最善の説明の一部として、話し手の対応する信念を導き出すことができるように思えるのである。

だが第2節で見たように、実際には話し手の意味の心理性は必ずしもそのようには説明されないのであった。第2節ではラッキーによるステラの例をもとにして、自分が信じておらず、また信じていないということを聞き手にも知られていることを、それにもかかわらず意味する話し手という例を提示した。この例において、話し手に対する先に述べたような信念帰属は不可能であるにもかかわらず、話し手の行為に対する予測と説明は依然として可能となっていた。このような例は、第1節で意図基盤意味論に想定したような形では説明できない。

だが共同性基盤意味論であれば、話し手の意味に対応する集合的信念、およびそれに対応する共同的コミットメントという観点から、ステラのような例を説明することができる。共同性基盤意味論のもとでは、そうした場面において話し手は自分が対応する信念を持っているかのように振る舞うべき義務を負うが、本当にその信念を持っている必要はない。そして話し手に課せられる義務という観点から、話し手の行為に対する予測と説明が利用可能となるのである。

最後に私たちは、意図基盤意味論と共同性基盤意味論が人間、および人間のコミュニケーションに対して持つ視座の違いを見た。意図基盤意味論は個人主義的であり、一個の心理を備えた人間がそのままさまざまな場面に現れ、コミュニケーションを取る。すなわち人間はただひとつの顔を持っている。だが共同性基盤意味論において、人間は自身の心理を備えながらも、それとは別にコミュニケーションの場面ごとに異なる義務を引き受け、異なる振る舞いをする。共同性基盤意味論にとって、人間は複数の顔を持っている。

意図基盤意味論の論者たちの展開する議論において、話し手の意味の心理性という現象が着目されたことは私の知る限り一度もない。それゆえ、意図基盤意味論に本章で帰せられている説明は、あくまで私が推測したものにすぎず、意図基盤意味論の立場からステラの例のような私心なき意味の事例に関して説明が与えられる可能性は残されている。だが第二章と第三章で見たように、意図基盤意味論は意図の無限後退問題に関して、それゆえ話し手の意味の公共性と透明性の説明に関して、すでに失敗していたのであった。本章の眼目は、意図基盤意味論への批判よりも、むしろ共同性基盤意味論こそが話し手の意味の心理性に見通しのいい説明を与えるのだと示すことにある。

共同性基盤意味論は、その出発点からして話し手の意味の公共性を反映した理論だ。その理論のもとで、話し手の意味の心理性をも扱えるというのが本章で論じたことである。それゆえ、心理的であり公共的でもあるという、一見すると相反するふたつの顔を持っているように見えた話し手の意味という現象を、共同性基盤意味論ならば、いずれの顔を取り逃すこともなく、捉えることができるのである。

*

最後に、本書で詳しく論じることはできないが、共同性基盤意味論がもたらす視点によって得られるひとつの帰結として、フィクション的な言明とそうでないコミュニケーションとを連続的に扱える可能性があるということを指摘しておきたい。ステラの例で見たように、私たちはコミュニケーションを通じて、個人として備えている信念とは反する信念を持っているかのように振る舞う義務を負い、それに従うことができる。これは言い換えれば、話し手の意味の成立から見て取れる限りでの話し手の心理や振る舞いと、話し手の現実の心理や個人的に過ごしている限りでの振る舞いを切り離せるということである。

小説のなかで「火星に巨大な都市があった」と書く小説家は、個人として火星に巨大な都市があったと信じているわけでも、自分がそうした信念を持っていると読者に思わせたいわけでもないだろうが、自分がまるで火星の都市に関する報告者であるかのように、火星に巨大な都市があったと自分が信じているということを読者とともに信じようと持ちかけていると考えることはできる。ステラが、実際には信じていないということを知られていながらもなお、生徒たちの前では進化論を信じている教師として振る舞っていたように、小説の書き手は、読者が小説を読む文脈においては、語られる出来事が実際に起きたと信じているかのように振る舞う。同様に、舞台上の俳優が「ローゼンクランツとギルデンスターンは死んだ」と語るとき、その俳優が個人としてローゼンクランツやギルデンスターンなる人物が（実在していて、しかも）死んだと信じているわけではないだろうが、そのような信念を持っているかのように舞台上で振る舞うということを観客と共有しようとはしているだろう。そうした例において、小説家や俳優は、ある特定の状況において、個人として持っている信念とは反する信念を持っているかのように振る舞う義務を負い、それに従おうとしている。共同性基盤意味論のもとでは、こうした例とステラのような事例とのあいだに実質的な違いはなくなる。共同性基盤意味論の見方によれば、コミュニケーションにおいて私たちはいわば常にその状況に適した自分を演じているのであり、それゆえフィクション的な言明と日常的な言明のあいだには明確な線引きなどないのである。

グライスやその他の意図基盤意味論の論者が舞台上の発話のような事例をどのように見ていたのかは定かでない。だがグライスの師に当たるオースティンは、言語行為論の出発点となった講義においてこのように言っていた。

〔……〕私たちの扱う行為遂行的発話もまた、発話である以上はあらゆる発話に感染する例の病を引き継いでいる。こうした病についても同様に、あとでさらに一般的な説明が与えられるかもしれないが、いまはあえて除外しておく。私が意味しているのは例えば次のようなものである。例えば舞台上で俳優が口にするとき、詩のなかで用いられるとき、独り言で語られるとき、行為遂行的発話は、独特の仕方で空虚な、もしくは無用なものとなる。（Austin 1962/1975, pp. 21–22, 強調は原著者）

後にデリダは、こうした議論によってオースティンがある種の発話を「不真面目」なものとして排除したことを批判する。オースティンが「病」と呼ぶものに感染するリスクは「発話というものにとっての内在的で積極的な可能性の条件なのではないか」、そうだとしたら「言語の法そのものを排除して定義される「日常」言語とはいったいどういう意味なのか」、そうデリダは問うのである（Derrida 1988, p. 17）。そしてデリダは「オースティンが異常である、例外的である、「不真面目」であるなどとして排除するもの、すなわち（舞台で、詩で、独り言での）引用とは、それなしには「成功した」遂行的発話というものが生じさえしなくなる、そうした一般的な引用可能性、あるいはむしろ一般的な反覆可能性が、限定され、姿を変えて現れたものではないだろうか」（ibid., 強調は原著者）と言う。

これはもちろん遂行的発話に関する議論であり、必ずしも話し手の意味の問題ではないかもしれない。だが共同性基盤意味論は少なくとも、話し手が本当に持っている心理とそぐわないような話し手の意味をも容認するという点において、「不真面目」な発話を真正な話し手の意味の事例として認め得るものとなっている。

結論　共同性に根差したコミュニケーション

　ここまでの道のりを振り返ろう。本書の目標は、話し手の意味という現象に目を向け、特にその心理性と公共性というふたつの特徴を説明するような理論を探るということであった。

　話し手が何かを意味し、聞き手がそれを理解するとき、聞き手は標準的には話し手が意味したことに対応した内容を持つ信念を、話し手に帰属できるようになる。そしてまた、聞き手には話し手の行為に対する説明と予測も利用可能となる。これを私たちは「話し手の意味の心理性」と呼んでいた。

　他方で話し手の意味の公共性とは、話し手が何かを意味し、聞き手がそれを理解したならば、話し手は自分が意味したことを引き受けなければならないということであった。これは序章で論じたように、文脈の共有という現象の基礎をなしている。私が「雨が降っているね」と言うことで散歩を取りやめたいということを意味したときに、あなたが「でも傘を差しながらの散歩も楽しいものだよ」などと言い返せるのは、自分が散歩を取りやめたいと思っているということを私が引き受けるからだ。もしそうでなかったら、私はあなたの返事を聞くや、まるで自分が散歩を取りやめたがってなどいなかったかのように振る舞うことだってできただろう。そして話し手の意味の公共性が成り立つためには、話し手が何かを意味する以上は、話し手が何かを意味したという事実自体はあからさまになっていなければならないという話し手の意味の透明性が必要なのであった。

心理的であり公共的。話し手の意味とは元来そのようなものなのであり、その一見すると相反するふたつの側面をともに説明できない限り、話し手の意味の分析とはならない。これが本書の議論の出発点となったのであった。

第一章では、話し手の意味の出発点となる「意味」論文におけるグライスの分析を紹介し、それをもとに意図基盤意味論の一般的な形式を示した。そこで得られた構図に従うならば、話し手の意味の分析には、話し手の発話の目的となる実現状況を特定するという帰結問題と、実現状況と話し手の発話の結びつきを与えるという接続問題というふたつの課題があるのであった。意図基盤意味論とは一般的に、接続問題に話し手の意図という概念を用いて回答する立場としてまとめられた。

第二章では特に意図の無限後退問題に焦点を当て、意図基盤意味論がそれを克服しようと発展しながらも、結局のところその解決に向かって歩を進めてはいなかったということを論じた。意図基盤意味論の立場は、無限後退が再発するか、さもなければ循環のゆえに内容を決定し得ない意図というものを用いるかというハーマンの袋小路から抜け出せずにいたのであった。

第三章において、私は意図基盤意味論が採用する前提をもとにその問題点を探った。意図基盤意味論は意図の無限後退問題に関わる事例を真正な反例と認めている以上、話し手の意味の透明性を前提としていることになる。しかしこの前提は、それ自体がすでに循環性を秘めているのであった。この循環性そのものは害のあるものではないのだが、意図基盤意味論は接続問題に話し手の命題的態度を用いて答えるという、話し手の意味に関する表象主義を採用することで、それを悪質な循環性へと変容させてしまう。このふたつの前提を採用する限り、意図基盤意味論という枠組みそのものが初めから意図の無限後退問題の萌芽を含んでいるのである。それを念頭に、第四章では意図基盤意味論がそもそも根拠を欠いていることを指摘しながら、話し手の意味と話し手の意図が乖離する事例を挙げ、直観的なレベルにおいても意図基盤意味論をくじくことを試みた。

第五章で、私は共同性基盤意味論という新たな理論を提案した。それは話し手がpと意味し、聞き手がそれを理解するときに成り立つ実現状況を、話し手がpと信じているという集合的信念を話し手と聞き手が形成するということによって特徴づける立場であった。そのうえで、集合的信念への準備のそれぞれにおける表明として、話し手の意味と聞き手の理解というものを分析した。これは話し手の命題的態度を利用していないがゆえに、意図基盤意味論に見られる表象主義を排除した分析となっている。具体的には、ある行為が集合的信念への準備の表明となるためにはすでにそれに関連する共同的コミットメントが存在していなければならないと指摘することを通じて、実現状況である集合的信念と話し手による発話とのあいだには、その発話がその集合的信念への準備の表明となることに対して共同的にコミットされているという関係があると述べられ、これによって接続問題への答えが得られたのである。また実現状況をこのように特徴づけたなら、意図の無限後退を引き起こした一連の反例はまとめて排除することができるのだった。

第六章では共同性基盤意味論のもとで話し手の意味の心理性がいかに説明されるかということを論じた。そこでは話し手の意味の心理性という現象を見直し、話し手が何かを意味し、聞き手がそれを理解したとしても、聞き手が話し手にその何かに対応する信念を帰属できず、それにもかかわらず話し手の行為に対する予測や説明は利用可能になるという事態があり得るということを指摘した。こうした現象を説明するためには、話し手の意味の心理性は話し手への対応する信念の帰属ではなく、むしろ話し手が参与する規範という観点を採用することが有効であり、共同性基盤意味論はそれを可能にする。

共同性基盤意味論が描く見取り図において、コミュニケーションは共同体的なものである。第六章で論じたように、私たちはすでに形成されている共同的コミットメントを通じてしかコミュニケーションをおこなうことができない。だがこれは、必ずしも「共同体に閉じ込められた私たち」といった閉鎖的な見方ではない。もちろん、確かに共同性基盤意味論によれば私たちは何も共有していない存在とはコミュニケーションをすることはできないということになり、それゆえその限りでは閉じ込められているとも言えるには違いない。しかし何らかの共同的コミットメントを形成しさえすれば、コミュニケーションを通じてその場で新たな共同的コミットメントを作り上げ、これまでになかった新しい共同体を形成することができるのである。描かれているのは、共同体に閉じこもった存在としての私たちではなく、新たに誰かと出会うたびに新しい共同体を作り、新しい顔を獲得する、ダイナミックに変わり続ける私たちという姿である。これは、出会い、ともにあることを重視するコミュニケーション観である。私たちは新たなひとと出会うとき、かろうじて共有している何かを手掛かりに会話をし、新たな共同体を作り上げる。個人としての私とも、研究者としての私とも、通っているバーの常連としての私とも、あの友人とともにいる私とも、弟とともにいる私とも違うものとして、私は初めて出会ったあなたとのあいだで共同体を形成し得る。そこで形成された共同的コミットメントがこれまで私が属していたどの共同体においても私が採用していないものであったなら、あなたが出会うのはまったく新しい、そのとき初めて現れた私の姿だ。

社会というものは、個々別々の個人たちが原子のように漂い、ただ寄り集まっているだけののっぺりとしたものではない。各個人はほかの個人とさまざまな仕方で結びつき、新たな結びつきがその個人を更新する。それはまるで、色とりどりの絵の具があちこちに塗られ、また新たに塗られ、重ねられ、そうして描かれる華やかで重層的な風景なのだ。それが、共同性基盤意味論を通して見る、世の中の姿なのである。

注

序章

（1）話し手の意味と話し手の心理が密接に関係していると考えるべき根拠は科学的にも与えられている。一例となるのは自閉症者のコミュニケーションの研究である。バロン＝コーエンのよく知られている研究によれば、自閉症者は他者の心的状態を理解するためのいわゆる心の理論（theory of mind）に先天的な制限があり、そのためにしばしばさまざまな社会的活動に適応しづらくなっているとされる（Baron-Cohen 1995）。他方で自閉症者は話し手の意味をしばしば理解しそこなうということも知られている（Baron-Cohen 1988; Happé 1993; Tomasello 1999）。自閉症者に見られるこれらの特徴は互いに独立のものではなく、心の理論への制限こそが話し手の意味を理解しそこなう原因であると考えられている。そうした議論が正しいならば、このような研究成果は話し手の意味と話し手の心理の密接な関係を示唆する経験科学からの根拠となる。

（2）意図基盤意味論というプログラムの紹介はさまざまな論者によってなされているが、シファーが一九七二年の著作に対して後年になって寄せた序文での整理がわかりやすい（Schiffer 1972/1988, p. xi）。

第一章

（1）意図基盤意味論の基本テーゼは、哲学者のみならず他の領域においても広く受け入れられている。自閉症の研究については序章注1でも触れたが、バロン＝コーエン、ハッペ、トマセロといったこの分野の論者たちはその最たる例である（Baron-Cohen 1988; Happé 1993; Tomasello 1999）。特にトマセロは大型類人猿と人類を比較し、それらのコミュニケーション様式の違いを論じる際にも、話し手の意図という概念を手掛かりにしている（Tomasello 2008）。

(2) グライスと日常言語学派の関係の解説と、およびグライスをめぐる伝記的なエピソードの紹介についてはChapman (2005) を参照してほしい。この本ではグライスの独特な人柄が、オースティンやストローソンといった人々との交流の様子を通じて生き生きと描かれている。

(3) 実際、推意の理論が最初に提示されたのは、センス・データ説を日常言語の観察に基づく批判から擁護する議論においてであった (Grice 1961)。

(4) グライスにとっての概念分析が、ある表現をそれと同義でより単純な表現へと置き換えるといったものではなく、ある表現を含む文の使用に着目してなされるものであるという点には注意が必要だ。

　周知のように、クワインによる分析／総合の区別への批判 (Quine 1951) 以降、私たちは概念分析なるものを少なくとも素朴に追求することはできなくなった。グライスはかつてストローソンとともに、クワインの議論に応答し、分析性に十分な説明を与えることはできずとも、私たちの実践においてその概念は確かに意味をなしていると論じていた (Grice & Strawson 1956)。これ自体は分析性という概念に関するいわばメタ哲学的な議論であるが、こうした応答の仕方からは、実際の概念分析においても使用への着目が重要な役割を果たしていたと推測することができる。そしてそれは本節で論じてきたグライスの哲学的方法論と整合的である。

　実のところグライスにとっての概念分析は、ブランダムの言う「語用論的メタボキャブラリー (pragmatic metavocabulary)」の探究であったと私は見ている (Brandom 2008; 2011, Chapter 6)。すなわちあるボキャブラリーに対し、それと同義であったり、そのパラフレーズとなったりしているボキャブラリーを直接見出そうとするのではなく (これこそがクワインによって疑問視された営みだった)、それを使用するという実践を記述するようなボキャブラリーを見出そうとしているのだ (ブランダムは語用論的メタボキャブラリーの構築を、同義性やパラフレーズといった概念に基づく古典的な分析哲学の手法と並んで付け加えられるべきものであると主張し、それにより分析哲学とプラグマティズムの統合がなされ得ると論じている)。例えば「「話し手Sがxを発話することでpということを意味する」という文が真となるのは、……であるとき、そのときに限る」といった分析が与えられたとすると、それによって言われているのは、「話し手Sがxを発話することでpということを意味する」という文と「……」が同義であるといったことではなく、むしろ私たちは……であると判断するとき、そのときに限って「話し手Sがxを発話することでpということを意味する」と言うということ、そしてそのような仕方で「意味する」という語を用いているということであると考えることができる。「意味する」のパラフレーズではなく、「意味する」という語の使い方の記述がなされているのだ。

　むろんここでのグライス特有の捻りは、推意の理論を介することによって、このように与えられる分析が、実際には従来のパラフレーズに基づく分析とほとんど変わらないものになるという点にある。言語使用という実践的側面の重視と、それにもかかわらず推意の理論を介することで分析結果が古典的な分析哲学におけるそれと重なることになるという発想に目を向けたならば、なぜグライスにとって概念分析という古くさいとも思える営みがそれでも「ドン・キホーテ的」（野矢 1999, 二九九頁）ではなかったのかということの説明がつけられるだろう。本書ではこうした解釈の正当化をこれ以上試みはしないが、以下ではこうした理解のもとで話し手の意味の分析について論じていく。

（5）ただし、本書では煩雑さを避けるために、実際の分析においては「「話し手Sがxを発話することでpということを意味する」という文が真となる」と書く代わりに、「話し手Sがxを発話することでpということを意味する」と書くことにする。

（6）実際にはGrice (1969) ではこれよりもさらに細かな区別が試みられているが、グライス自身の議論においてもその後継者たちの議論においても、本質的なのはここで紹介した二通りの非自然的意味の区別であり、それ以上の区別は重要ではない。それゆえ本書では非自然的意味のより細かな区別については割愛する。

（7）実のところ、話し手の意味の公共性と話し手の意味の透明性は本書で提案した独自の概念でありながらも、意図基盤意味論の論者たちが提出するさまざまな例について、彼らがなぜそれを話し手の意味の例として、あるいは反例として見ているのかという理由を与えるのに、しばしば有効となる。このことは次章においてさらに見て取れるだろう。

（8）ただしグライスは、自身の立場が還元的分析を試みるものではあるとしつつも、還元主義ではないと主張する。グライスによれば意味論的概念に関する還元主義には、「なんらかのあらかじめ決められ、特権的で、好ましいものとされる一群の概念による解釈が与えられ得ない限り意味論的概念は不十分であるか、ことによっては理解不能ともなるという考え」(Grice 1987b, p. 351) が含まれている。だが還元的な分析は「あらかじめ指定された解明項に到達するためではなく、不明確さから遠ざかるために要請されるのであってもよい」(ibid.)。要するにグライスは心理的概念が意味論的概念に比べて特権的であるという立場にはコミットしていないが、しかし心理的概念への還元的な分析を施すことによって話し手の意味という概念がわかりやすくはなると考えていたということになる。

（9）シファーが一九七二年に出版した書籍『意味』(*Meaning*) には、一九八八年のペーパーバック版になって改めて付された序文があるが、そこではっきりと意図基盤意味論が「物理主義へのモチベーションを引き継いでいる」(Schiffer 1972/1988, p. xiii) と語られている。しかしこの序文が書かれたのと時期的に近い一九八七年に出版された『意味の残余』

(*Remnants of Meaning*)においては、意図基盤意味論が「見込みのない営み」であり、それゆえに意味論的概念について「有意味な仕方での還元や「解明」はあり得ない」(Schiffer 1987, p. xv)と宣告されている。

(10) この著作の最終章が「意味の無理論説」("The No-Theory Theory of Meaning")と題されていることからもわかるように、シファーは意図基盤意味論を、ひいては意味論的概念に関する物理主義的アプローチを退けたうえで、「意味に関してそもそも理論など立てられない」という考えを打ち出すに至っている。とはいえ、さらに後年の著作『私たちが意味するものたち』(*The Things We Mean*)では、今度はこの無理論説が撤回され、冗長命題(pleonastic proposition)という概念を利用して意味の理論が試みられることになる(Schiffer 2003)。

(11) グライス自身は物理主義に否定的であったという点にも注意すべきだろう。Grice (1991)では、心理的概念は物理的概念に還元できないということが主張されている。

(12) それゆえグライスは私たちの会話の分析そのものを目標としていたわけではない。実際、グライスが推意の理論の適用対象として注目していたのは、例えば自然言語と形式言語の関係のようなものであった。条件文について考えてみよう。形式言語における論理結合子「⊃」は、「ならば」のような自然言語表現と対応しているものと理解される。だが一般に、古典論理における実質条件文と自然言語における条件文とには意味的な違いがあると言われる。古典論理における「p⊃q」はpが偽であるときにはqの真偽と関係なく真となるが、「雨が降ったらピクニックは中止だ」のような言明が、雨が降らなかった場合に正しくなるとは、日常的にはあまり想定されない。こうした事実を受けて、日常言語学派の哲学者の一人でありグライスの後輩にも当たるストローソンは、その著作『論理の基礎』(*Introduction to Logical Theory*)において形式言語と自然言語のこうした乖離をまとめ、両者の同一視が誤りであると語っていた(Strawson 1952, Chapter 3, §§6-11)。ストローソンに代表されるこうした立場は、日常的な言明には古典論理的な真理条件では尽くされない意味があると見なすものであり、いかにも私たちの日常的な語り方を重視する哲学者らしい見解とも思える。だがグライスはそれが単に使用における推意によって生じる違いにすぎず、両者の文字通りの内容に違いはないという主張をしている(Grice 1967b)。グライスの考えでは、自然言語における条件文の意味も本来ならば古典論理的な真理条件で尽くされるのだが、しかし条件文を発話することで標準的にもたらされる推意のために、自然言語における条件文にはさもそれ以上の意味があるかのように見えてしまっているにすぎないのだ。日常言語学派の方法論も受け入れつつも、しかし意味と使用の安易な同一視を戒め、日常言語と古典論理の「乖離」を否定する、グライスのそうした思想の方法論的な核となっているのが推意の理論なのである(Grice 1967a)。また同様に、グライスは推意の理論を用いてラッセルによる確定記述の分析（Russell 1905）をストローソンの批判（Strawson 1950）から擁護してもいる（Grice 1981）。

（13）現在ではグライスの理論がそのままで使われることは少なくなっているが、関連性原理という単一の原理によって推意の説明を試みるSperber & Wilson（1986/1995）の関連性理論（グライスの理論との関係についてはCarston（2002）にも詳しい）、特定の表現がデフォルトで持つ推意を取り扱う、Levinson（2000）に代表される新グライス派の語用論、ポライトネスという観点から話し手と聞き手の相互交流を捉え直し、それをもとに言語現象を分析するBrown & Levinson（1987）のポライトネス理論などは、グライスの推意の理論をそれぞれの仕方で洗練・発展させたものとなっている。

（14）詳細はGrice（1975）、及び三木（2009; 2012）を参照のこと。

（15）「文字通りの内容」とここで呼んでいるのは、グライスの用語においては「言われたこと（what is said）」と呼ばれるもののことだ（Grice 1968; 1969; 1975）。

第二章

（1）前章でも述べたように、ストローソンはグライスによる話し手の意味の分析が、話し手が聞き手にコミュニケーションを試みる場面の分析となっているものと理解している。

（2）「忙しいんです」と明言しなければ公共性が生じないというわけではないということにも注意してほしい。例えば同僚に「今晩、食事に行かない？」と訊かれたときに私が「明日が締め切りの書類があるんです」と答えたとしても、同じような責任は生じるだろう。このように答えておきながら問題の書類がほんの数分で作れるようなものであり、私が夕食の時間にのんびりと過ごしていたとしたら、同僚には責める権利があるはずだ。

（3）ここで、話し手の意味の公共性の成立にとって、話し手の意味の透明性は必要ではあるが十分とは限らないということは、気を付けておくべきポイントとなる。意図基盤意味論の議論においては、話し手の意味の透明性に対する意識はシファーによって明示的な形を与えられ、それを確保するような分析が目指された。だがこれまでに見てきたように、意図の無限後退問題に関わる反例がそもそも反例だと判断されるのは、話し手の意味の公共性が成り立たないからであるという理解を、私は提示していた。もしもこの理解の仕方が正しければ、話し手の意味の分析において確保すべき本来の目標はあくまで話し手の意味の公共性であり、透明性自体が目標であるわけではない。第五章では、意図基盤意味論の立場では公共性の確保に失敗するということを論じる。この立場では話し手の意味の透明性さえ確保できないという議論は、第三章で与えられることになる。

（4）実際のグライスの最終的な分析はこれよりもはるかに複雑なものとなるのだが、本書の議論と関わらない部分は省略している。次項「2．話し手の意味における聞き手」で扱うような事例を検討する以前のグライスの分析についてはGrice（1969）, pp. 103-105、そうした事例の検討も終えたあとの最終的な分析はGrice（1969）, pp. 114-115に見られる。

（5）ただし、のちに見るようにニールは話し手が聞き手に意図している反応を信念ではなく、もっと抽象的な「pという信念／思考／命題を心に抱くこと」という形にすることで、分析を弱めるべきだと考えている（Neale 1992, p. 547）。

（6）意図の無限後退が問題を生じさせないという立場としては、野矢の「意図の構成テーゼ」に基づく議論がある（野矢1999）。野矢は、意図を行為に先立って行為者が持つ行為の原因ではなく、行為を事後的に評価する際に構成されるものと考える。この立場からすれば、意図の無限後退は、何かを意味する行為のあとにその行為を評価する際に生じる現象であり、実際に何かを意味するということに困難は生じさせない。この見解では、話し手が何かを意味するというのはどういうことかということは問われず、むしろその成立が前提とされている。それゆえ、話し手が何かを意味するとはどういうことかという問題を中心的なテーマとする本書の趣旨からは外れるが、意図という概念を捉え直すことで話し手の意味に関して新しい視点を見出そうというそのアプローチは注目に値する。

（7）シファー自身は「*相互知識（mutual knowledge*）」というように、「*」をつけてこの用語を使っているが、煩雑になるので本書では省略する。

（8）心理的な現実性の問題については、シファー以降いくつかの前進が見られている。なかでもよく知られているのは、スペルベルとウィルソンが関連性理論（relevance theory）の中心的概念として利用した相互顕在性（mutual manifestness）だろう。スペルベルとウィルソンは「知覚可能であるか推論可能であること」を表す顕在性（manifestness）を知識に代えて用いることで、相互知識を相互顕在性へと弱め、実際に実現可能な状態とすることを試みている（Sperber & Wilson 1986/1995, p. 39）。ただし、もしも相互顕在性という概念がスペルベルとウィルソンの主張するように相互知識と違って現実的なものであったとしても、それを話し手の意味の分析にシファーと同じ仕方で用いたとしたら（彼らはそのような試みをしてはいなかったが）、後述するハーマンの反論は変わることなく成り立つ。

（9）第1節では、ストローソンとシファーの反例が示唆する意図の無限後退に対し、それを生み出す一般的な手続きを再構成した。（2・10）は一見するとその一般的な手続きと似ているが、実際にはより強いものとなっている。というのも、私の提示した手続きによれば、話し手が何かを意味するためには話し手は聞き手にpと信じさせようと意図していなければならないということから、そうした意図を聞き手に認識させようとも話し手は意図してなければならないということや、このさらなる意図もまた聞き手に認識させようと話し手は意図していなければならないといったことが際限なく帰結することになるが、だからと言って後続する意図の実現がそれに先立つ意図の実現の理由となるということは帰結しないからである。

「意味」論文の分析では、第三の意図として、話し手が聞き手にpと信じさせようと意図しているのだと聞き手が認識することが、聞き手がpと信じる理由の一部となるということを話し手は意図していることになっていた。ここでは確かに聞き手にpと信じさせるという第一の意図と、第一の意図を自分が持っていると聞き手に認識させようという第二の意図のあいだにハーマンが定式化している通りの関係が成り立つことになっているが、第二の意図を聞き手に認識させようという意図と第二の意図のあいだに同様の関係が成り立たなければならないということは、ストローソンやシファーの例からは示されていない。しかしハーマンのこの診断は、そうした関係が意図の無限後退の系列の各ステップにおいて成り立つとしているため、ストローソンやシファーの例が示唆する以上に強い条件を分析に課していることになる。

(10) 同様の議論を三木（2017）でもおこなった。

(11) のちの補論でさらに詳しく論じる。

(12) キッシンのように、話し手の意味の分析を試みているわけではないが、言語行為の分析に類似の視点を持ち込んでいる論者もいる（Kissine 2013）。

(13) ただしこの説明が見られる個所では、デイヴィスは「指標」ではなく「表現する（express）」という語を用いている。とはいえ「思考や他の心理状態を表現するとは、それが自分に起こっているという指標を与えることである」（Davis 2003, p. 43）ため、それらは交換可能な用語となっている。

(14) デイヴィスの用語では「表現行為（expressive action）」と呼ばれる。

(15) グリーンは話し手の意味を事実的な（factual）話し手の意味、発語内的な（illocutionary）話し手の意味、対象的な（objectual）話し手の意味に区別する（事実的な話し手の意味と発語内的な話し手の意味はまとめて「命題的な（propositional）話し手の意味」とも呼ばれる）（Green 2007, p. 54）。本書で取り上げる話し手の意味と対応するのは事実的な話し手の意味であり、ここで挙げているのもその分析に当たる。

(16) ここでの柏端への批判は三木（2017）で展開したものをもとに、修正を加えたものである。

(17) 柏端による両想いの特徴づけに従うならば、いわゆる「両片想い」は両想いに含まれないことになる。私はこの直観を共有していないが（「あの二人はずっと両想いで相思相愛なのに、どうして二人ともそのことに気づかないんだろう？」といった発話は、私には不整合なく可能なように思える）、この点はここでの議論に影響しない。

第三章

(1) 本章は三木（2019b）を改定したものである。

第四章

（1）本節と同様の議論を三木（2017）でもおこなった。

（2）本節の議論は三木（2014）に基づく。

（3）Grice（1968）には「M意図」という類似の用語があり、おおよそ同じように使われている。しかし、「M意図」は聞き手に何らかの反応を引き起こすという内容を備えているため、デイヴィスやグリーンの表現説には適用できない。そこでここではさらに抽象的な用語を用いている。

（4）同じ例はSearle（1969）でも再び取り上げられており（pp. 44-45）、Grice（1969）でも検討されている（pp. 100-105）。

（5）ちなみに、このドイツ語文はゲーテの『ヴィルヘルム・マイスターの修業時代』におけるミニョンの詩の一部である。

（6）また、サールとマッカイはいずれも自分の主張がウィトゲンシュタインによって先取りされていると述べ、ウィトゲンシュタインの「「ここは寒い（It's cold here）」と言って「ここは暖かい（It's hot here）」を意味してみよ」という記述を引用している（Wittgenstein 1953/2009, §510）。

（7）ただし、Donnellan（1966）において明示的にそのようなことを述べている個所はないことに注意すべきである。ドネランは指示的用法というものを見出し、その特徴として記述が適合しない対象を話し手が指示し得るということを指摘してはいるが、それが話し手の意図によって決定されているとまで断言してはいない（意図に言及することはあるが）。もっともDonnellan（1968）でマッカイに応答する際に、ドネランはこの点に関するマッカイの解釈を受け入れている。

（8）また、ジフは別の観点から話し手の意図を重視しすぎる意図基盤意味論に疑念を呈している（Zipf 1967）。ジフが注目するのは話し手の意味の分析より、むしろ話し手の意味の分析をもとに規約的意味を分析するというアイデアである。そのアイデアは、私たちの表現の使用をもとにその表現の意味を説明すると言い換えられるものだが、その際には使用に伴うさまざまな話し手の振る舞いの規則性のうちで意味に関わるものだけを取り出さなければならない。実際のところ、ある表現を用いようと私たちが決めるときには、表現の長さや音形といった多様な要因が関与する（Zipf 1960）。しかしそうした多様な要因のなかで、その表現の意味に関連するものは限られている。ジフが疑うのは、話し手の意図は確かに表現の使用に関与する要因だろうが、意味に関連してはいないのではないかということだ（Zipf 1967, p. 7）。ジフは意味がない表現であるがゆえに話し手がそれを用いる場合などを挙げつつ、話し手の意図が表現の意味に関連する要因ではないと主張している（Zipf 1967, pp. 2-3）。ジフの批判が突きつける問題はこうだ。もしも話し手の意味の意図基盤意味論的分析が正しいならば、規約的意味を話し手の意味に基づいて分析するという目論見は失敗する。逆に言えば、規約的意味の分析のような理論的に興味深い問題を念頭に置くならば、話し手の意味の分析について意図基盤意味論的見地を取るのは誤りであるということになる。

　話し手の意味の場面において話し手が持つ意図は一枚岩ではなく、むしろさまざまであり得る。本章で論じているように、これは私がジフと共有する見解だ。

（9）話し手の意味をどのように理解するかという問題には、話し手の発話から読み取り可能なさまざまな事柄のうちのどの程度を話し手の責任の範囲内に置くべきかという倫理的な次元が関わっている。このことは、話し手の意味をめぐる従来の議論において十分に意識されていないように思える。

第五章

（1）第二章で紹介したシファーの相互知識（Schiffer 1972）と似た概念だが、定義は異なる。

（2）ギルバート自身もテイラーの「我らのこと」に着目しているのだが、ギルバートはむしろテイラーの強調する言語的コミュニケーションと「我らのこと」との結びつきに焦点を当て、言語的にそれぞれの目的を明言し、それが共通知識になったとしても、複数主体の形成には十分ではないという議論をしている（Gilbert 1990, pp. 182-183）。ここでギルバートが気にしているのはあくまで複数主体の形成にとってそれぞれが個人として持つ目的を言語によって伝えるということが十分となるかということであり、本書のような形でテイラーの議論をギルバートの概念によって読み替えるということではない。

（3）共同的コミットメントのためにはより基礎的な共同的コミットメントが基本的に必要となるが、その連鎖の先にはただ参加者が一定の振る舞いをしたなら共同的コミットメントの形成に至る次元が存在する。この立場はその形式において、命題的な知識の基礎には方法的な知識（ノウハウ）があるという立場の一変種となっている。すなわちこれはブランダムの言う「基礎的プラグマティズム（fundamental pragmatism）」の一種となる（Brandom 2002, pp. 65-67）。後に述べるように、共同性基盤意味論は共同体主義的であり、これらを合わせて私は自身の立場を話し手の意味に関する「共同体主義的プラグマティズム」と呼んでいる。

（4）逆に、共同的コミットメントを前提とせず、共有する協力シグナルさえない二人の者のあいだでは、仮に両者が豊かな知的能力や心的能力を持っていたとしても、コミュニケーションは成り立たない（それぞれが銘々に何かを意味することはあっても、それが理解されることはない）と私は考える。例えば異星人とコミュニケーションを取るためには、少なくとも何かを共有していなければならず、何もかも異質な存在とはコミュニケーションを取り得ないというのが、共同性基盤意味論からの帰結だ。

（5）意図基盤意味論の個人主義と共同性基盤意味論の共同体主義とを対比するとき、話し手が意味する内容と話し手が意味すると聞き手が理解する内容との一致を前者はいかに説明できるのかという疑問が起こり得る。後者の場合、それは単に関連する共同的コミットメントがすでに形成されていることによって説明される。だが話し手が個人として持つ意図によって話し手の意味する内容が決定されるという意図基盤意味論の立場において、聞き手が理解する内容が（多くの場合、そしておおむね）それに一致するであろうということはいかなる仕方で保障されるのだろうか？　この問いにグライスの思想から与えられる解答については、三木（2009）において論じたことがある。

まずグライスにとって、話し手の意味とは一定の意図を持って発話をおこなうことであった（Grice 1957; 1968; 1969）。では話し手がある意図を持つとはどのようなことなのだろうか？「ある生物がある種の物理状況にあることと、その生物がある種の行動に従事することとのあいだに説明の架け橋を与える機能を持つもの」（Grice 1982, p. 284）が心理的概念だと述べるグライスにとって、それは話し手が置かれた状況と話し手がおこなう発話という行動とに説明の架け橋を与えるものとなる。これはつまり、その状況においてその発話をしたということに対し、そのような意図を帰属すれば説明を与えられるということだ。発話をもとに話し手が意味していることを推測するというのは発話をもとに話し手に意図を帰属するということになり、それゆえ結果的にそれは、話し手の発話という振る舞いをもとに、それに対する理由を提供するような話し手の意図を探るというアブダクティブな営みとなる。

グライスは物事に理由を与える能力を「理由づけ（reasoning）」と呼び、それをおこなう能力こそが理性（reason）なのだと考えた（Grice 2001, p. 5）。理由づけは理想的には妥当な規則に従って物事に理由を与える能力であろうが、しかし私たちは実際には誤った理由づけ（「キャリアウーマンはみんなヘビースモーカーだ。きみはヘビースモーカーだからキャリアウーマンに違いない」（Grice 2001, p. 6））や不完全な理由づけ（「彼はイギリス人だから、彼は勇敢だろう」（Grice 2001, p. 9））をしばしばおこなう。それゆえグライスによれば、理由づけの能力とは、一群の妥当な規則に従って理由を実際に与える能力というより、そのように理由を与えようとする能力となる（Grice 2001, p. 16）。実際には規則にうまく適合していなくとも、それをしようとしているという意味で近似している限りにおいて、そうした試みもまた理由づけとなるのだ。

話し手の発話にその理由となるような意図を与えるということが話し手の意味することの理解であるとすると、それは理由づけの能力の行使によって果たされることとなる。ならば、話し手が意味する内容と話し手が意味していると聞き手が理解する内容との（たいていの場合における、おおむねの）一致は、話し手と聞き手が同じように理由づけをしていること、すなわち同じ一群の妥当な規則にともに従おうとしていることによって保障されることになる。

このことはグライス自身によって明示的に語られてはいない。グライスにおいて理性論と話し手の意味の分析（Grice 1957; 1968; 1969）は、互いに互いへの参照なしに展開されているのだ。だがこれらを結びつけたならば、グライスは意図基盤意味論というコミュニケーションに関する個人主義的な見解を採用しながら、究極的には私たちが理性を共有しているという事実によってコミュニケーションが成り立つと考えていたのではないかという推測が立てられる。グライスのコミュニケーション観は、個人主義的で、理性主義的なのだ。これが三木（2009）で論じられたことだった。

（6）推意に関する限り、デイヴィスもまた同様の見解に立っている（Davis 1998）。

第六章

（1）本章の議論は三木（2018）に基づく。

あとがき

自分のこれまでの研究について説明するときに、冗談混じりによく言うことがあります。「卒業論文ではグライスというひとがどんなことを言っているのかを調べて、修士論文ではグライスの言っていることを受け入れるとこんなにいいことがあるという話をして、そして博士論文では、グライスの言うことに従っていてはダメだと書きました」。言ってみれば、学部生時代にグライスと出会い、だんだんとそのよさを理解しながらも、けれど次第に付き合いが長くなるにつれ、今度はうまくいかないところが目につくようになり、とうとうお別れをすることになってしまったというのが、私のここに至る研究史ということになります。

もとは、こんなに長い付き合いになるとは思えないような出会いでした。卒業論文を書くにあたって、あんまりいろんなひとが扱う哲学者を取り上げるとオリジナルな話をするのが大変そうだというなんとも後ろ向きな理由と、大学で演劇を少しやっていたりした関係で、言葉とその話し手の関係に関心があったという、前向きといえば前向きだけれどいくらか軽薄な理由とで、ちょうどよい相手と思えたのがグライスだったのでした。ただ、大学院でシファーなどのそれ以降の論者に触れ、さらに言語学の勉強などもするうちに、どうもグライスというひとはたいそうなひとで、多くのひとによって「これこれとグライスも言っている」といった仕方で言及がなされる重鎮なのだと実感するようになりました。だからこそ、博士論文を準備するなかで、もしかしてグライスやその後継者たちが打ち立てた枠組みはぐらついているのではないかと疑い始めたときには、いくらかの危機感さえ覚えたのでした。グライスと長年付き合ってきた私には、この枠組みがどうにもうまく作られていないことがわかる、でもそれをわからないまま頼りにしてしまっているひとがたくさんいる、どうしたものだろう、と。

博士課程ではもともと、グライスの枠組みを用いることで言語や意味に関する自然主義的なアプローチを構築しようという研究計画を立てて、それに従って研究をしていました。博士課程を指導認定退学というかたちで出たあとは、グライスの枠組みを情報の流れについての形式的な理論と結びつける仕方で形式化しながら、発話にまつわるさまざまな情報の流れを統一的に扱うフォーマットをつくろうという計画でいました。このあたりはのちに挙げる科学研究費の題目からも見て取れるかと思います。そんなふうにグライスに頼りながら研究を進めるなかで、あろうことかむしろグライスやその後継者たちに対する疑念を持ち始めてしまったため、思いがけず研究計画の見直しを強いられることになり、結局、博士論文も当初の計画を改め、グライスたちに対する批判と新たな立場の提示を目指す方向で慌てていちから考え直すこととなったのでした。

さて、この本は、京都大学総長裁量経費・若手研究者出版事業、および京都大学大学院文学研究科の「卓越した課程博士論文出版助成制度」の助成のもとで出版に至りました。もともとの博士論文は「心理的であり公共的である意味について」というタイトルで、二〇一五年に京都大学へ提出されました。これは右のような事情のもとであわあわと書き上げられたもので、あちこちにわかりにくい点や説明が足りない点が含まれるものとなっていました。いまみなさんの目の前にあるこの本は、私のそんな博士論文をもとに、博士論文以降の研究の進展も取り入れつつ、多くの点で明確化を試みて、大幅に加筆修正を施したものとなっています。

もとの博士論文から、どこがどのように修正されているのかを簡単に説明しておきます。まず、もとの論文に散見された不明瞭な文やわかりにくい具体例は全体的に修正しています。結果的に、内容においてはほとんど変わっていない個所も、説明が加わったり、言い回しや議論の整理の仕方が変更されたりしています。

内容面でも、いくらかの重要な修正がなされています。話し手の意味という概念を話し手の意図という心理的概念によって分析する立場への批判をおこない、話し手の心理への執着を捨てた立場から話し手の意味の新たな理論を提唱するという基本的な流れ自体は、まったく変わっていません。そしてそのうちの既存の立場への批判の個所については、わかりにくい部分を明確化したという以上のことはほとんどしておりません。具体的には第I部と第II部がそうしたほとんど修正のない個所に当たります。ただし第II部の第三章は、博士論文を提出したあとになって発見した論点を中心に新たに加えられたものとなっています。

第III部が本書独自の理論を提示する個所になりますが、そこで打ち出される理論は、博士論文で提唱したものを、基本的な関心や目標はそのままに、しかし大きく修正したものとなっています。なので、ここが、もとの博士論文とこの本の違いがもっともはっきりと出ている個所だと言えます。いずれにおいても、話し手の意図というものにこだわるのをやめ、より話し手の心理から距離のある概念を用いて話し手の意味を捉えたいというのは、共通の目標となっています。そして博士論文の段階では、これを証拠という認識論的な概念によってうまく達成できると考えていました。具体的には、発話が話し手の信念への証拠となるということをもとに、話し手の意味を捉えようとしていたのでした。しかし、さらに研究を続けるうちに、そうした立場をうまく具体的な形にするのが想像以上に難しいと実感するようになりました。そうして次第に、証拠という認識論的な概念ではなく、コミットメントという規範的な概念を基礎に据えるということを構想するようになりました。

第III部は、私自身の思想のこうした変遷を反映し、新たな議論や説明を多く含んだものとなりました。ただ、もし両方を読む機会のある方がいらしたら、その基本的な構想はほとんど変わっていないということに気づかれるでしょう。結果的に、このような加筆修正を経て書かれた本書は、もともとの博士論文の基本的な骨格や構想を崩すことなく引き継ぎ、しかし同時に、私の思考の現在地点もしっかりと示すものになったのではないかと思います。あるいは、そうなっていることを願います。

こうした経緯ですので、この本には、私が日本学術振興会特別研究員（DC1）として京都大学の博士課程に在籍していたころの業績、日本学術振興会特別研究員（PD）として日本大学に所属していたころの業績、そしてその後の業績が、程度の差はあれいずれも関わっています。それらの業績は、以下の科学研究費の支援を受けて得られたものです。

二〇一〇〜二〇一二年度科学研究費（特別研究員奨励費）「グライスの多層的アプローチに基づく、言語の心理的基盤研究」（10J00734）
二〇一三〜二〇一六年度科学研究費（特別研究員奨励費）「チャンネル構築ゲームとしての言語的／非言語的コミュニケーションの分析」（13J00209）
二〇一八〜二〇二一年度（継続中）科学研究費（若手研究）「話し手の意味の共同主義的プラグマティズム」（18K12182）

これまで、哲学者として研究をしていくにあたって、公私にわたってたくさんの方に助けられてきました。そうした助けのいずれがなくなっても、この本を出すには至らなかったでしょう。本当なら私を支えてくれたすべての方の名前を挙げなければならないところですが、あまりにその数が多く、到底ここに記し切ることはできません。ですので、ごく一部だけになりますが、この場でお礼を申し上げたいと思います。

まず大学院での指導教員であった伊藤邦武先生（現在は龍谷大学に勤められています）、出口康夫先生には、大学院在籍中だけでなく、それ以降もたくさんのことを教えていただき、またいろいろな手助けをしていただいております。いまさらながらお二人の授業で学んだことや、それ以外の場面で言われたことなどを思い返すことが多くなっております。今後も何かとお世話になるかと思いますが、どうぞよろしくお願いいたします。いつかお二人のような優れた哲学者に成長することで、恩返しができたらと思っております。

日本大学で私の受け入れ研究員となっていただいた飯田隆先生には、当時執筆中だった博士論文に、さまざまご意見をいただきました。その当時にはあまりはっきりとわかっていなかったものの、あとになって飯田先生が私を何歩も先回りしてさまざまなコメントをしてくださっていたのだということを理解するということが何度もあり、素晴らしい方に受け入れてもらっていたのだといまさらながら実感しております。

この「あとがき」を書いている現在、私は大阪大学に所属しております。昨年度で退官された入江幸男先生のゼミでは、学生だけでなく私にも研究発表の機会を設けてくださり、さまざまなコメントをいただくことができました。また今年は嘉目道人先生のゼミで同様に発表をさせてもらい、たくさんのコメントをいただいています。そうした機会にいただいたご意見をもとに議論を改めた個所も多くあります。お二人にも、またそれぞれのゼミに出席されている学生のみなさんにも感謝しております。

また大阪大学の大学院生でもあった朱喜哲さんは、この本の原稿の検討会を開催してくださいました。その会では、朱さんのほか、加藤隆文さん、仲宗根勝仁さん、先述の嘉目先生に、議論の流れから細かな言い回しに至るまで確認していただき、どのようにすればもっとわかりやすくなるのかを提案していただきました。

そのほかにも、たくさんの先輩、同輩、後輩のみなさんに助けられてきました。ひとりでじっくりと勉強するのが苦手で、勉強会と称していろんな方を巻き込んでは、自分が勉強をするためのきっかけにしてきました。そのような私の身勝手に付き合ってくださった、すべての方に感謝いたします。なかでも、言語学者である田村早苗さんとは、私が修士課程に入ったころから一緒にさまざまな文献を読んできました。おかげで、哲学の文献だけを見ているとなかなか接することのない事柄をたくさん学ぶことができています。

勁草書房の土井美智子さんは、出版を目指すにあたって何をしたらいいのかもよくわかっていなかった私に声をかけてくださいました。慣れないひととのやり取りにはびくびくしがちな私ですが、土井さんの優しく丁寧な言葉のおかげで、楽しく作業をすることができました。また構成やタイトルに関してもさまざまなアドバイスをしていただきました。どうもありがとうございました。

人見知りでひとと話すよりも映画、演劇、小説、漫画を好む性質のゆえ、もはや自分でも把握することのできないくらいたくさんのフィクション作品やその作り手たちにもたくさんのインスピレーションをもらってきました。おそらく、私が挙げる例にそうした私の性格が大いに現れているのではないかと思います。世界中で活動する物語の作り手たちにも感謝しています。そして新しく映画などを見るたびに私が繰り出す空想話に、いつも笑いながら付き合ってくださる、素敵な友人であり形而上学者でもある西條玲奈さんは、もしかしたら私の空想から生まれたたくさんの例を含むこの本を、影で大きく支えてくださったひとりと言ってもよいかもしれません。

そして、両親と弟にも感謝しています。哲学で大学院に行くという選択もそうなのですが、それ以外のプライベートな生活においても何かとふらふらして、どうにもありきたりな道を歩めないで生き続ける私を、いつも根気よく、優しく支えてくれて、三人のおかげでどうにかこうにか暮らせていると感じています。

最後に、この本の具体例で繰り返し登場する「恋人」にもお礼を言いたいと思います。実在していないにもかかわらず、私の空想のなかでこんなにもたくさんの楽しいエピソードを提供してくれました。あなたがいなければ、こんなにも色とりどりな具体例がこの本に現れることはなかったでしょう。

二〇一九年九月

驚くほど涼しくなる気配のない京都にて

三木那由他

著者略歴

1985 年　神奈川県に生まれる
2013 年　京都大学大学院文学研究科博士課程指導認定退学
2015 年　博士（文学）
現　在　大阪大学大学院人文学研究科講師
著　書　『グライス 理性の哲学』（勁草書房，2022 年）
『言葉の展望台』（講談社，2022 年）
『会話を哲学する』（光文社新書，2022 年）
『シリーズ新・心の哲学 I 認知篇』（共著，勁草書房，2014 年）
訳　書　ブランダム『プラグマティズムはどこから来て，どこへ行くのか』上下（共訳，勁草書房，2020 年）

話し手の意味の心理性と公共性
コミュニケーションの哲学へ

2019 年 12 月 20 日　第 1 版第 1 刷発行
2023 年 3 月 20 日　第 1 版第 4 刷発行

著者　三木那由他
発行者　井村寿人

発行所　株式会社　勁草書房
112-0005 東京都文京区水道 2-1-1　振替 00150-2-175253
（編集）電話 03-3815-5277／FAX 03-3814-6968
（営業）電話 03-3814-6861／FAX 03-3814-6854
精興社・牧製本

ISBN978-4-326-10278-5　Printed in Japan

人名索引

あ 行

か 行

さ 行

た 行

な 行

は 行

ま 行

や 行

ら 行

事項索引

ア 行

カ 行

サ　行

タ　行

ナ　行

ハ　行

マ　行

ラ　行

ワ　行

アルファベット

文献一覧

（再録の記載がある文献を引用する際には再録版のページ番号に従う．また外国語文献の引用には三木による訳を用いる）

Austin, J. L. (1962) *Sense and Sensibilia*, Oxford University Press, Oxford.

Austin, J. L. (1962/1975). *How to Do Things with Words (2nd Ed.)*, J. O. Urmson & M. Sbisá (eds.), Harvard University Press, Cambridge.（坂本百大（訳）『言語と行為』大修館書店，1978）

Avramides, A. (1989) *Meaning and Mind*, The MIT Press, Cambridge.

Bach, K. (1994) 'Conversational impliciture', *Mind and Language*, 9 (2): 124–162.

Baron-Cohen, S. (1988) 'Social and pragmatic deficits in autism: cognitive or affective?', *Journal of Autism and Development Disorders*, 18 (3): 379–402.

Baron-Cohen, S. (1995) *Mindblindness: An Essay on Autism and Theory of Mind*, The MIT Press, Cambridge.

Bennett, J. (1976/1990) *Linguistic Behaviour*, Hackett Publishing Company, Indianapolis.

Bock, S. W., Dicke, P. & Thier, P. (2008) 'How precise is gaze following in humans?', *Vision Research*, 48: 946–957.

Brandom, R. B. (2002) 'Analyzing pragmatism: Pragmatics and pragmatisms', in J. Conant & U. M. Zeflen (eds.) *Hilary Putnam: Pragmatism and Realism*, Routledge, London: 30–69 (under the title of 'Pragmatics and pragmatisms'). Reprinted in Brandom (2011): 56–82.

Brandom, R. B. (2008) *Between Saying and Doing: Towards an Analytic Pragmatism*, Oxford University Press.

Brandom, R. B. (2011) *Perspectives on Pragmatism: Classical, Recent, and Contemporary*, Harvard University Press, Cambridge.

Brown, P. & Levinson, S. (1987) *Politeness: Some Universals in Language Usage*, Cambridge University Press, Cambridge.（田中典子（監訳），斉藤早智子・津留崎毅・鶴田庸子・日野壽憲・山下早代子（訳）『ポライトネス――言語使用における，ある普遍現象』研究社，2011）

Carston, R. (2002) *Thoughts and Utterances: The Pragmatics of Explicit Communica-*

tion, Blackwell Publishing, Oxford.（内田聖二・西山佑司・武内道子・山崎英一・松井智子（訳）『思考と発話――明示的伝達の語用論』研究社，2008）

Chapman, S. (2005) *Paul Grice: Philosopher and Linguist*, Palgrave Macmillan, Houndmills.

Davidson, D. (1967) 'Truth and meaning', *Synthese*, 17: 304-323. Reprinted in Davidson (1984/2001): 17-36.

Davidson, D. (1984/2001) *Inquiries into Truth and Interpretation*, Clarendon Press, Oxford.（野本和幸・植木哲也・金子洋之・高橋要（訳）『真理と解釈』勁草書房，1991）

Davidson, D. (1989) 'What is present to the mind?', in Brandl & Gombocz (eds.) *The Mind of Donald Davidson*, Rodopi, Amsterdam. Reprinted in Davidson (2001): 53-68.

Davidson, D. (2001) *Subjective, Intersubjective, Objective*, Clarendon Press, Oxford.（清塚邦彦・柏端達也・篠原成彦（訳）『主観的，間主観的，客観的』春秋社，2007）

Davis, W. A. (1998) *Implicature: Intention, Convention and Principle in the Failure of Gricean Theory*, Cambridge University Press, Cambridge.

Davis, W. A. (2003) *Meaning, Expression, and Thought*, Cambridge University Press, Cambridge.

Dennett, D. C. (2013) *Intuition Pumps and Other Tools for Thinking*, Penguin Books, London.

Derrida, J. (1988). *Limited Inc*, G. Graff (ed.), S. Weber (trans), Northwestern University Press, Evanston.（高橋哲哉・宮崎裕助・増田一夫（訳）『有限責任会社』法政大学出版局，2003）

Donnellan, K. S. (1966) 'Reference and definite descriptions', *The Philosophical Review*, 75 (3): 281-304.（荒磯敏文（訳）「指示と確定記述」，松阪陽一（編）『言語哲学重要論文集』（春秋社，2013）所収）

Donnellan, K. S. (1968) 'Putting Humpty together again', *The Philosophical Review*, 77 (2): 203-215.

Driver, J., Davis, G., Ricciardelli, P., Kidd, P. & Baron-Cohen, S. (1999) 'Gaze perception triggers reflexive visuospatial orientating', *Visual Cognition*, 6 (5): 509-540.

Gilbert, M. (1987) 'Modeling collective belief', *Synthese*, 73: 185-204. Reprinted in Gilbert (1996): 195-214.

Gilbert, M. (1990) 'Walking together: A paradigmatic social phenomenon', *Midwest Studies in Philosophy*, 15: 1-14. Reprinted in Gilbert (1996): 177-194.

Gilbert, M. (1996) *Living Together: Rationality, Sociality, and Obligation*, Rowman & Littlefield, Lanham.

Gilbert, M. (2002) 'Considerations on joint commitment: Responses to various comments', in G. Meggle (ed.) *Social Facts and Collective Intentionality*, Hansel-Hohenhausen, Frankfurt: 73-102. Reprinted in Gilbert (2014): 37-57.

Gilbert, M. (2004) 'Collective epistemology', *Episteme*, 1: 95–107. Reprinted in Gilbert (2014): 163–180.

Gilbert, M. (2014) *Joint Commitment: How We Make the Social World*, Oxford University Press, Oxford.

Green, M. S. (2007) *Self-Expression*, Oxford University Press, Oxford.

Grice, P. (1957) 'Meaning', *The Philosophical Review*, 66: 377–388. Reprinted in Grice (1989): 213–223.

Grice, P. (1958) 'Postwar Oxford philosophy', in Grice (1989): 171–180.

Grice, P. (1961) 'The causal theory of perception', *Proceedings of the Aristotelian Society*, Supplementary Volume 35: 121–152. Reprinted (abridged) in Grice (1989): 224–247.

Grice, P. (1967a) 'Prolegomena', in Grice (1989): 3–21.

Grice, P. (1967b) 'Indicative conditionals', in Grice (1989): 58–85.

Grice, P. (1968) 'Utterer's meaning, sentence meaning, and word-meaning', *Foundations of Language*, 4: 225–242. Reprinted in Grice (1989): 117–137.

Grice, P. (1969) 'Utterer's meaning and intentions', *The Philosophical Review*, 78: 147–177. Reprinted in Grice (1989): 86–116.

Grice, P. (1975) 'Logic and conversation', in P. Cole & J. L. Morgan (eds.) *Syntax and Semantics 3: Speech Acts*, Academic Press, New York: 41–58. Reprinted in Grice (1989): 22–40.

Grice, P. (1981) 'Presupposition and conversational implicature', in P. Cole (ed.) *Radical Pragmatics*, Academic Press, New York: 183–198. Reprinted in Grice (1989): 269–282.

Grice, P. (1982) 'Meaning revisited', in N. Smith (ed.) *Mutual Knowledge*, Academic Press, London: 223–243. Reprinted in Grice (1989): 283–303.

Grice, P. (1987a) 'Conceptual analysis and the province of philosophy', in Grice (1989): 181–185.

Grice, P. (1987b) 'Retrospective epilogue', in Grice (1989): 339–385.

Grice, P. (1989) *Studies in the Way of Words*, Harvard University Press, Cambridge. (清塚邦彦(訳)『論理と会話』(抄訳) 勁草書房, 1998)

Grice, P. (1991) *The Conception of Value*, Clarendon Press, Oxford. (岡部勉(編訳)『理性と価値――後期グライス形而上学論集』(部分的に収録), 勁草書房, 2013)

Grice, P. (2001) *Aspects of Reason*, Clarendon Press, Oxford.

Grice, P. & Strawson, P. F. (1956) 'In defense of a dogma', *The Philosophical Review*, 65 (2): 141–158. Reprinted in Grice (1989): 196–212.

Happé, F. G. E. (1993) 'Communicative competence and theory of mind in autism: A test of relevance theory', *Cognition*, 48: 101–119.

Harman, G. (1974) '*Meaning* by Stephen R. Schiffer', *The Journal of Philosophy*, 71 (7): 224–229.

Horvat, A. (2000) *Japanese beyond Words: How to Walk and Talk Like a Native Speaker*, Stone Bridge Press, Berkeley.

Kendon, A. (2000) 'Language and gesture: Unity or duality?', in D. McNeil (ed.) *Language and Gesture*, Cambridge University Press, Cambridge: 47–63.

Kissine, M. (2013) *From Utterances to Speech Acts*, Cambridge Univerisity Press, Cambridge.

Kobayashi, H. & Kohshima, S. (2001) 'Unique morphology of the human eye and its adaptive meaning: Comparative studies on external morphology of the primate eye', *Journal of Human Evolution*, 40: 419–435.

Lackey, J. (2008) *Learning from Words: Testimony as a Source of Knowledge*, Oxford University Press, Oxford.

Lepore, E. & Stone, M. (2015) *Imagination and Convention: Distinguishing Grammar and Inference in Language*, Oxford University Press, Oxford.

Levinson, S. C. (2000) *Presumptive Meanings: The Theory of Generalized Conversational Implicature*, The MIT Press, Cambridge.（田中廣明・五十嵐海理（訳）『意味の推定——新グライス学派の語用論』研究社，2007）

Lewis, D. (1969/2002) *Convention: A Philosophical Study*, Blackwell, Oxford.

MacKay, A. F. (1968) 'Mr. Donnellan and Humpty Dumpty on referring', *The Philosophical Review*, 77 (2): 197–202.

Neale, S. (1992) 'Paul Grice and the philosophy of language', *Linguistics and Philosophy*, 15: 509–559.

Quine, W. V. O. (1951) 'Two dogmas of empiricism', *The Philosophical Review*, 60 (1): 20–43. Reprinted in Quine (1953/1980): 20–46.

Quine, W. V. O. (1953/1980) *From a Logical Point of View* (*2nd Ed., revised*), Harvard University Press.（飯田隆（訳）『論理的観点から——論理と哲学をめぐる九章』勁草書房，1992）

Russell, B. (1905) 'On denoting', *Mind*, 14 (56): 479–493.（清水義夫（訳）「指示について」，坂本百大（編）『現代哲学基本論文集 I 』（勁草書房，1986）所収）

Schiffer, S. R. (1972/1988) *Meaning* (Paperback Ed.), Oxford University Press, Oxford.

Schiffer, S. R. (1987) *Remnants of Meaning*, The MIT Press, Cambridge.

Schiffer, S. R. (2003) *The Things We Mean*, Clarendon Press, Oxford.

Searle, J. R. (1965) 'What is a speech act?', in M. Black (ed.), *Philosophy in America*, Allen and Unwin, London: 221–239.

Searle, J. R. (1969) *Speech Acts*, Cambridge University Press, Cambridge.（坂本百大・土屋俊（訳）『言語行為——言語哲学への試論』勁草書房，1986）

Searle, J. R. (1980) 'The intentionality of intention and action', *Cognitive Science*, 4: 47–70.

Searle, J. R. (1983) *Intentionality*. Cambridge University Press.（坂本百大（訳）『志向性——心の哲学』誠信書房，1997）

Sperber, D. & Wilson, D. (1986/1995) *Relevance: Communication and Cognition* (2nd ed.), Blackwell Publishing, Oxford. (内田聖二・宋南先・中逵俊明・田中圭子（訳）『関連性理論 —— 伝達と認知』研究社，2000）
Strawson, P. F. (1950) 'On referring', *Mind*, 59 (235): 320–340. Reprinted in Strawson (1971/2004): 1-20. (藤村龍雄（訳）「指示について」，坂本百大（編）『現代哲学基本論文集 II』（勁草書房，1987）所収）
Strawson, P. F. (1952) *Introduction to Logical Theory*, Methuen & Co., Ltd., London. (常俊宗三郎・木村槙哉・藪木栄夫（訳）『論理の基礎』法律文化社，上巻 1974，下巻 1976）
Strawson, P. F. (1964) 'Intention and convention in speech acts', *The Philosophical Review*, 73: 439–460. Reprinted in Strawson (1971/2004): 115–130.
Strawson, P. F. (1971/2004) *Logico-Linguistic Papers* (2nd Ed.), Ashgate, Hampshire.
Taylor, C. (1980) 'Review of *Linguistic Behaviour* by Jonathan Bennett', *Dialogue*, 19: 290–301.
Tomasello, M. (1999) *The Cultural Origin of Human Cognition*, Harvard University Press, Cambridge. (大堀壽夫・中澤恒子・西村義樹・本多啓（訳）『心とことばの起源を探る —— 文化と認知』勁草書房，2006）
Tomasello, M. (2003) *Constructing a Language*, Harvard University Press, Cambridge. (辻幸夫・野村益寛・出原健一・菅井三実・鍋島弘治朗・森吉直子（訳）『ことばをつくる —— 言語習得の認知言語学的アプローチ』慶応義塾大学出版会，2008）
Tomasello, M. (2008) *Origins of Human Communication*, The MIT Press, Cambridge. (松井智子・岩田彩志（訳）『コミュニケーションの起源を探る』勁草書房，2013）
Wittgenstein, L. (1953/2009) *Philosophical Investigation (4th ed.)*, G. E. M. Anscombe, P. M. S. Hacker & Joachim Shulte (trans.), Blackwell Publishing, Oxford. (藤本隆志（訳）『ウィトゲンシュタイン全集 8 哲学探究』大修館書店，1976）
Zipf, P. (1960) *Semantic Analysis*, Cornell University Press, Ithaca.
Zipf, P. (1967) 'On H. P. Grice's account of meaning', *Analysis*, 28 (1): 1–8.
飯野勝已（2007）『言語行為と発話解釈 —— コミュニケーションの哲学に向けて』勁草書房
入江幸男（1994）「メタコミュニケーションのパラドクス II」．『大阪樟蔭女子大学論集』，31: 143–160.
柏端達也（2016）『コミュニケーションの哲学入門』慶応義塾大学出版会
野矢茂樹（1999）『哲学・航海日誌』春秋社
三木那由他（2009）「理性による意味の基礎づけ —— グライスにおける意味」，『哲学論叢』，36: 68–79.
三木那由他（2012）「グライスにおける語用論的プロセス —— 推意に関するもう一つの誤解」，『哲学論叢』，39: 86–97.
三木那由他（2014）「意図基盤意味論に基づく話者意味の分析はなぜ誤っているのか」，*Contemporary and Applied Philosophy*, 5: 1033–1051.

三木那由他（2017）「コミュニケーション・意味・意図（書評：柏端達也（2016）『コミュニケーションの哲学入門』（慶應義塾大学出版会，105頁））」，*Contemporary and Applied Philosophy*, 9: 33-65.
三木那由他（2018）「話し手の意味は話し手の心理といかに関係しているのか」，『待兼山論叢（哲学篇）』，52: 19-35.
三木那由他（2019a）「ビデオゲームの統語論と意味論に向けて：松永伸司『ビデオゲームの美学』（慶應義塾大学出版，2018）書評」，『フィルカル』，4（1): 274-310.
三木那由他（2019b）「意図の無限後退問題とは何だったのか」，『科学哲学』，52（1): 47-66.

Psychological and Public Aspects of Speaker Meaning: Toward a Philosophy of Communication

Nayuta Miki

What is it like for individuals to mean something by their utterance? To adopt a term that philosophers use, what is *speaker meaning?* The aim of this book is to refute the most influential theory of speaker meaning, namely intention-based semantics, and to propose what I call *jointness-based semantics* in its place.

This book comprises an Introduction and three parts ("Intention-Based Semantics," "Divorcing Meaning from Intention," and "Starting from Jointness"); each part consists of two chapters.

Introduction

Two notions are essential throughout this book: *the psychological and the public aspects of speaker meaning.* To assert that speaker meaning is both psychological and public is seemingly contradictory; thus, how this can be so must be satisfactorily explained.

The psychological aspect of speaker meaning comprises two interconnecting features. First, when a speaker means that p and an audience understands it, the audience is seemingly allowed to attribute the belief that p to the speaker. Second, when a speaker means that p and an audience understands it, the audience receives an explanation regarding what the speaker did and a prediction of what the speaker will do.

The public aspect of speaker meaning is as follows. If a speaker means that p and an audience understands it, the speaker must publicly commit to what she means. The public aspect of speaker meaning presupposes another of its related features, which I call *the transparency of speaker meaning*: if an individual means

something, she cannot hide the fact that she means something. Without transparency, an individual could mean something without letting the audience know that she means something, which could exempt her from making a necessary public commitment.

Chapter 1, "The Framework of Intention-Based Semantics"

In the first chapter, I demonstrate the intention-based semantic view of speaker meaning by focusing on Grice's original proposal in his 1957 article "Meaning." Generally, the analysis of speaker meaning is a teleological enterprise. Theorists attempt to specify the aim of a speaker's utterance in cases of speaker meaning and on its basis, provide an analysis of speaker meaning. Thus, there are two challenges to the analysis of speaker meaning: specifying the relevant aim (i.e., "the realization problem") and the way in which the relevant aim is connected to the speaker's corresponding utterance (i.e., "the connection problem"). Intention-based semantics represents the view that the connection problem can be answered by appealing to the notion of speaker's intentions.

Chapter 2, "Intention-Based Semantics and the Regress of Speaker's Intentions"

Strawson and Schiffer assert that Grice's original analysis, which appeals to the speaker's three intentions, has a counterexample that forces us to appeal to a fourth intention. However, even if the fourth intention is adopted, we can construct a further parallel counterexample to this revised analysis, and the same goes on *ad infinitum*. Various theorists have attempted to resolve this regression, but as I demonstrate in this chapter, no attempt has succeeded.

Chapter 3, "Why Does the Regress Problem Occur?"

Intention-based semantics has two assumptions. The first is the transparency of speaker meaning. The second is *representationalism about speaker meaning*, namely, the assumption that the connection problem can be answered by appealing to the speaker's propositional attitude that represents the relevant aim of her utterance. In this chapter, I demonstrate that once an individual adopts these two as-

sumptions, the regress problem inevitably occurs. Therefore, intention-based semantics is problematic from the beginning.

Chapter 4, "Relation between Meaning and Intention"

Intention-based semantics is not supported by intuition either; to demonstrate this, I provide various cases where the speaker means something without having the intentions that she must have in order to mean it according to intention-based semantics, and various complementary cases where the speaker does not mean anything though she has such intentions.

Chapter 5, "Jointness-Based Semantics"

Based on Taylor's criticism of intention-based semantics and Gilbert's view on collective belief, I propose that the aim of the speaker's utterance in cases where a speaker means that p is for the speaker and audience to form a collective belief that the speaker believes that p; this is my answer to the realization problem. According to Gilbert, to participate in a collective belief, each participant must express her readiness. In cases of speaker meaning, the speaker's utterance is supposed to be an expression of relevant readiness; this is my answer to the connection problem.

Chapter 6, "Explaining the Psychological Aspect"

Jointness-based semantics considers the public aspect of speaker meaning a starting point. So, the fact that it can explain the public aspect is trivial. Explaining the psychological aspect is more challenging. If the assumption is that when an individual means something and another understands it, they collectively believe that the former has a relevant belief, it does not necessarily follow that the speaker has the relevant belief. Thus, jointness-based semantics apparently cannot explain the psychological aspect of speaker meaning. In this chapter, however, I demonstrate that the speaker who means that *p* does not necessarily in fact believe that *p* but rather she only has to act as if she had such a belief. In this case, jointness-based semantics can explain the psychological aspect of speaker meaning better than intention-based semantics.

Jointness-based semantics provides a different view of human communication than intention-based semantics. According to the intention-based perspective, an individual can mean anything so far as she has the relevant intentions. This is an individualist view of communication. According to jointness-based semantics, an individual cannot mean anything by means that cannot be accepted by the audience as the expression of relevant readiness. Speaker meaning is, thus, not an individualist enterprise. This is a communitarian view of communication.